EDUCACIÓN INTERCULTURAL Y CONVIVENCIA EN LA ESCUELA INCLUSIVA

© Juan José Leiva Olivencia
© Ediciones Aljibe, S.L., 2012
Tlf.: 952 71 43 95
Fax: 952 71 43 42
Canteros, 3 y 5 - 29300-Archidona (Málaga)
e-mail: aljibe@edicionesaljibe.com
www.edicionesaljibe.com

I.S.B.N.: 978-84-9700-725-2
Depósito legal: MA 837-2012

Maquetación: Daniel Gómez Aguilar (Equipo de Ediciones Aljibe)
Cubierta: Nuria Barea López (Equipo de Ediciones Aljibe)
Ilustración de portada: © michaeljung

Imprime: Imagraf. Málaga.

Cualquier forma de reproducción, distribución, comunicación pública o transformación de esta obra sólo puede ser realizada con la autorización de sus titulares, salvo excepción prevista por la ley. Diríjase a CEDRO (Centro Español de Derechos Reprográficos, www.cedro.org) si necesita fotocopiar o escanear algún fragmento de esta obra.

JUAN JOSÉ LEIVA OLIVENCIA

EDUCACIÓN INTERCULTURAL
Y CONVIVENCIA EN LA ESCUELA INCLUSIVA

A Lola, mi amor y compañera.

A mis hijos Lola y Francisco.

A la memoria de mi padre Francisco Leiva Sánchez (1940-2012) y de mi maestro José Manuel Esteve Zarazaga (1951-2010).

ÍNDICE

PRÓLOGO — 13

INTRODUCCIÓN — 23

CAPÍTULO 1: — 29

Bases conceptuales de la Educación Intercultural
1. Diversidad — **29**
2. Cultura — **32**
3. Ciudadanía — **35**
4. Identidad — **37**

CAPÍTULO 2: — 43

Objetivos de la Educación Intercultural
1. Definición y objetivos de la Educación Intercultural — **43**
2. La diversidad cultural como reto pedagógico — **46**

CAPÍTULO 3: — 49

Profesorado e interculturalidad en la escuela inclusiva
1. Concepciónes sobre interculturalidad — **49**
2. Práctica de la Educación Intercultural en los centros educativos — **52**

CAPÍTULO 4: 57

Convivencia y diversidad cultural
1. La perspectiva del profesorado — 57
2. El concepto de conflicto intercultural — 59
3. Estrategias metodológicas para la gestión positiva de la convivencia intercultural — 65

CAPÍTULO 5: 71

La Educación Intercultural en Andalucía y España
1. Situación actual de la diversidad cultural — 72
2. Marco normativo en Andalucía — 72
3. Práctica de la interculturalidad en Andalucía: el Plan Andaluz de Atención al Alumnado Inmigrante — 76
4. El reto de la Educación Intercultural en Andalucía: la Ley de Educación de Andlucía (LEA) y el desarrollo práctico de la interculturalidad — 83
5. La interculturalidad en España: revisión y análisis de la evolución conceptual y normativa — 87

CAPÍTULO 6: 95

El caso de la provincia de Málaga: un estudio de investigación
1. Contexto de Educación Intercultural: la provincia de Málaga — 95
2. Diseño metodológico — 97
   2.1. Procedimiento — 99

CAPÍTULO 7: 101

Informe de los resultados de la investigación
1. Estudio de casos — 101
   1.1. Contexto educativo de diversidad cultural. Características del Colegio Público Adela López: el caso de Loli — 101
   1.2. Contexto educativo de diversidad cultural. Características del Colegio Público Estela del Carmen: el caso de Ana — 111
   1.3. Contexto educativo de diversidad cultural. Características del Colegio Público Salvador Fernández: el caso de Elena — 128

1.4. Contexto educativo de diversidad cultural. Características del Colegio Público Santo Domingo: el caso de Alicia **143**

CAPÍTULO 8: **155**

El conflicto como herramienta de aprendizaje en los centros educativos

CAPÍTULO 9: **181**

Estrategias de gestión y resolución de conflictos interculturales

CAPÍTULO 10: **187**

La participación comunitaria en la escuela intercultural e inclusiva

CAPÍTULO 11: **197**

La formación del profesorado en competencias interculturales

CAPÍTULO 12: **209**

El desarrollo práctico de la interculturalidad "entre deseo y realidad"

BIBLIOGRAFÍA **221**

PRÓLOGO: APRENDIENDO A (CON)VIVIR JUNTOS: OPORTUNIDAD DE LIBERTAD Y EQUIDAD

> «Hitler creía que la plaga gitana era una amenaza, y no estaba solo.
> Desde hace siglos, muchos han creído y siguen creyendo que esta raza de origen oscuro y oscuro color lleva el crimen en la sangre, siempre malditos, vagamundos sin más casa que el camino, violadores de doncellas y cerraduras, manos brujas para la baraja y el cuchillo.
> En una sola noche de agosto de 1944, dos mil ochocientos noventa y siete gitanos, mujeres, niños, hombres, se hicieron humo en las cámaras de gas de Auschwitz.
> Una cuarta parte de los gitanos de Europa fue aniquilada en esos años.
> Por ellos, ¿quién preguntó?».
>
> *(Eduardo Galeano. **Espejos. El Diablo es gitano**, p.118)*

Escribir un prólogo, además de una oportunidad que te brinda el autor para poder expresar algunas ideas sobre el tema central del libro, es un placer insólito, comparable únicamente con ser el primero en catar una comida que aún no ha sido puesta en la mesa. Muchas gracias por elegirme para que mis palabras sean las primeras que aparezcan en el libro.

Leo el libro con mucho entusiasmo y no puedo evitar algunos recuerdos. Recordar es volver… a sufrir. ¡El tiempo no pasa en balde! Y parece que fue ayer cuando el profesor Juan Leiva era mi alumno; hoy el discípulo soy yo, pues ha sido mucho lo que he aprendido al leer su libro **Educación Intercultural y convivencia en la escuela inclusiva**.

Su lectura es una invitación constante a recuperar lo que de humano ha perdido la humanidad. Y, para ello, nos recordará una y otra vez que hablar de Educación Intercultural es hablar de derechos humanos, de justicia y de equidad. Vivimos inmersos en la cultura de los derechos humanos. Y sin embargo…

En estos días en los que escribo el prólogo de este libro está aconteciendo la expulsión de los gitanos rumanos y búlgaros de Francia. Al parecer los excluidos no tienen justicia que los defienda. ¿Dónde están los derechos de esas personas?

Desde mi punto de vista, el problema de la expulsión de los gitanos rumanos y búlgaros no es sólo un problema de orden económico y político, sino que es, fundamentalmente, un problema moral y como problema moral nos concierne a todos. A ti y a mí, a todos. La pregunta que me surge en estos momentos es la siguiente: ¿es una buena sociedad una sociedad como la nuestra que de manera consciente permite la discriminación y la exclusión de gran parte de su ciudadanía? ¿Es esta la sociedad europea que estamos construyendo para nuestros nietos?

El mundo contemporáneo niega libertades básicas a un inmenso número de personas, a la mayoría de las personas que pueblan este planeta. De ahí la necesidad de emigrar a otros países para mejorar sus condiciones de vida. Ciertamente el movimiento migratorio ha sido algo consustancial con el propio ser humano y, desde los tiempos más remotos, el hombre se ha movido de un lugar a otro buscando una mejora en sus condiciones de vida. En la actualidad el movimiento migratorio responde a una necesidad de los países pobres, dado que sus reservas de subsistencia se han agotado. Sin embargo, hay otras posibles causas como son la pobreza motivada por la deuda externa o la degradación de su hábitat.

Todo ello está originando la emigración de los países pobres hacia los países ricos. La convivencia entre las culturas es necesaria y se ha de producir. En España tenemos que aprender a convivir con otras culturas. Sabemos que los grupos humanos al cambiar de un lugar a otro llevan consigo formas de vida, hábitos, creencias, etc., que al interactuar con los componentes de la cultura hegemónica generan cambios muy significativos. Este intercambio es, sin lugar a duda, una de las mayores riquezas humanas: el mestizaje cultural. Este mestizaje cultural va a ser muy beneficioso para todos, porque va a rejuvenecer a la población de occidente. Para que este intercambio sea realmente enriquecedor se necesita que se pongan en juego una serie de sistemas y servicios: salud, educación, justicia, etc. Una cultura no evoluciona si no es en contacto con otras culturas. No hay culturas mejores ni peores sino que cada una tiene formas de pensar, de hablar, de sentir y de actuar diferentes. Al no haber jerarquías entre las culturas estamos hablando de compromiso ético, ya que todas son igualmente dignas y merecedoras de respeto y de reconocimiento. No existen lenguas pequeñas ni culturas pequeñas, cada cultura representa un mundo totalmente diferente.

En la historia de la humanidad siempre ha habido intercambio y relación, migraciones e invasiones que han hecho que viejas culturas se mezclen y otras nuevas se formen. Todo ello ha originado que, a veces, sea difícil delimitar las fronteras entre unas y otras. Hablar de interculturalidad es hablar de interacción, aunque esto suponga una redundancia, puesto que por definición interculturalidad significa interacción. El concepto de interculturalidad se distingue del de multiculturalidad en que el primero implica un cierto grado de convivencia armónica entre culturas, mientras que el segundo no. La convivencia armónica, ya se sabe, no es nada fácil, y mucho menos cuando las diferencias son muchas y muy grandes. La interculturalidad supone un encuentro entre culturas donde cada una de ellas da y recibe a la vez, no siendo algo material lo que se recibe sino que se produce el reconocimiento de lo que uno es, es decir, se identifica la dignidad como algo eminentemente valioso. Podemos asegurar que la interculturalidad no es un fenómeno que se produzca por el hecho de que se mezclen la culturas, sino porque este encuentro está bañado por el principio de dignidad. Y para fomentar esta dignidad hemos de ser personas educadas. El fomento de la dignidad no es una utopía, al contrario, es una necesidad indispensable porque sin ella no pueden concretarse los derechos y deberes humanos de los que tanto dependen la seguridad, supervivencia y felicidad de todos.

Más aún, no sé si somos conscientes de que si no comprendemos esto, la sociedad española/francesa (quizás sería más apropiado decir europea) puede fragmentarse en mil pedazos, si no somos capaces de evitarlo a través de un modelo educativo que propicie el respeto, la participación y la convivencia entre las culturas. ¿Qué significa ser buen ciudadano o ciudadana? ¿Qué valores, qué actitudes, qué sentimientos caracterizan la buena ciudadanía? La Educación Intercultural y la educación para la ciudadanía no han sido disciplinas que se estudiasen en el currículum formativo del profesorado, sino que hemos tenido que ir construyéndolas. En nuestro currículum de formación no había una asignatura con estas características, sin embargo sí había "una" cultura popular -y la sigue habiendo- de que la inmigración era un problema.

¿Qué debemos hacer para que la inmigración deje de ser considerada como un problema y sea sentida como una oportunidad de enriquecimiento mutuo entre culturas? El problema, en todo caso, surge cuando las personas inmigrantes no disfrutan de los mismos derechos que el resto de la ciudadanía. Nadie abandona su país por gusto, sino por necesidad.

Este pensamiento que describo es el que inunda este libro de mi querido amigo Juan Leiva, preocupado por las consecuencias que está originando el modelo educativo segregador y homogeneizante, y el deseo de aportar ideas para construir una escuela donde prevalezca la legitimidad del otro como un legítimo otro en la convivencia y donde aprendamos de las diferencias humanas a humanizarnos.

Hablar de Educación Intercultural es hablar de derechos, de justicia social y de equidad. La gran idea de la humanidad ha sido -y sigue siendo- conciliar la universalidad de los valores con las diversas culturas. Los conceptos de universalidad y de interculturalidad están relacionados dialécticamente por la palabra versus. Sin embargo, deduzco en todo el libro que su autor no ha querido darle la significación de opuesto sino aquella otra acepción que significa "ir hacia". Es decir, ir de la universalidad de los derechos humanos hacia la polifonía cultural que conforma la humanidad. Precisamente desde la universalidad de los valores para todas las culturas tiene sentido hoy en día la Educación Intercultural. Sabemos que los derechos humanos fueron constituidos por la cultura hegemónica, la cultura de occidente, y por la religión católica. También sabemos que hoy en día se transgreden de manera sistemática o, sencillamente, no se cumplen. Por estas dos razones se debería llevar a cabo una revisión de los mismos en la que se contemplasen todas las culturas y, asimismo, se tuvieran en cuenta todas las religiones.

En el mundo de la educación hablar de inclusión es hablar de justicia por eso, parece lógico que para construir una sociedad justa sea necesario desarrollar modelos educativos equitativos que afronten con justicia los desequilibrios existentes en la misma. Para ello es imprescindible que los responsables de las políticas educativas, el profesorado y los investigadores contraigan el compromiso moral de orientar el conjunto de la educación hacia la equidad. De la misma manera hablar de Educación Intercultural es hablar de inclusión y no de integración. La integración hace alusión a que las personas diferentes y los colectivos minoritarios se han de adaptar a la cultura hegemónica.

Desde la segunda mitad del siglo XX, en los sistemas educativos de los países de las democracias neoliberales se instauró la igualdad de oportunidades como el mecanismo para lograr estos equilibrios, sin embargo, las desigualdades persisten. Por eso nos parece más justo, democrático y humano hablar de oportunidades equivalentes, ya que es lo que debe garantizar un sistema educativo de calidad para que todo el alumnado obtenga el máximo de sus posibilidades. Es decir, mientras el discurso de la integración se sustentaba en el principio de igualdad de oportunidades, cuando hablamos de inclusión hablamos de oportunidades equivalentes. La consolidación de una sociedad democrática no radica en ofrecer "programas" para los colectivos minoritarios y las personas diferentes, sino en establecer políticas orientadas a erradicar la exclusión.

Hablar de interculturalidad y de convivencia escolar es hablar de educación inclusiva. Para nosotros ésta supone un proceso de humanización y, por tanto, lleva implícito el respeto, la participación y la convivencia. Así debe ser el espacio del aula: un lugar donde se respeta al otro como legítimo otro en la convivencia, un lugar donde todos participan juntos en la construcción del conocimiento y un lugar donde se convive democráticamente. Pero, ¿cómo se aprende a convivir? ¿O cómo se construye la convivencia? Sencillamente conviviendo. Lo contrario es querer vivir en un espacio en contra de tus deseos. La convivencia no es una cárcel. El alumnado tiene derecho a irse de la clase si en ella no se siente respetado, si no participa en la construcción del conocimiento ni convive con los demás. Porque su aprendizaje, en el supuesto de que se produzca, sería un aprendizaje "castrado".

La vida democrática en el aula no se impone, nace de la convivencia y del respeto mutuo; si tú quieres que te respete el alumnado, respeta tú a los alumnos y alumnas. Es necesario respetarse mutuamente, pero para ello hay que vivir en el respeto. A veces el profesorado suele decir que es respetado por los alumnos y alumnas, cuando en realidad es temido por ellos. Educar es respetar al otro como legítimo otro en la convivencia. Y esta convivencia en el aula se construye día a día. El alumnado se transforma en la convivencia con el profesorado y con sus compañeros y compañeras. La base de la convivencia reside en las ganas que se tenga de compartir cosas juntos y, por tanto, se han de abrir espacios donde los deseos e intereses se encuentren y coincidan con los de los alumnos y alumnas.

Entendemos, por tanto, la convivencia en el aula como "un tender la mano" y, si es aceptada, la convivencia se produce. Es como un deseo de compartir juntos proyectos e ilusiones. Y en este compartir y vivir juntos se transforman unos y otros. Ahora bien, tender la mano es un acto de confianza porque se acepta el hecho de convivir con otro. La confianza es el fundamento de la convivencia (MATURANA, H. 1994). Es necesario un proyecto educativo que nos enseñe a convivir en libertad y en equidad. De lo que se trata es de convertir nuestras aulas en espacios de respeto, de participación, de convivencia y aprendizaje, muy a pesar de la diversidad de niñas y niños en las mismas, y no de alejar al niño o niña inmigrante de su grupo de referencia. Para ello hemos de buscar pedagogías diferentes a las que estamos acostumbrados en nuestras escuelas. De eso se trata. De cambiar los sistemas educativos y no a las personas. Es un cambio cultural y curricular lo que necesitamos y

APRENDIENDO A (CON)VIVIR JUNTOS: OPORTUNIDAD DE LIBERTAD Y EQUIDAD

no un cambio en las personas. Este cambio cultural y curricular requiere estar dispuestos a cambiar nuestras prácticas pedagógicas para que cada vez sean prácticas menos segregadoras y más humanizantes.

¿Qué queremos decir con cambiar nuestras prácticas pedagógicas?

Cambiar las prácticas pedagógicas significa que la mentalidad del profesorado ha de cambiar respecto a las competencias cognitivas y culturales de las personas diferentes y de las culturas minoritarias, significa que hay que cambiar los sistemas de enseñanza y aprendizaje en el aula, significa que ha de cambiar el currículum, significa que ha de cambiar la organización escolar, significa que han de cambiar los sistemas de evaluación. De eso se trataría, de ver hasta qué punto esto es posible. Sabemos que, muy a pesar de la buena voluntad del profesorado, la escuela no ofrece un modelo educativo que propicie respeto, convivencia y aprendizaje. Por tanto necesitamos otro proyecto educativo que nos haga olvidar el modelo del homo sapiens del mundo neoliberal y posmodernista en el que vivimos apresados y nos eleve al homo amans a través de la convivencia. Un proyecto educativo que bien podría denominarse: "aprendamos a (con)vivir juntos: una oportunidad para la libertad y la equidad". Lo más humano del ser humano es desvivirse por otro ser humano y no aprovecharse de él. Y en ese desvivirse por los otros vivimos preocupados sabiendo que nuestras acciones pueden repercutir en ellos de una manera o de otra. Y en esta preocupación surge la ética. El discurso de la educación inclusiva es un discurso eminentemente ético.

Desde nuestro punto de vista no puede haber educación si no hay compromiso ético. La preocupación de mis acciones sobre otras personas es mi compromiso ético y no debo hacer algo que repercuta negativamente sobre otros. Cuando hablamos desde la cultura de la diversidad este sentimiento de preocupación y responsabilidad nace cuando privamos a las personas diferentes y a las culturas minoritarias de la convivencia humana sin respetarlos en su diferencia. A veces las normas establecidas, o que se generan en las escuelas, no son humanamente correctas, por eso la desobediencia a ellas se convierte en un acto de responsabilidad. Precisamente porque hay que aprender a decir "No" antes que cometer una inmoralidad. Y es, a mi juicio, una inmoralidad, no construir una escuela donde todas las niñas y todos los niños se eduquen conjuntamente. Saber cuáles son las barreras que impiden el aprendizaje y la participación de algunas niñas y de algunos niños en el aula es, precisamente, el compromiso ético del discurso de la cultura de la educación inclusiva. Más aún, el compromiso ético es la lucha contra las desigualdades y la segregación, incluso más allá de nuestra propia existencia, a partir de los principios éticos en los que creemos, aunque no haya ningún margen "razonable" de que obtengamos algún éxito en nuestro esfuerzo, sólo el valor simbólico de estar siempre en lucha contra la discriminación. Esta manera de pensar está basada en el sentido que le demos a la cultura de la diversidad, si como sinónimo de integración o de inclusión, como he señalado anteriormente.

Cuando hablamos de lo ético no nos referimos a cómo han de enseñarse la libertad, la solidaridad, la tolerancia, la justicia, etc., en la escuela, sino a la incorporación de un enfoque ético en nuestras vidas. La ética no puede convertirse en una clase donde "se enseñan valores". Los valores no se enseñan, se viven. Se practican. Ése es el valor moral de los valores, su puesta en práctica. Por eso la ética en la educación no puede resumirse en una asignatura sobre los valores sino que es algo que se ha de vivir. La escuela pública tiene la responsabilidad de ponerlos en práctica, no enseñándolos, sino viviéndolos en sus aulas.

Sabemos que el panorama de nuestras escuelas ha cambiado en los últimos años y, hoy en día, conviven en las mismas diferentes culturas. El arco iris humano de nuestras aulas es mucho más hermoso, si cabe, que el arco iris celeste. Por ello el modelo educativo, ante la heterogeneidad del alumnado de nuestras aulas, no puede seguir siendo el mismo de hace unos años: un modelo homogéneo para todos e impuesto según criterios de la cultura hegemónica. Se necesitan otras pedagogías. De la misma manera la formación inicial del profesorado ha de contemplar esa diversidad cultural, étnica, de religión o con handicap y, asimismo, la formación del profesorado en activo ha de cambiar. La clave en la construcción de esta nueva escuela intercultural radica en el profesorado; ahora bien, que sea el profesorado la clave no debe interpretarse como que él sea el único responsable. La Educación Intercultural no es un asunto que sólo afecte a la escuela, sino a la sociedad entera.

En la actualidad la escuela pública vive entre la humanización y la deshumanización, es decir, entre la inclusión y la exclusión. Pues bien, lo mismo que hemos de construir la educación para la ciudadanía hemos de construir la educación para la interculturalidad. Pero ¿cómo se construye la Educación Intercultural? Mi respuesta es muy sencilla: sólo podremos construir la Educación Intercultural si aprendemos a valorar nuestra propia cultura y adquirimos una capacidad crítica sobre la misma que nos permita superar el etnocentrismo. Esto exige un cambio actitudinal en varios ámbitos:

- Sabiendo que para aprender a valorar a otras culturas se hace imprescindible conocer y comprender la nuestra propia.
- Teniendo muy claro que el contacto con otras culturas nos enriquece y nos humaniza, y no nos empequeñece ni nos destruye.
- Aprendiendo a ponerse en el lugar del otro. Romper con el etnocentrismo. El "yo" y el "tú" hay que cambiarlos por el "nosotros" (nos-otros).
- Conociendo a las otras culturas.

Este cambio de actitud y pensamiento no debe anidar en el mundo de las buenas intenciones, sino que debe darse en la práctica diaria de nuestros colegios. Es decir, hay que trasladarlo a la vida escolar a través del currículum. En este sentido un currículum intercultural debe contemplar todas las culturas que convivan en el centro y, sobre todo, evitar que sea el reflejo de la cultura hegemónica. Asimismo, en el Proyecto Curricular de centro se ha de explicitar una actitud antirracista. En síntesis, el currículum debe ofrecer a todo el alumnado una visión amplia del conocimiento desde la perspectiva de las diversas culturas y no desde una sola. Para ello se precisa de un cambio en la mentalidad y en la formación del profesorado.

Sin su formación y comprensión es muy difícil que podamos construir la Educación Intercultural.

Precisamente una de las finalidades del autor de este libro es proporcionar al profesorado una visión teórico-práctica de la Educación Intercultural. Para ello, además de describir y analizar las vivencias e interpretaciones de cuatro profesoras que vienen trabajando en sus aulas desde el discurso de la cultura de la diversidad, nos ofrece una amplia visión teórica de la Educación Intercultural. El libro, dirigido fundamentalmente al profesorado, aunque no sólo, podemos dividirlo en cuatro bloques. En el primero sienta las bases epistemológicas de la Educación Intercultural desde el capítulo primero al quinto. Un segundo bloque lo dedica a dar cuenta de cómo se vive la Educación Intercultural en cuatro centros a través de las voces de sus protagonistas: cuatro maestras, ocupando los capítulos sexto y séptimo. En un tercer bloque la preocupación del autor es aunar el conflicto como herramienta de aprendizaje, con la formación del profesorado necesaria para dar respuesta a la diversidad y la necesaria participación de las familias, ocupando los capítulos del octavo al décimo primero. Y, por último, un bloque final de un solo capitulo donde el autor cierra el círculo "desde el deseo a la realidad" de la Educación Intercultural.

Una lectura atenta del libro nos permite descubrir, en cada una de las partes, ejemplos y reflexiones concretas orientadas a cómo debe mejorar la práctica educativa en aquellas escuelas donde se ha desarrollado la investigación, motivo de este libro, con lo que el autor logra que su lectura no se haga pesada y nos invita a una reflexión profunda de que sólo se puede hablar de Educación Intercultural si estamos hablando de la necesidad de construir otra cultura en el centro cuyo epicentro sea la cooperación y la convivencia. La interculturalidad como la democracia implica una forma de relación y de diálogo donde el "yo" y el "tú" se sustituyen por el "nos-otros". ¿Cuando hablamos de interculturalidad nos incluimos nosotros en el diálogo o hablamos de "otros"? ¿De qué "otros"? Es decir, ¿cuando hablamos de "nosotros" es de un nosotros inclusivo o no?

En este libro espléndido Juan Leiva subraya una y otra vez que la Educación Intercultural es un proceso para aprender a vivir con las diferencias. ¿De qué hablamos cuando nos referimos a la educación inclusiva?

El rango distintivo por excelencia para saber que estamos hablando de educación inclusiva es la conceptualización que adopte el profesorado de la diferencia. Porque de la percepción que tenga aquél del alumnado inmigrante y de los procesos de aprendizaje van a depender los modelos educativos que ponga en juego: el respeto a las diferencias del alumnado, en la búsqueda de la equidad educativa, es de un valor extraordinario, hoy en día, en nuestras escuelas, entendiéndola no sólo como igualdad de oportunidades sino como igualdad de desarrollo de las competencias cognitivas y culturales, es decir, hablamos de oportunidades equivalentes. Igualdad en la diversidad es la expresión más acorde con nuestro pensamiento de equidad dado que cada persona debe recibir en función de lo que necesita y no recibir todo el mundo lo mismo (currículum común vs currículum idéntico). En este sentido Fraser y Honneth (2006) subrayan que cuando hablamos de aceptación y respeto a las diferencias, nos referimos en realidad a la justicia social y por eso se necesitan políticas de redistribución (para superar las injusticias socioeconómicas) en un caso, o de reconocimiento en otro (para las injusticias de orden sociocultural), para que la equidad, los derechos y la justicia social no sean meros artificios discursivos en una sociedad donde, al parecer, no hay lugar para todos, aunque la UNESCO hable de "escuela para todos" (UNESCO, Jotiem, 1990).

El concepto de equidad, en este sentido, añade precisión al de igualdad al atender la singularidad y la diversidad humana en su diferencia. Esta diferencia, lejos de ser un obstáculo, se ha de considerar como una oportunidad de aprendizaje. Pero las personas diferentes y de culturas minoritarias no suelen tener las mismas oportunidades de aprendizaje que el resto del alumnado (Nussbaum, M. 2006) e incluso, cuando aquellas se encuentran incluidas dentro de un aula, suele ocurrir lo que denomina Iris Marion Young (2000) una *«(...) exclusión interna (...)»*, originándose "zonas de discriminación". Tomar conciencia de este *apartheid* educativo es un compromiso con la acción y, por tanto, no podemos seguir silenciándolo o presentándolo como algo inevitable.

La educación inclusiva tiene que ver con cómo, dónde, por qué y con qué consecuencias educamos a todo el alumnado. Por ello requiere que la escuela se reestructure y transforme en función a la diversidad. Reestructuración en el currículum y en la organización escolar evitando la postura reduccionista del proceso integrador tanto en el desdoble organizativo como en las adaptaciones curriculares, donde se exige un ajuste al sistema dominante de las personas excepcionales, pero sin transformaciones en aquél. El aula ha de reestructurarse y convertirse en una comunidad de apoyo permanente. Así, el aula se convierte en un lugar para conocerse, comprenderse y respetarse en las diferencias.

¿Cuáles son, entonces, las barreras que están impidiendo la participación, la convivencia y el aprendizaje de todo el alumnado en la escuela?

Las primeras barreras, a nuestro juicio, son las contradicciones que existen en las leyes, órdenes y normativas respecto a la educación de las personas y culturas diferentes. Por un lado hay leyes que hablan de "una educación para todos" (UNESCO, 1990) y simultáneamente se permiten centros de compensatoria. Por otra parte se habla de un currículum diverso para todos y todas y, a la vez, se habla de adaptaciones curriculares. Hay leyes que hablan de la necesidad del trabajo cooperativo entre el profesorado y en otras se permite que el profesorado de apoyo pueda sacar a los niños y niñas con hándicaps fuera del aula común. Todas estas contradicciones políticas obscurecen la construcción de la escuela inclusiva. La administración educativa debe ser coherente entre los enunciados de las leyes internacionales, nacionales y autonómicas y la puesta en práctica de las mismas. Administrativamente la Educación Intercultural ha sido mal entendida, porque se ha pensado siempre en una educación compensatoria a modo de una nueva pedagogía dirigida a las niñas y niños culturalmente minoritarios, cuando de lo que se trata es de una nueva educación para todas y para todos. No nos vale aquello que dicen algunos enseñantes: *«(...) gracias a Dios nosotros no tenemos ese problema en nuestro colegio (...)»*, refiriéndose a que no tienen inmigrantes en sus clases. La Educación Intercultural no es para los centros que tienen niñas y niños inmigrantes, sino que es la educación que se ha de impartir en la escuela pública hoy en día. Educación que tiene como principio básico y fundamental que todos los niños, niñas y jóvenes tienen derecho a ser educados juntos independientemente de la etnia, del género, del handicap, de la religión o de la procedencia.

Junto a este obstáculo político existe una barrera cultural entre el profesorado que frena de manera muy significativa la inclusión: nos referimos a la permanente actitud de clasificar y establecer normas discriminatorias entre el alumnado (etiquetaje). El profesorado vive obsesionado por la evaluación diagnóstica, buscando una razón, un pretexto para definir a un grupo de niños y niñas como incapaces de aprender para justificar su incapacidad para enseñar. Lamentablemente esta actitud "imprime carácter". Además de estas barreras existe un cúmulo de impedimentos pedagógicos que están entorpeciendo el respeto, la participación, la convivencia y el aprendizaje. Entre ellas señalaremos las siguientes:

- La competitividad frente al trabajo cooperativo y solidario, cuando el aula no es considerada como una comunidad de convivencia y de aprendizaje.
- El currículum estructurado en disciplinas y en el libro de texto, no basado en un aprendizaje para resolver situaciones problemáticas, y las adaptaciones curriculares.
- La organización espacio-temporal: lo que requiere la escuela sin exclusiones es una organización de acuerdo a la actividad a realizar. Una organización *ad-hoc*.
- La necesaria re-profesionalización del profesorado para la comprensión de la diversidad. La escuela inclusiva precisa un cambio del profesorado como técnico-racional a un profesorado investigador y con compromiso social.
- La escuescuelas democráticas (López Melero, M. 2004).

En fin, para poder construir esa escuela sin exclusiones son necesarias culturas inclusivas, políticas inclusivas y prácticas pedagógicas inclusivas (Ainscow, M. 2004). Con las prácticas pedagógicas simples no se puede lograr una escuela sin exclusiones. Se hace necesaria una pedagogía más compleja donde las personas y las culturas diferentes puedan "aprender a aprender". Nosotros lo venimos haciendo en el Proyecto Roma a través de lo que denominamos proyectos de investigación, que son un modo de aprender en cooperación (López Melero, M. 2003 y 2004).

Desde el Proyecto Roma somos defensores de la escuela pública como espacio cultural que se responsabiliza de la construcción de un modelo educativo para la convivencia democrática y, por tanto, para hacer una enseñanza de calidad, respetando las peculiaridades de cada niña y de cada niño. Más aún, la escuela pública hoy, al hacer suya la cultura de la educación inclusiva, lo único que hace es poner en práctica los Derechos Humanos, evitando las injusticias curriculares al no admitir dos tipos de *currícula* en las aulas. Por tanto, la escuela que emerge desde los principios de la educación inclusiva es una escuela que educa para colaborar en la construcción de una nueva civilización y necesita un profesorado que confíe en estos principios y considere que lo más importante en la escuela no radica en la enseñanza de unos conocimientos previamente elaborados (instrucción), sino en saber crear ambientes democráticos para la socialización y la educación en valores, porque en la escuela no sólo se aprende unos contenidos culturales sino un modo de vivir o, mejor dicho, de convivir. No se trata de enseñar la cultura de la diversidad como un valor, sino de vivir democráticamente en las aulas desde el respeto, la participación y la convivencia. En eso consiste la educación inclusiva.

Por todo lo que acabo de afirmar deseo comentarles a las lectoras y lectores que tengan la oportunidad de adquirir este libro que en él encontrará, además de una amplia visión de la Educación Intercultural y la escuela inclusiva expresada de manera exquisita, a una persona buena -en el buen sentido de la palabra que diría el poeta- generosa, comprometida y muy sensible con el discurso de educación inclusiva. De ahí mi reconocimiento más sincero al profesor Juan Leiva porque nos hace comprender que la ética, la diversidad y la cultura son los caminos para construir un sueño: la escuela inclusiva. Enhorabuena.

Dr. Miguel López Melero
Catedrático de Didáctica y Organización Escolar
Universidad de Málaga

INTRODUCCIÓN

Los cambios que progresivamente se están produciendo en nuestra sociedad están modificando la fisonomía de los centros educativos. Si bien es cierto que nuestra tierra ha sido siempre plural y heterogénea, el creciente fenómeno de la inmigración está configurando los nuevos escenarios sociales, culturales, y también educativos. De hecho, en los últimos años, nuestras escuelas están acogiendo, cada vez en mayor número, a alumnas y alumnos de diversas procedencias. Según los últimos datos ofrecidos por el Ministerio de Educación, y recogidos en el **Informe Anual "Datos y Cifras. Curso escolar 2011/2012"**, el número de alumnos de origen inmigrante pasó de 702.392 en el curso 2007-2008 a 770.384 en el 2010-2011, representando casi un 10 % (en concreto, un 9,5 %) de la población total de alumnado escolarizado en las enseñanzas de régimen general no universitarias en este último curso. Un año antes, los datos de avance de las **Estadísticas de la Educación en España**, nos mostraba un incremento respecto al curso anterior, en concreto un aumento del 14,5% (77.086 alumnos inmigrantes) respecto al curso precedente[1]. Por otra parte, y según los datos publicados por la Unidad Estadística de la Consejería de Educación de la Junta de Andalucía en

---

1. El Consejo Escolar del Estado, en su **Informe sobre el estado situación y del Sistema Educativo**, publicado en el año 2008, señalaba que de los 608.040 alumnos de origen inmigrante, un 82,5% (501.916) asistía a centros educativos públicos mientras que sólo un 17,5% (106.124) lo hacía en centros educativos de titularidad privada. Esto es un factor de reflexión y crítica para establecer un debate serio sobre la responsabilidad social y equidad del sistema educativo sostenido con fondos públicos. Igualmente, en el Informe de esta misma institución, pero con datos del curso 2009-2010, persisten las diferencias de acogida entre escuela pública y escuela privada-concertada y privada, exceptuando en las Comunidades Autónomas de Cantabria y País Vasco donde existe unos datos más equitativos, y donde la escuela concertada acoge casi a un 30% del alumnado de origen inmigrante y la pública un 70%.

mayo de 2010, en el curso 2009-2010, los centros educativos andaluces acogen ya a un total de 101.838 escolares inmigrantes. Concretamente, en la provincia de Málaga, los centros educativos acogen a 30.084 alumnos inmigrantes, casi el doble que escasamente hace cuatro cursos académicos, cuando acogía a 16.994 (curso 2005-2006). Por tanto, los datos que manejamos actualmente marcan un incremento espectacular si pensamos en que hace apenas quince años escasamente llegaban a 5.000 alumnos los que procedían de otros países y nacionalidades. Por provincias, Málaga concentra el mayor número de alumnos inmigrantes de la Comunidad Autónoma de Andalucía, seguido de la Provincia de Almería, con 25.748 alumnos y Sevilla, en tercer lugar, con 12.358 alumnos inmigrantes. No obstante, en los últimos dos años ha habido una cierta ralentización de este crecimiento, sobre todo en el caso de la provincia de Málaga, y es que ya en el curso anterior la cifra se situaba en torno a los 30.000 alumnos de origen inmigrante. Esto quiere decir que el fenómeno de la inmigración en Andalucía, y también en España, ha sufrido una incipiente parada como consecuencia de la actual crisis económica, lo cual también influye y repercute en el ámbito educativo.

Por otro lado, si bien los porcentajes que tenemos no son tan significativos como en otros países de la Unión Europea, sí es relevante destacar la rapidez en el crecimiento del número de alumnos de origen inmigrante que están llegando a nuestro sistema educativo. Centrándonos en nuestro país, Feria (2002, p. 84) destacaba que existen diferencias significativas en función de las distintas comunidades autónomas, ya que «(...) *no existe una sola inmigración ni todos los procesos migratorios son iguales. Mientras que en Cataluña el fenómeno tiene un carácter estructural, ya que cuenta con una de las estructuras migratorias más antiguas y complejas del Estado español, Andalucía es la puerta de entrada del norte de África, Madrid es la provincia de acogida por excelencia de ciudadanos latinoamericanos, Baleares tiene un enorme asentamiento turístico (...)*».

En verdad, en estos momentos la educación de nuestro país está abordando uno de los retos más importantes que se le presenta: el fenómeno de la inclusión de un alumnado cuya diversidad cultural no era antes conocida o, por lo menos, no con tanta pujanza y dinamismo. Ciertamente, nuestra tierra ha pasado en las últimas décadas de ser un país de emigrantes a convertirse en país de acogida de inmigrantes de diversos lugares, etnias, costumbres, lenguas y religiones. Esta situación, sin lugar a dudas, tiene una especial relevancia e influencia en el contexto educativo, ya que profundiza en la evidencia de una situación de diversidad del alumnado a todos los niveles (social, cultural, lingüístico, religioso...), que podemos englobar dentro de lo que se ha venido denominando multiculturalidad en la escuela, esto es, la descripción fiel y objetiva de la existencia de una pluralidad de alumnos de diversas procedencias culturales en espacios educativos comunes (Bartolomé, 1997a).

En este marco, podemos hablar de multiculturalidad en la escuela como aquella situación que se constata en la realidad, es decir, que está referida a la existencia de varias culturas en un mismo espacio escolar que las enmarca, pero sin procurar cambios reales desde el punto de vista de la interacción cultural, aun-

INTRODUCCIÓN

que lógicamente aspiramos a la interculturalidad. En este sentido, podemos decir que lo intercultural hace referencia a una dinámica específica que rompe el cerco del etnocentrismo cultural (Aguado, 2003). En el ámbito educativo se entiende como una reflexión profunda en torno a las oportunidades que nos ofrece la diversidad cultural como elemento de intercambio fructífero de valores y actitudes, rompiendo prejuicios e iniciando espacios de interrelación e intercambio, creando así lazos e interdependencias entre los grupos culturales diversos que conviven en una misma realidad escolar (Bartolomé, 2002). Actualmente se habla de Educación Intercultural como una propuesta de acción educativa teórico-práctica donde prevalece el reconocimiento de la existencia de los "otros" como sujetos poseedores de una cultura diferente y el conocimiento de lo que esto significa en términos de semejanzas y diferencias con la propia cultura escolar -caracterizada por múltiples influencias-, promoviendo un intercambio de valores para la emergencia de una situación más democrática y solidaria (Aguado, 2003). Pero, ¿cuáles son las claves de una educación enmarcada en una realidad escolar que pretenda ser considerada intercultural? En realidad, son muchos los aspectos que debemos tratar para poder acercarnos a una respuesta que sea funcional y valiosa -desde una vertiente eminentemente práctica- pero desde nuestro punto de vista, creemos necesario destacar una serie de claves reflexivas atendiendo a los planteamientos de una verdadera Educación Intercultural.

- En primer lugar, una reflexión coherente y rigurosa sobre la educación en contextos educativos interculturales tiene que partir de una elaboración consciente, reflexiva y compleja sobre el concepto de cultura, para que la valoración de la diversidad cultural sea considerada de forma crítica (Jordán, 1994).
- En segundo lugar, es necesario destacar que una educación que pretenda favorecer la interculturalidad debe promover prácticas educativas dirigidas a todos y cada uno de los miembros de la sociedad en su conjunto, y no solamente a los alumnos de origen inmigrante (Aguado, 1991); esto es, se debe fundamentar en una visión educativa inclusiva.
- En tercer lugar, este tipo de educación nos debe hacer reflexionar sobre elaboraciones y propuestas pedagógicas que afecten a todas las dimensiones del proceso educativo, ya que favorecer la diversidad cultural como valor educativo positivo y enriquecedor requiere espacios críticos de reflexión en la acción educativa práctica.
- En cuarto lugar, un aspecto fundamental de una educación que pretenda erigirse como verdaderamente intercultural debe promover condiciones reales y efectivas para que se logre que estos espacios de intercambio cultural promuevan la igualdad de oportunidades, así como la superación de todas aquellas situaciones de racismo o discriminación que puedan surgir en los contextos educativos multiculturales. Para conseguir estos espacios ciertos de intercambio intercultural, la adquisición de competencias interculturales -como conjunto de actitudes, valores y comportamientos de receptividad positiva hacia la diversidad- en todos los miembros de la comunidad educativa (profesores,

alumnos, familias, comunidad sociocultural) es un elemento fundamental. Además, creemos necesario que estas competencias modulen la práctica educativa de la vida escolar, sobre todo en aquellos centros donde la diversidad cultural sea el eje vertebrador en su cotidianidad y vivencia educativa.

Así pues, atendiendo a las claves anteriormente mencionadas, podemos señalar que el surgimiento de la concepción de las denominadas escuelas interculturales (Juliano, 1993) -entendiéndolas en el marco de una tendencia cada vez más emergente en la práctica educativa que trata de afrontar la diversidad cultural de los contextos socioculturales actuales mediante proyectos y actuaciones concretas que contemplen la diferencia cultural como valor educativo positivo-, es una realidad que cada vez tiene más fuerza y dinamismo en la educación del presente y también seguramente del futuro.

Además, hay que señalar que el propio concepto de Educación Intercultural, entendido como propuesta de acción educativa que respeta, acepta y reconoce la diferencia cultural como valor educativo, nos hace indagar en todas aquellas dimensiones y variables (curriculares, organizativas, de funcionamiento escolar, de índole actitudinal, éticas...) que faciliten asumir una perspectiva intercultural en la configuración de la educación. A lo largo de este documento, desarrollaremos cada una de estas variables atendiendo a los planteamientos anteriormente mencionados. En realidad, tal y como estamos expresando, nos situamos teóricamente dentro del marco de la Educación Intercultural, la cual se encuentra inserta en todo un complejo y acelerado cambio de nuestro contexto socioeducativo, lo que está influyendo de manera decisiva en el papel que desempeñan los docentes en el nuevo panorama educativo de nuestras aulas y escuelas. Ciertamente son múltiples las influencias y presiones del cambio social que están determinando cambios relevantes en la comprensión de la escuela como espacio ecológico y dinámico dentro de una educación cada vez más compleja y cambiante (Esteve, 2003). Desde luego, como mencionamos al inicio de este escrito, el cambio que mayor importancia ha adquirido en los últimos años ha sido la creciente presencia de alumnos de otras culturas y procedencias. De ahí la preocupación y los esfuerzos de la educación para dar respuesta a este nuevo escenario sociocultural donde la diversidad del alumnado, a todos los niveles, condiciona el establecimiento de estrategias y prácticas educativas adecuadas en un enfoque educativo inclusivo, basado en principios tales como la diferencia como valor, la solidaridad, la confianza y el aprendizaje cooperativo (López Melero, 2004).

Esta nueva situación ha propiciado la emergencia de nuevas realidades más plurales y heterogéneas en la escuela, con la consecuencia de una mayor conflictividad, no tanto por la aparición de esta nueva realidad, sino por la escasez y deficiencias en las estrategias y las respuestas ante este nuevo escenario educativo (Etxeberria, Esteve y Jordán, 2001). En efecto, podemos señalar que los conflictos que se dan actualmente en la escuela no solamente son fruto de la misma, sino fundamentalmente de la propia sociedad en la que está inserta (Ortega y otros, 2003). No obstante, las condiciones y la propia cultura institucional y académica

INTRODUCCIÓN

de la escuela determinan tanto la aparición y el desarrollo de los conflictos como su gestión y resolución. De ahí la importancia de atender a las diferentes claves educativas que nos pueden ayudar a explicar y a entender la propia naturaleza de los conflictos escolares en contextos interculturales, que tienen una vertiente tanto escolar como fundamentalmente social. En esta línea, hay que señalar que la exclusión social y la intolerancia[2] son dos problemas graves de nuestra sociedad (Díaz-Aguado, 1997), y en verdad *«(...) el desafío intercultural de los años 90, orientado a luchar contra la exclusión, recuerda en este sentido al desafío compensatorio de los años 60, orientado en torno a la igualdad de oportunidades. Ambos comparten un objetivo muy ambicioso: construir una sociedad más justa a través de la educación»* (Ibíd., p. 6). En este punto es necesario abordar *«las cuestiones referidas al tratamiento de la diversidad cultural en educación, entendiendo que esta diversidad se manifiesta más allá de los límites establecidos por razas, grupos étnicos o nacionales; en interacción con otras variables significativas -edad, género, clase social, características individuales- y debe atenderse tanto en la intervención educativa en contextos educativos formales como en otros menos estructurados e informales»*. (Aguado, 1997, p. 25).

Por ello hay que centrarse en todas aquellas claves que permitan reconocer y aceptar la diversidad cultural de la escuela actual y defender la igualdad de oportunidades -de acceso, desarrollo y progreso- en los contextos educativos, *«(...) superando los modelos de déficit que etiquetan en función del grado de ajuste a un patrón definido en función del grupo cultural dominante»* (Ibíd., p. 25). Una de estas claves la encontramos en las estrategias de gestión y regulación de conflictos que emplean los docentes, que son agentes principales de este nuevo escenario educativo intercultural, así como en el conocimiento de sus percepciones y actitudes ante el conflicto como motor de cambio y progreso en la educación. En efecto, tal y como señala Calvo (2003), el profesor es protagonista en la creación de un ambiente y un clima global en la escuela, favorecedor de las actitudes cooperativas y solidarias tan necesarias e imprescindibles para la Educación Intercultural. De hecho, un aspecto importante a la hora de planificar y ejecutar la gestión y regulación de los conflictos interculturales, no es sólo la necesaria capacidad y competencia del docente en esta materia, sino que es preciso que sea el primero en internalizar y asumir esas actitudes y valores solidarios interculturales en contextos de diversidad para afrontar con garantías de éxito sus prácticas educativas en una comunidad educativa multicultural (Del Campo, 1999). Para ello es necesario que la concepción de educación en la que se sustente el docente sea una educación inclusiva, de lo cual se deriva, además, la importancia de atender a una formación intercultural del profesorado, tanto en el período de formación inicial como en las acciones formativas de educación permanente.

---

2. Dos aspectos definitorios de nuestra sociedad que nos hacen sumergirnos en la naturaleza social de los conflictos que se dan en los contextos educativos interculturales.

CAPÍTULO 1: BASES CONCEPTUALES DE LA EDUCACIÓN INTERCULTURAL

Nuestras escuelas, al igual que las del resto de países comunitarios, están experimentando una profunda transformación por la creciente presencia de alumnos de otras culturas y procedencias, como resultado de las nuevas tendencias migratorias de carácter internacional (Esteve, 2003). De hecho, nuestra tierra ha pasado en las últimas décadas de ser un país de emigrantes a convertirse en país de acogida de inmigrantes de diversos lugares, etnias, costumbres, lenguas y religiones. Por su parte, y centrándonos en el contexto educativo, es evidente la existencia de aulas multiculturales y del fenómeno multicultural entendido como la pluralidad de alumnos de procedencias diversas en espacios educativos comunes. No obstante, hace ya algunos años que en el ámbito educativo muchos autores emplean los términos de escuela intercultural y de Educación Intercultural como una forma de asumir el modelo educativo basado en la interdependencia enriquecedora de valores culturales diferentes en la práctica educativa, mientras que la multiculturalidad sería una expresión descriptiva de la situación de convivencia de varias culturas en el mismo espacio educativo (Aguado, 2003). Por todo ello, resulta imprescindible indagar en las características fundamentales de la Educación Intercultural, planteando los elementos fundamentales que la definen, esto es, centrándonos en sus bases conceptuales y objetivas: la diversidad, la cultura, la ciudadanía y la identidad.

1. Diversidad

Partimos de diferentes preguntas para adentrarnos en lo que sería la Educación Intercultural y la cultura de la diversidad en la escuela. Y planteamos el concepto de cultura de la diversidad porque entendemos la diversidad en la escuela, y su relación con la Educación Intercultural, como un elemento definitorio de la actual situación social y educativa. Es decir, la diversidad es un concepto social y educativo que plantea que cada persona es distinta, y que las diferencias personales, sociales y culturales no deben ser motivo de exclusión. Más bien al contrario, la diversidad se entiende como la valoración positiva de la diferencia personal y cultural. La diferencia enriquece e impregna las relaciones interpersonales, y en el ámbito educativo, la diversidad está más presente que nunca y es motivo de atención preferente en cualquier propuesta pedagógica de cierta entidad. La cuestión reside, desde nuestro punto de vista, en preguntarnos cuáles son las claves de una educación enmarcada en una realidad escolar que pretenda ser considerada intercultural, y que respete la diversidad cultural en la escuela. Ciertamente, son muchos los aspectos que debemos tratar para poder acercarnos a una respuesta que sea funcional y valiosa desde una vertiente eminentemente práctica, pero desde nuestro punto de vista, creemos necesario destacar una serie de claves reflexivas atendiendo a los planteamientos de una verdadera pedagogía intercultural (Díaz-Aguado, 2002; Aguado, 2003).

- En primer lugar, una reflexión coherente y rigurosa sobre la educación en contextos educativos interculturales tiene que partir de una elaboración consciente, reflexiva y compleja sobre el concepto de cultura, para que la valoración de la diversidad cultural sea considerada de forma crítica.
- En segundo lugar, es necesario destacar que una educación que pretenda favorecer la interculturalidad debe promover prácticas educativas dirigidas a todos y cada uno de los miembros de la sociedad en su conjunto, y no solamente a los alumnos de origen inmigrante; esto es, se debe fundamentar en una visión educativa inclusiva para todas y todos los alumnos y el conjunto de la comunidad educativa.
- En tercer lugar, este tipo de educación nos debe hacer reflexionar sobre elaboraciones y propuestas pedagógicas que influyan en todas las dimensiones del proceso educativo, ya que favorecer la diversidad cultural como valor educativo positivo y enriquecedor requiere espacios críticos de reflexión -e innovación permanente- en la acción educativa cotidiana.
- En cuarto lugar, un aspecto fundamental de una educación que pretenda erigirse como verdaderamente intercultural debe promover condiciones reales y efectivas para que se logre que estos espacios de intercambio cultural promuevan la igualdad de oportunidades, así como la superación de todas aquellas situaciones de racismo o discriminación que puedan surgir en los contextos educativos multiculturales. Para conseguir estos espacios ciertos de intercambio intercultural, la adquisición de competencias interculturales -como conjunto de actitudes, valores y comportamientos de receptividad positiva hacia la diversidad- en todos los miembros de la comunidad educativa (profesores, alumnos, familias, comunidad sociocultural) es un elemento fundamental. Además, es necesario que estas competencias modulen la práctica educativa de la vida escolar, sobre todo en aquellos centros donde la diversidad cultural sea el eje vertebrador en su cotidianidad y vivencia educativa, y por tanto, la «(...) *figura del educador es crucial, más aún, insustituible (...), y ha de irradiar contagiosamente al*

resto del alumnado, con su "ser" y su "quehacer" diario, esa actitud de profunda deferencia hacia todos los alumnos sin excepción alguna» (Jordán, 2007, p. 94).

Así pues, y atendiendo a las claves anteriormente mencionadas, podemos señalar que el surgimiento de la concepción de las denominadas escuelas interculturales, entendiéndolas en el marco de una tendencia cada vez más emergente en la práctica educativa que trata de afrontar la diversidad cultural de los contextos socioculturales actuales mediante proyectos y actuaciones concretas que contemplen la diferencia cultural como valor educativo positivo, es ya una realidad que cada vez tiene más fuerza y dinamismo en la educación del presente y, con toda seguridad, del futuro en las instituciones educativas españolas y europeas.

Además, hay que subrayar que el propio concepto de cultura de la diversidad, entendido como propuesta para la acción educativa que respeta, acepta y reconoce la diferencia cultural como valor educativo, nos hace indagar en todas aquellas dimensiones y variables (curriculares, organizativas, de funcionamiento escolar, de índole actitudinal, éticas, emocionales...) que faciliten asumir una perspectiva intercultural en la configuración de la educación. En este punto, estamos de acuerdo con López Melero (2006, p. 21) cuando afirma que la cultura de la diversidad en la educación es *«(...) la comprensión de la diversidad y de la diferencia humana en las aulas como un elemento de valor y como derecho (...) y no consiste en el sometimiento de las culturas minoritarias a las condiciones que le imponga la cultura hegemónica, sino exige que sea la sociedad la que cambie sus comportamientos y sus actitudes respecto a las personas diferentes para que éstas no se vean sometidas a la tiranía de la normalidad»*.

Tal y como estamos expresando, nos situamos teóricamente dentro del marco de la cultura de la diversidad (López Melero, 2006), la cual se encuentra inserta en todo un complejo y acelerado cambio de nuestro contexto socioeducativo, lo que está influyendo de manera decisiva en el papel que desempeñan los docentes en el nuevo panorama educativo de nuestras aulas y escuelas. Ciertamente son múltiples las influencias y presiones del cambio social que están determinando cambios relevantes en la comprensión de la escuela como espacio ecológico y dinámico dentro de una educación cada vez más compleja y cambiante (Jordán, 1999; Sabariego, 2002). Desde luego, como mencionamos al inicio de este escrito, el cambio que mayor importancia ha adquirido en los últimos años ha sido la creciente presencia de alumnos de otras culturas y procedencias. De ahí la preocupación y los esfuerzos de la educación para dar respuesta a este nuevo escenario sociocultural donde la diversidad del alumnado a todos los niveles, condiciona el establecimiento de estrategias y prácticas educativas adecuadas en un enfoque educativo inclusivo, basado en principios tales como la diferencia como valor, la solidaridad, la confianza y el aprendizaje cooperativo (Díaz-Aguado, 2002; López Melero, 2004).

La escuela actual debe ser capaz de articular propuestas efectivas que permitan impulsar prácticas pedagógicas que retomen la idea de la diversidad cultural desde una perspectiva eminentemente interactiva y en permanente análisis social (Jordán y Castella, 2001). Los valores sociales cambian a la par que nuestras valoraciones sobre nuestro papel en la sociedad en la que vivimos, y esto en el ámbito escolar se traduce en la ineludible necesidad de fomentar nuevas prácticas educativas que no excluyan a nadie, que sean promotoras de igualdad de oportunidades en una sociedad cada vez más compleja y heterogénea (Soriano, 2004).

2. Cultura

Tenemos que señalar que la Educación Intercultural reconoce que la multiculturalidad, como fenómeno social, es en sí misma conflictiva, esto es, es motivo y oportunidad para establecer, pese a la coexistencia de tendencias contradictorias, nuevas interacciones sociales y culturales que cambien y transformen la convivencia. Por ello, ante esta situación propone la utilización de los conflictos para establecer entre los diferentes grupos unas relaciones de interdependencia enriquecedoras basadas en la valoración y el enriquecimiento mutuo (Aguado, 2002). La Educación Intercultural cuestiona los valores y las estrategias educativas utilizadas en numerosas escuelas (Santos Rego, 1994), ya que pretende que estas instituciones no sean un elemento que socialice desde el punto de vista de una única cultura -hegemónica-, sino que constituya una herramienta que facilite a todos los miembros de la comunidad educativa la importancia de comprender la diversidad como hecho humano y a poder enfrentarnos a los desafíos que implica. Para eso, la Educación Intercultural plantea una serie de medidas educativas que sean cruciales y decisivas para el establecimiento de una sociedad más justa y solidaria, superando el etnocentrismo y abriendo la comunidad a una diversidad cultural que enriquezca las relaciones y dinámicas socioculturales de nuestra sociedad (Essomba, 1999).

En verdad, es difícil avanzar si restringimos la intervención intercultural tan solo al ámbito educativo (Carbonell, 2002), pero es lógico pensar que desde la escuela en particular es donde podemos trabajar de una manera privilegiada, donde se respeten las diferencias y se profundice en una sociedad más plural, más variada y más rica. Es un espacio idóneo donde poder combatir el racismo, la discriminación y la xenofobia. De ahí la renovación e impulso que toman los planteamientos educativos desde la perspectiva intercultural, para precisamente poder indagar en claves desde donde promover -y alcanzar- que la diferencia cultural, presente ya en muchos de los centros educativos de nuestro entorno, sea percibida como una riqueza, como un motivo de desarrollo sociocultural democrático y solidario, basado en el respeto a la diversidad cultural y su concepción positiva. Asimismo, y como plantearemos más adelante, la Educación Intercultural nos puede proporcionar claves necesarias de comprensión que nos ayuden a replantear los conflictos que surgen en el marco escolar, para que éstos no sean vistos como elementos negativos en el funcionamiento y dinámica escolar, sino más bien al contrario, para que puedan servir realmente como verdaderos instrumentos de aprendizaje para los alumnos, los profesores, las familias y la comunidad educativa en general (López Melero, 2004).

Según Jordán (1994), las culturas se entienden como significados compartidos, que dan sentido a los hechos y a los fenómenos sociales, pero no de forma invariable, sino que las culturas cambian, no permanecen de forma estática, ya que se enriquecen con los cambios sociales y humanos, y sirven como referente -o redes de significados- donde las mujeres y los hombres se construyen como seres humanos (Pérez Gómez, 1998). Podemos decir que los cambios culturales son el resultado de un proceso de adaptación ante nuevas situaciones y experiencias vitales sociales -colectivas e individuales-, ya que mediante el contacto entre personas de diferentes culturas vamos aprendiendo todos -y de manera interactiva- elementos culturales diversos. Por eso, es en el contacto cultural donde definimos, configuramos y construimos nuevas prácticas sociales y de convivencia, de acuerdo a las características y peculiaridades de las situaciones nuevas.

Además, la cultura supone ante todo un proceso de aprendizaje, ya que se aprende y se transmite en múltiples redes de significados sociales (Pérez Gómez, 1998). Realmente, a través del proceso de socialización aprendemos los diferentes elementos que componen la cultura (la lengua, formas de comportarnos, formas de relacionarnos, formas de ver el mundo, etc.), pero la complejidad de los nuevos escenarios sociales hace que la forma de producirse los propios mecanismos de socialización estén modulando entre la convergencia y la divergencia cognitiva, afectiva y conductual (Bartolomé, 2002). En efecto, es la cultura la que da sentido a la propia realidad, ya que impregna todos los acontecimientos sociales desde un conjunto complejo de significados sociales e históricamente construidos y compartidos por los miembros de una comunidad. En verdad, cuando percibimos y vivimos la realidad, lo hacemos desde esquemas mentales que están claramente condicionados y determinados por los significados sociales, por lo que nuestras creencias, experiencias, actitudes y valores tienen un profundo sentido cultural, es decir, están configurados desde las redes de significados sociales y culturales que construimos de manera colectiva. En este punto, compartimos con Ruiz (2003) que la cultura es *«(...) un conjunto de significados adquiridos y construidos (...)»* y que la persona *«(...) adquiere y construye estos significados como miembro de una (o unas) comunidad(es), y no exclusivamente como miembro de la comunidad»* (Ibíd. p. 14).

Asimismo, hay que señalar que la cultura es transmitida -y compartida- mediante símbolos e interacciones simbólicas. Cuando las personas nos comunicamos lo hacemos a través de multitud de interacciones simbólicas, la más importante es el lenguaje, medio y canal primordial de la comunicación humana. En este punto, la comunicación, desde los planteamientos de la Educación Intercultural, adquiere una enorme importancia porque la necesidad de manejar los códigos lingüísticos de una determinada lengua es imprescindible para la inclusión de toda persona en una comunidad social concreta. Es también determinante el hecho de abrir un

EDUCACIÓN INTERCULTURAL Y CONVIVENCIA EN LA ESCUELA INCLUSIVA

puente de diálogo, una intencionalidad que trascienda lo lingüístico y que avance en la senda de lo comunicativo. Nos estamos refiriendo a lo que muchos autores denominan comunicación intercultural (Sabariego, 2002; Bartolomé, 2002; Aguado, 2003). Este tipo de comunicación se basa en el propósito sincero e intencionado de fomentar relaciones de diálogo entre personas pertenecientes a grupos culturales diferentes, de tal manera que constituye un espacio nuevo de interacciones sociales. Implica una apertura y una receptividad que indaga en el camino de los valores sociales de solidaridad, respeto y diálogo. La comunicación intercultural se considera una clave fundamental en las estrategias metodológicas y de acción educativa que se pueden desarrollar en la escuela intercultural (Soriano Ayala, 2001). Constituye, pues, un elemento de crucial importancia en la mejora y progreso de los niños y jóvenes procedentes de otras culturas diferentes a la mayoritaria, dado que facilita que el choque que se produce al estar inmerso en dos sistemas de referencias diferentes no constituya en sí un grave problema de inclusión psicosocial (Bartolomé, 2002). Un tipo fundamental de comunicación intercultural sería la mediación intercultural que, entendida como puente de convivencia, constituye una herramienta social y educativa que promueve el compromiso de la comunidad educativa para fomentar el respeto a la diversidad cultural y la inclusión de las familias inmigrantes en la vida participativa escolar y comunitaria.

Tal y como plantea el estudio de Rascón (2006), el proceso de socialización primaria, que generalmente se produce en las familias pertenecientes a grupos minoritarios se puede ver trastornado desde el momento en el que los chicos de origen inmigrante se escolarizan en nuestro sistema educativo. Esto se debería a que en los dos contextos de referencia primordiales, el familiar y el escolar, el niño desarrolla su proceso de socialización entre dos mundos de valores, entre dos formas de ver y mirar la vida sociocomunitaria, ya que los sistemas de referencia utilizan unos códigos diferentes, por lo que los valores y concepciones que transmiten también son distintos. Esto implica que en muchas ocasiones pueda llegar a producir conflictos interculturales[1] entre la cultura escolar, fuertemente inspirada por la cultura social de la mayoría de la ciudadanía, y la de origen de carácter minoritaria y de menor peso cualitativo en el contexto social, lo que desde luego determina y condiciona el propio proceso de construcción de la identidad de los alumnos de origen inmigrante.

---

1. Este concepto será tratado con mayor profundidad con posterioridad. No obstante, cabe aquí destacar que muchos de los denominados conflictos interculturales se sitúan en el plano de los significados implícitos u ocultos. Ejemplo de ello sería la dificultad que tienen los niños de origen inmigrante en su propio proceso de construcción identitaria, fuertemente determinado por las tensiones e incertidumbres provocadas por las discontinuidades culturales que implican los diferentes marcos o códigos culturales empleados en su contexto familiar y escolar. También existen conflictos interculturales que se sitúan en el plano de los significados explícitos, esto es, aquellos que realmente son observables y acontecen de manera expresa en los contextos educativos de diversidad, tales como el malestar emocional derivado de los iniciales problemas de comunicación con la lengua de acogida, así como las manifiestas dificultades escolares debido al trascendental cambio que supone la incorporación a un sistema educativo nuevo y distinto para el alumno inmigrante, que tiene que hacer frente a nuevas necesidades y demandas educativas.

BASES CONCEPTUALES DE LA EDUCACIÓN INTERCULTURAL

Ciertamente, podemos decir que en el marco de la pluralidad existente en nuestra sociedad, como sabemos, destacan hoy unas culturas nuevas en nuestro contexto social, que son las que aportan los trabajadores inmigrantes y sus familias; son *«(...) culturas que de una forma más o menos tímida y desde una posición de desventaja, debido a los procesos de marginación y exclusión que viven gran parte de estas personas, piden estar presentes, ser reconocidas como parte de la cultura social y escolar»* (Essomba, 1999, p. 82). Por ello es muy importante esta idea, ya que reconocer la visibilidad de los valores y las culturas de los colectivos inmigrantes implica advertir del riesgo de consolidar en la escuela modos y formas que apelen a una cultura hegemónica, la cual anula o neutraliza -de manera etnocéntrica- las diferencias culturales en vez de aceptarlas y respetarlas desde su propia idiosincrasia. Por esta razón resulta clave el reconocimiento de sus culturas y de sus identidades diferenciales en el seno de una escuela democrática y de una cultura escolar intercultural.

3. Ciudadanía

Respecto al concepto de ciudadanía, ya hemos mencionado anteriormente que constituye un eje vertebrador en los planteamientos constitutivos de la Educación Intercultural, puesto que la interculturalidad se orienta fundamentalmente a la construcción de una sociedad intercultural, justa y solidaria (Aguado, 2002). Ante ello, Bartolomé y Cabrera (2003) defienden una concepción holística y global de la ciudadanía, partiendo de procesos educativos deseables -valoración positiva de las diferencias culturales, vivencia y convivencia de los valores democráticos de igualdad y solidaridad-, así como de una reflexión profunda acerca de la comprensión de la sociedad como escenario ecológico que haría fundamental la construcción de *«(...) una ciudadanía intercultural a la vez activa, responsable y crítica»* (Ibíd., p. 46).

En efecto, Bárcena y Otros (1999) plantean la enorme importancia de desarrollar en la escuela pública y democrática los principios de una ciudadanía intercultural, donde el conocimiento, el respeto y el reconocimiento mutuo fueran baluartes de toda acción socioeducativa, partiendo del marco de una convivencia respetuosa y fructífera y desde el mundo de los valores sociales enriquecedores y constructivos como la paz, la justicia y la solidaridad. En tal sentido, y siguiendo con los planteamientos anteriormente mencionados de Bartolomé y Cabrera (2003), tenemos que señalar que para construir una ciudadanía intercultural es absolutamente imprescindible los valores de respeto y de reconocimiento mutuo, como pilares de la convivencia en una sociedad donde la diversidad cultural es un valor en alza, una clave de riqueza social para todos los ciudadanos. En este punto, Sabariego (2002) nos hace considerar lo valioso que sería el desarrollo de una identidad cívica donde aprender a convivir, a cooperar y a dialogar democráticamente con todos los miembros de los diferentes grupos culturales. Ciertamente, esta consideración nos lleva a plantearnos que la diversidad es algo positivo que debe promoverse desde el respeto, puesto que «(...) *los procesos de diálogo y encuentro entre culturas de las sociedades plurales exigen un sentido crítico de nuestra propia cultura*» (Bartolomé y Cabrera, 2003, p. 47).

Además, como hemos citado anteriormente, una ciudadanía activa y responsable constituiría una excelente oportunidad para profundizar en los valores de la democracia, haciendo de la participación comunitaria una herramienta en alza y promoviendo una recuperación de los espacios públicos de manera compartida y cooperativa entre todos los miembros de los grupos culturales diversos, existentes en nuestra sociedad plural (Llopis, 2003). Esta iniciativa de participación sería fundamental en el seno de las escuelas interculturales, puesto que permitiría avanzar en el fortalecimiento de los lazos de apoyo social y emocional de las familias de origen inmigrante con las familias autóctonas, superando prejuicios y discriminaciones. Esto es clave, ya que supone ir abriendo nuevos horizontes de convivencia democrática desde y en la diversidad cultural como algo enriquecedor para el contexto educativo y la comunidad social en general. En este punto, hay que señalar que la participación en contextos educativos multiculturales constituye una oportunidad de aprendizaje intergeneracional e intercultural, puesto que atañe a los alumnos y a sus familias, así como a profesores y a otros agentes de la vida socioeducativa de las escuelas interculturales interesadas en desarrollar diseños de participación escolar donde una ciudadanía activa y responsable haga valer sus derechos y responsabilidades en el marco de una educación democrática e intercultural.

Asimismo, es necesario fomentar una ciudadanía crítica, en tanto las desigualdades sociales impregnan las realidades de nuestros contextos educativos y socioculturales, de tal manera que es clave un mantenimiento activo de los canales de participación democrática, a fin de que los procesos de exclusión social no penetren en el ámbito escolar. Es decir, que las comunidades educativas interculturales supongan un impulso para la reivindicación permanente de la igualdad de oportunidades, a la vez que emerjan procesos de reflexión cooperativa que cuestionen y promuevan cambios cualitativos en las propias instituciones educativas que faciliten la profundización en los valores de igualdad, justicia y solidaridad. En este sentido, «*(...) la educación es decisiva para el desarrollo de una ciudadanía intercultural que haga frente a la exclusión. Para lograrlo hay que integrar en el currículo la educación en derechos humanos, valores cívicos y prácticas participativas, y democratizar el funcionamiento del centro y las actividades escolares*» (Aguado, 2002, p. 16). Por tanto, podemos destacar que las comunidades educativas interculturales constituyen una herramienta fundamental para paliar y compensar los procesos de exclusión social, de los que la escuela pública y democrática no puede quedar al margen de ninguna manera, tanto en su análisis como en sus propuestas de acción educativa y social.

Por otra parte, no cabe duda que la institución escolar, y los procesos educativos que se dan lugar dentro de ella, cumplen una función importante en la socialización de la infancia y la adolescencia. En la escuela se transmite toda una serie de conocimientos, actitudes, valores, normas de convivencia necesarias para desarrollarse tanto en el ámbito personal como social, pero esa socialización se ha caracterizado por la transmisión de un determinado modelo de homogeneidad cultural. La escuela cumplía así, con la socialización política a través de un caduco modelo de ciudadanía nacional sobre la base del ajuste entre cultura, sociedad y territorio.

En este sentido, los cambios que genera la multiculturalidad en la sociedad no sólo van a requerir respuestas a las instituciones escolares, sino que se hace necesario que se articulen respuestas sociales y políticas en consonancia con las educativas. En este punto, podemos decir que si la educación ha de contribuir a la cohesión social, deberá incorporar en sus prácticas habituales la dimensión política, es decir, la formación para la participación en los problemas que afecten a una comunidad determinada.

Así pues, la educación entendida como formadora de individuos y fundamento de un orden social, va a desempeñar un papel relevante en la construcción de una nueva formación para la ciudadanía. En este sentido, un primer paso que implique a la educación en el desarrollo de la ciudadanía consiste en dar a conocer los derechos, junto a sus recíprocos deberes. Se trata, en definitiva, de crear las condiciones que posibiliten el ejercicio de los derechos, puesto que la infancia y adolescencia son sujetos de derechos, su reconocimiento favorece una mayor conciencia ciudadana y atenúa una posible exclusión social.

4. Identidad

En la actualidad el debate en torno al concepto de identidad cultural[2] y su propio proceso de construcción en el marco de sociedades culturales plurales como la nuestra, está siendo de gran importancia para el marco de la Educación Intercultural (Soriano, 2001). Verdaderamente, el tema de la identidad cultural emerge con fuerza debido fundamentalmente a dos fenómenos que se están produciendo de forma simultánea en esta sociedad postmoderna: por un lado la globalización y por otro la balcanización o resurgimiento de los nacionalismos. En este sentido, como afirma Bartolomé (1997b, p. 289) *«(...) la globalización a nivel cultural conlleva una mayor homogeneización en costumbres, maneras de vivir y más valores compartidos entre personas de diversas culturas»*. Frente a ello, nos encontramos con un

---

2. Concepto de extraordinaria relevancia en la discusión sobre la Educación Intercultural, ya que los procesos de construcción de las identidades culturales de los niños y jóvenes inmigrantes ahondan en el debate sobre los choques culturales y los conflictos interculturales que pueden acontecer en la escuelas y en la propia sociedad de acogida. En este sentido, Ruiz (2003) plantea la importancia de atender los procesos de construcción identitaria desde la multiplicidad de significados y adscripciones que una misma persona puede implicar(se) en su propio "ser" y "estar" consigo mismo y con los demás. De esta manera, podemos señalar que existen diferentes perspectivas que entienden la identidad cultural como una clave individual, comunitaria o mediada por una multiplicidad de perspectivas que confluyen en la consideración positiva de que una misma persona posee y construye múltiples identidades en múltiples contextos sociales, no de manera lineal o yuxtapuesta, sino de manera interactiva y dinámica.

nuevo impulso de todos los denominados localismos y nacionalismos, que plantean una vuelta a lo particularista como una certera forma de adaptarse ante un mundo globalizado, y donde las identidades culturales de determinados grupos temen perder sus sentimientos de pertenencia -y sus propios procesos de comunicación y construcción identitaria-. Todo ello debido precisamente a ese universalismo cultural, en parte definido y condicionado por el actual marco de relaciones políticas y económicas entre los distintos países, determinado por un neoliberalismo dominador de la mundialización o globalización social y cultural.

Por ello, desde la escuela, los diferentes agentes de la comunidad educativa deben facilitar y provocar la construcción de la identidad de las nuevas generaciones como uno de los mayores retos para la educación del presente y del futuro, y es clave fundamental para el surgimiento y desarrollo de una auténtica ciudadanía[3] (Gimeno, 2001). En efecto, la competencia de las personas para poder definir su propia identidad de manera distinta para lograr el propósito de funcionar y desenvolverse de manera efectiva en entornos sociales y culturales diferentes está claramente vinculado con la búsqueda de la adaptación óptima y el desarrollo de todas las potencialidades personales en un mundo cada vez más cambiante y dinámico, pero también con más incertidumbres e interrogantes sociales. El problema puede radicar en que las identidades culturales sean vistas como entidades aisladas, sin capacidad para adaptarse a los cambios sociales y culturales, como consecuencia de unos rígidos procesos de aprendizaje en el ámbito de la socialización primaria y secundaria (Juliano, 1993). En efecto, el tema de la identidad cultural está claramente relacionado con la construcción de los sentimientos de pertenencia a una comunidad política y cultural determinada (Aguado, 2003). En este punto, Bartolomé (2002) señala que la clave de que las identidades culturales se construyan y desarrollen desde un mayor dinamismo, está relacionado con la valoración crítica de la propia cultura, así como con la apertura a otras culturas, descubriendo las potencialidades y valores culturales de las mismas, todo ello para poder ser capaz de desarrollar unas óptimas competencias interculturales[4]. Asimismo, Essomba (1999) señala que la socialización es un proceso complejo a través del cual se desarrolla la identidad personal. Es en este complejo proceso donde nos «*(...) preguntamos en qué medida la pertenencia a un grupo étnico contribuye a generar un sentido de identidad*» (Ibíd., p. 38). Y en este punto, debemos destacar la importancia de las claves emocionales en la construcción de la identidad cultural, pues «*(...) en esencia, la identidad étnica se sitúa en el ámbito de lo afectivo (...) y no sólo hace referencia a una imagen o sentimiento de grupo, sino que se expresa en valores, actitudes, estilos de vida, costumbres y rituales de los individuos que se identifican con un grupo (o grupos) étnicos determinados*» (Ibíd., p. 39).

---

3.   En un sentido amplio, la Educación Intercultural pretende promover una educación donde se preparen ciudadanos críticos y reflexivos en relación al mundo que les ha tocado vivir. Sin embargo, este concepto es sumamente complejo y existen divergencias en torno a si debe centrarse en un conocimiento sobre las pautas y comportamientos sociales o si se debe orientar hacia la reflexión para la acción de efectivas competencias participativas y democráticas.

4.   Entendidas como aquellas habilidades para interpretar y comprender las interacciones interculturales, mostrando conocimiento, respeto y empatía (Aguado, 2003).

BASES CONCEPTUALES DE LA EDUCACIÓN INTERCULTURAL

Por otra parte, debemos destacar que es necesario reconocer las dificultades que pueden tener determinados grupos culturales minoritarios para poder construir de manera activa sus propias identidades culturales, puesto que la mayoría (cuantitativa o cualitativamente más relevante) puede imponer sus valores culturales hegemónicos o bien puede carecer de los instrumentos y de las habilidades precisas para poder desarrollar sus sentimientos de pertenencia desde el respeto y la consideración a la pluralidad y a la diversidad cultural (Muñoz Sedano, 1997). Por ello, no se puede plantear la promoción de valores culturales cada vez más alejados o amplios a los niveles cercanos de referencia cultural, dado que se puede producir una desconexión entre los mismos debido a la falta de procesos socioculturales más concordantes y equilibrados, tanto a nivel social como económico, así como a las carencias de habilidades para adaptarse a comunidades sociales y políticas cada vez más amplias (Sabariego, 2002). En este sentido, cabe aquí destacar el debate entre lo global y lo particular, entre lo universal y lo relativo. Desde luego, es esta una cuestión de enorme envergadura e importancia, que entronca con el tema de la ciudadanía, elemento fundamental dentro de las bases conceptuales de la Educación Intercultural. No obstante, volviendo al concepto de identidad cultural, tenemos que señalar que según Bartolomé (2002), aún reconociendo la oportunidad que nos brinda la pluralidad cultural para el crecimiento -y el enriquecimiento- de nuestros contextos sociales, es importante destacar que nuestro sistema de relaciones se ha hecho cada vez más complejo cuando ha existido la necesidad de comenzar a modular y armonizar las diferentes tradiciones, culturas, lenguas, valores de referencia y religiones de los distintos grupos culturales de nuestra sociedad. En este sentido, Bartolomé y Cabrera (2003, p. 46) afirman que «*(...) crear una identidad cívica a partir de distintas identidades culturales, que pueden incluso encontrarse enfrentadas, supone un reto mayor para las personas, los colectivos y para las instituciones democráticas que deben promoverla, que su desarrollo en un contexto cultural más homogéneo*».

El tema de la identidad es básico para poder tratar la cuestión de las relaciones interculturales, ya que cada grupo cultural posee unas características propias que conforman su identidad. Sin embargo, en todos los grupos hay personas que, en muchos casos, han tenido que realizar un esfuerzo para que ciertas dimensiones de sus identidades personales coincidan, confiriendo al grupo una idiosincrasia que, por una parte, les identifica como grupo y por otro lado les confiere singularidad frente a las demás colectividades.

Un principio general que debe guiar toda Educación Intercultural es la necesidad de que ésta abarque a todo el alumnado y no solamente a aquellos alumnos pertenecientes a culturas minoritarias, es decir, «*(...) la Educación Intercultural debe ser un proyecto cósmico, con acciones y actuaciones dirigidas a la totalidad de la población*» (Froufe, 1999, p. 16). Por tanto, la Educación Intercultural es, en este sentido, una educación pluralista, educación para la igualdad y para el respeto, por lo que la cuestión de la identidad se convierte en un tema central a la hora de reflexionar sobre la atención educativa en contextos de diversidad cultural. En este sentido podemos plantearnos múltiples cuestiones como: ¿pueden coexistir positivamente identidades que difieran notablemente en un mismo espacio socioeducativo?, ¿el mantenimiento de una identidad colectiva implica necesariamente una uniformidad de identidades individuales? o ¿puede una persona encerrarse en su propia identidad aún en el caso de que ésta no tenga un mínimo de puntos en común con el grupo social en el que se desenvuelve? En cualquier caso es muy habitual olvidar que todos los grupos están formados por personas con características, trayectorias vitales o líneas de pensamiento propias, que pueden compartir o no con el resto del grupo en el que los encuadremos. Sin embargo, tendemos a agruparlos y por tanto a homogeneizarlos con el colectivo correspondiente, olvidando de esta manera la individualidad, la "mismidad" que le es consustancial a cada persona y por tanto nos centramos en la aplicación de recetas con el convencimiento de que pueden servir para todos los miembros de un grupo concreto. Como exponen los profesores Jordán, Ortega y Mínguez (2003, p. 114) *«(...) ha habido, hasta ahora, una excesiva escolarización de la Educación Intercultural, acentuando los aspectos cognitivos de la misma como si sólo, o principalmente, se tratara de conocer y respetar las ideas, creencias, tradiciones y lengua de una comunidad, en una palabra, la cultura del otro, haciendo abstracción o relegando a un segundo plano al sujeto concreto que está detrás de esa cultura»*.

La identidad es una característica exclusivamente humana, uno de los factores fundamentales que diferencian al hombre de todas las demás criaturas. La identidad personal no es algo meramente innato, sino que su formación, consolidación y evolución están directamente relacionadas con factores sociales, culturales, emocionales, familiares, históricos, etc. En cualquier caso, para el desarrollo del interculturalismo es condición sine qua non que los distintos grupos adopten una actitud positiva hacia el reconocimiento de las identidades de los otros. Mi deseo de que reconozcan y respeten mi identidad implica también que yo respete y reconozca la identidad de los demás, actitud que está en la base de la capacidad de enriquecimiento cultural. Ahora bien, es necesario que en primer lugar tengamos clara cuál es nuestra propia identidad, porque *«(...) si desconozco quién soy yo, no pura abstracción, sino existencia concreta, marcada por la raza, lengua, tradiciones y formas de vida, es decir, la cultura, no acertamos a ver como es posible ayudar a que los otros (educandos) descubran también quiénes son como seres humanos, que realizan, dentro de una cultura, una de las posibilidades de realización de la existencia humana»* (Ortega y Mínguez, 1997, p. 46).

Desde nuestro punto de vista una fuerte identificación colectiva por parte de la sociedad receptora puede resultar positiva al actuar como atenuante ante la aparición de los sentimientos de pérdida de la propia identidad, ya que dicho temor *«(...) contribuye a reaccionar de forma que, cuando no opera la clara exclusión, predominen las estrategias de larvada aculturación o absorción de los extraños»* (Jordán, Ortega y Mínguez, 2002, p. 103). Dicha estabilidad de la identidad (colectiva en este caso) servirá de fundamento para afrontar el contacto intercultural como una fuente de enriquecimiento mutuo y para evitar el temor ante la denominada "invasión cultural". Hemos de ser conscientes de que las identidades no son estáticas, sino que están en constante estado de evolución y que pueden ser enriquecidas con las aportaciones que desde otras culturas se reciban. Tal y como afirma Aguirre (1997) las culturas no tienen membranas impermeables, al contrario, necesitan para su vitalidad el contacto con las otras culturas, recibiendo de ellas, mediante una asimilación selectiva, elementos dinamizadores (comunicación intercultural). Por otra parte, para mantener dentro de una misma sociedad un proceso de diálogo intercultural, se hace preciso un mínimo de cohesión, es decir, un esfuerzo por conocerse, escucharse y comprenderse, sin el cual no hay deliberación común porque si un grupo considera que no es escuchado por los demás o que su punto de vista no es tenido en cuenta, se cuestiona la legitimidad democrática del grupo. Como expone Esteve (1992), la estabilidad no puede asegurarse más que cuando la legitimidad parte de un compromiso común, a partir de una deliberación común en la que es tenida en cuenta la opinión y el punto de vista de cada uno de los subgrupos. En caso contrario, puede aparecer la fragmentación y la disolución de los lazos que unen a los distintos grupos.

CAPÍTULO 2: OBJETIVOS DE LA EDUCACIÓN INTERCULTURAL

1. Definición y objetivos de la Educación Intercultural

Está claro que para atender a cualquier propuesta educativa de carácter intercultural es necesario tener en cuenta los objetivos de la Educación Intercultural y, de manera más concisa, conocer cuáles serían los propósitos fundamentales de las escuelas interculturales (Aguado, 2003). En este sentido, la Educación Intercultural viene definida precisamente por la propia realidad multicultural de los contextos educativos, es decir, por la presencia de personas de orígenes culturales diversos tanto en nuestra sociedad como en la propia escuela. En el caso concreto de lo que ha venido a denominarse escuelas interculturales, abordar la diversidad cultural se plantea como una riqueza y no como una lacra o elemento perturbador de la vida escolar cotidiana (Juliano, 1993).

En efecto, la escuela intercultural apuesta por una actitud de diálogo, de cooperación y de intercambio como base para el enriquecimiento cultural y educativo mutuo, es decir, que las acciones educativas de una escuela que pretenda ser denominada intercultural requiere necesariamente un conocimiento claro de los principios fundamentales de la Educación Intercultural (Essomba, 2003). En verdad, son muchos los autores que han estudiado los objetivos de la Educación Intercultural (Jordán, 1996, 1999; Bartolomé, 1997a; Sabariego, 2002; Aguado, 2003) indagando en diversos aspectos que convergen en cuatro pilares o fundamentos básicos que hacen que los objetivos de la Educación Intercultural sean verdaderamente claves de comprensión para su puesta en práctica en las escuelas interculturales. Nos estamos refiriendo a los principios de conocimiento intercultural, de convivencia democrática, de igualitarismo y de participación comunitaria cooperativa (Essomba, 2003).

- En primer lugar, el conocimiento intercultural es la base de un progreso social y personal, donde conocer al otro suponga el reconocimiento y la aceptación de la diversidad cultural como algo ineludible para la

promoción de la igualdad de oportunidades en la educación y en la sociedad, accediendo a una comprensión compleja de las redes de significados que la propia cultura escolar implica.
- En segundo lugar, la convivencia democrática es también clave fundamental del progreso personal y colectivo, y nos va facilitar el aprendizaje de competencias sociales y emocionales desde el análisis crítico y constructivo de la realidad socioeducativa. En efecto, promover una verdadera convivencia democrática escolar debe partir de un proceso dinámico donde los conflictos sean vistos como oportunidades y como motor de cambio en la escuela.
- En tercer lugar, el igualitarismo es un principio fundamental dado que nos hace reconocer la existencia de singularidades culturales, pero evitando y previniendo toda construcción de actitudes estereotipadas que deriven a una desigualdad en la escuela. Realmente, el igualitarismo constituye una clave fundamental en la comprensión de una realidad escolar donde la diversidad y la diferencia es un valor educativo positivo y enriquecedor, y no como un elemento negativo o perturbador del clima escolar. Desde esta perspectiva, el igualitarismo nos facilita ver a las personas como sujetos, libres y responsables, con sus identidades culturales diferenciadas, con igualdad de derechos y oportunidades.
- En cuarto lugar, la participación comunitaria cooperativa en la escuela hace referencia al necesario proceso de revitalización de la democracia en la escuela intercultural, donde el diálogo, la comprensión y el respeto mutuo sean elementos clave de todas las acciones educativas. En este sentido, la participación de las familias de origen inmigrante es fundamental si se pretende desarrollar de manera plena los objetivos de la Educación Intercultural.

Por tanto, y a partir de estos principios, emergen de manera reflexiva y crítica los objetivos de la Educación Intercultural que a continuación exponemos. Partimos en primer lugar de los trabajos del profesor Jordán (1992, 1996, 2001), para posteriormente centrarnos en los objetivos planteados por la profesora Aguado (1991, 2003).

En efecto, Jordán y Castella (2001) consideran que una auténtica Educación Intercultural debe ser capaz de conjugar el respeto a la diversidad cultural con la aspiración a la igualdad de todos los alumnos y, en este sentido, plantean la idea de que los educadores deben reflexionar sobre sus propias iniciativas y acciones educativas para analizar de forma consciente si son realmente interculturales o no. Verdaderamente, evitar las actitudes profesionales de tipo folclórico y romántico son cuestiones que surgen de forma repetida en los diferentes contextos de formación sobre interculturalidad, no obstante, se siguen planificando y desarrollando actividades educativas de estas características. Por todo ello, estos autores presentan una guía a modo de orientación teórico-práctica para la aclaración y delimitación de lo que serían específicamente objetivos de la Educa-

OBJETIVOS DE LA EDUCACIÓN INTERCULTURAL

ción Intercultural. Básicamente son cuatro grandes grupos de objetivos (Jordán y Castella, 2001):

- Fomentar actitudes interculturales positivas.
- Mejorar la autoestima de los alumnos, sobre todo de los pertenecientes a grupos minoritarios.
- Potenciar la convivencia y la cooperación entre todos los alumnos.
- Potenciar la igualdad de oportunidades académicas.

Especificando un poco más cada uno de los grandes objetivos, podemos destacar que el hecho de fomentar actitudes interculturales positivas tiene que ver con los valores de respeto y de tolerancia, así como el hecho de que se valoren los aspectos positivos de otras culturas, conociendo sus valores e indagando en sus complejos significados. Está claro que adoptar una actitud de apertura constituye un elemento fundamental, así como superar los prejuicios con respecto a las personas y grupos culturales minoritarios.

Por otro parte, hemos destacado como segundo gran objetivo el hecho de mejorar la autoestima de los alumnos, sobre todo si estos son de origen inmigrante o de grupos culturales minoritarios. En efecto, Essomba (2003) destaca la importancia de aceptar a cualquier alumno, en calidad de persona, sin etiquetarlo, puesto que esto implicaría una clara estigmatización en función de su origen cultural. Realmente, este objetivo tiene que ver también con el hecho de que los propios alumnos vean cómo sus madres y padres participan de manera activa en sus centros educativos, así como que vean cómo sus costumbres y sus valores culturales son respetados. Esto constituye un elemento importante a la hora de valorar su propia cultura y, por tanto, para estar abierto y receptivo a la riqueza cultural que en su propio centro escolar se puede dar; es decir, el hecho de que valoren su propia cultura puede ser un importante impulso para que estos alumnos puedan abrirse a los aspectos positivos del resto de culturas o de la propia cultura mayoritaria, en un proceso de aculturación que no tiene por qué anular su identidad cultural, sino más bien al contrario, pueden enriquecerlo como persona y como futuro ciudadano de una sociedad intercultural (Bartolomé, 1997a).

Un objetivo fundamental es conseguir la máxima igualdad de oportunidades para los alumnos procedentes de minorías culturales (Jordán, 1992, pp. 23-24). Según este autor, esto es clave debido al alto índice de fracaso escolar que se observa entre el alumnado inmigrante. En este sentido, *«(...) aunque las causas de este fenómeno son múltiples -familiares, sociales, económicas (...)-, de modo que la solución pasa primero y principalmente por políticas sociales, no es menos cierto (...) que una pedagogía más cualificada y adaptada a las diferencias psicológicas generadas por la socialización llevada a cabo en las distintas culturas, podría contribuir en buena medida a esa ambiciosa meta educativa y social»*.

Además, dentro de la potenciación que requiere la convivencia intercultural y la cooperación entre todos los alumnos, Jordán (1992, p. 22) destaca que es necesario *«(...) preparar a todos los alumnos (...) para poder comprender, adaptarse y funcionar adecuadamente, tanto en la macrocultura (mayoritaria) como en las microculturas -minoritarias- (...)»* y continúa afirmando que es necesario *«(...) generar una auténtica competencia multicultural[1]».*

Por su parte, Aguado (1991 y 2003), a partir de su enfoque más amplio de pedagogía intercultural, considera que los objetivos de una educación sustentada en sus principios de educación inclusiva y holística están imbricados dentro de la interculturalidad, considerada ésta como una dimensión a lo largo de la cual se sitúan diferentes propuestas y modelos educativos. En efecto, *«(...) lo intercultural en educación surge como etapa final en el proceso de aceptación y valoración de las variables culturales, más allá de las alternativas asimilacionistas o compensatorias y muy vinculada a formulaciones educativas afines: educación global, educación inclusiva, educación antirracista, educación multicultural»* (Aguado, 2003, p. 62).

Estas concepciones asumidas desde la Educación Intercultural (y desde la pedagogía intercultural según la profesora Aguado) podrían ser asumidas desde otros enfoques educativos, dado que tenemos que reconocer que muchos de los presupuestos, a modo de objetivos explicitados, son compartidos por enfoques educativos afines, como serían la educación antirracista, la educación inclusiva, la educación global e incluso la educación multicultural[2].

2. La diversidad cultural como reto pedagógico

Educar para la diversidad cultural supone una actitud de valoración positiva hacia la comunicación e interacción entre culturas y hacia la comprensión

---

1. Si bien en esta cita el profesor Jordán emplea el término de competencia multicultural, en la actualidad (Jordán, 1999; 2001) defiende una competencia intercultural definida precisamente por el cultivo de actitudes positivas respecto a la diversidad cultural presente en una sociedad plural como la nuestra, formando habilidades comunicativas que nos preparen para una auténtica comunicación intercultural, y una preparación óptima en lo que sería una comprensión y enriquecimiento mutuo entre las culturas, así como una capacidad crítica de reflexión sobre nuestra propia cultura a partir de otros marcos de referencia culturales.
2. Quisiera resaltar la consideración de que la educación multicultural plantea la necesidad de establecer nuevos marcos culturales de referencia en la escuela. No obstante, tenemos que señalar que la educación multicultural tiene una extraordinaria importancia en el marco de la literatura pedagógica anglosajona, cuyo exponente más importante es James Banks. El multiculturalismo y la educación multicultural se han desarrollado en el ámbito anglosajón desde una perspectiva pluralista, con diferencias significativas con respecto al interculturalismo de la Europa continental, y el desarrollo teórico de la Educación Intercultural, más enraizado en los enfoques inclusivos en educación. Estos principios se han desarrollado en los últimos años en nuestro país y en los países de nuestro entorno más inmediato (como Francia, por ejemplo). De hecho, gran parte de las polémicas sociales y culturales que vienen aconteciendo en España en los últimos años (e incluso meses) tienen que ver con la perspectiva que nuestras autoridades políticas tienen sobre la diversidad y sobre la identidad cultural. Esto tiene implicaciones de gran calado a nivel social y repercusiones en la opinión pública como el debate reciente sobre la prohibición en algunas ciudades de Cataluña del Burka o el Hiyab. Incluso, en el caso de la chica que pretendía acudir a su instituto con el pañuelo islámico en Madrid, también se observa lo complejo y extremadamente conflictivo que supone el posicionamiento entre diferentes puntos de vista ante los grupos culturales minoritarios, sobre todo con el colectivo de inmigrantes de origen cultural islámico.

OBJETIVOS DE LA EDUCACIÓN INTERCULTURAL

de lo diverso como un factor de aprendizaje positivo y necesario en las actuales instituciones educativas. Así pues, educar para la convivencia intercultural es la propuesta de acción pedagógica de carácter inclusivo que atiende a esa necesidad, la de responder a formar en el respeto de la diversidad cultural a todos los niños, jóvenes y mayores en una sociedad cada vez más heterogénea y plural. La Educación Intercultural nutre e impregna los principios de una educación inclusiva, donde el referente pedagógico por excelencia es la vivencia y convivencia de la diferencia cultural y social como factor de enriquecimiento educativo. Aprovechar educativamente la diversidad cultural pasa por reconocer que lo común es la diversidad y la diversidad debe ser, desde la perspectiva pedagógica, lo común en los diseños y propuestas de intervención educativa que se consideren, ya no sólo oportunos y adecuados, sino imprescindibles en una sociedad democrática como la nuestra. Una sociedad que afronta el trascendental reto de dar respuesta educativa a la diversidad cultural y, sobre todo, que necesita propuestas pedagógicas que hagan posible la premisa básica de aprender a vivir juntos.

¿Cuál es la percepción de los profesionales de la educación en torno a los hijos de inmigrantes extranjeros? ¿Cuáles son sus actitudes ante personas culturalmente distintas? ¿Qué concepción tienen de la cultura y de la función social de la educación? El interés de estas preguntas reside fundamentalmente en que tienen una trascendencia en la práctica educativa y en que sus respuestas deberían estar en la base de los programas de formación intercultural de estos profesionales. Según el profesor Jordán (1994), los profesionales de la educación tienen una visión simplista, romántica y fundamentalmente humanista de la Educación Intercultural. Se trata de una visión propia de personas de buena voluntad, que responde al ideal democrático y pone el acento en el respeto y la tolerancia hacia todas las personas. Es también una visión parcial, pues se centra sobre todo en sus aspectos afectivos y en sus componentes más externos. Los profesionales suelen negar expresamente que las personas pertenecientes a minorías culturales constituyan un problema, pero lo cierto es que, en la práctica, genera expectativas negativas respecto a su rendimiento académico y, en las conversaciones informales, aparecen a menudo comentarios negativos o quejas espontáneas. Predican el igualitarismo formal, pero sus comportamientos, sobre todo los no verbales, les traicionan.

Un sector importante de estos profesionales percibe a estas personas desde el prisma de la marginación y del déficit, y su intervención educativa se sitúa, ya de entrada, en un plano compensatorio. Piensa que los problemas escapan a sus posibilidades, pues tienen su origen fuera del centro educativo y es en el ámbito social donde podrían resolverse. Este tipo de explicaciones goza de una enorme potencialidad, pues conjuga las aportaciones de dos tradiciones contrapuestas: la meritocracia, que afirma que, efectivamente, la escuela ofrece una verdadera igualdad de oportunidades y que las diferencias en los resultados son atribuibles exclusivamente a la capacidad y al esfuerzo de los individuos; y de las reproduccionistas, que muestran el carácter reproductor y legitimador de las desigualdades socioeconómicas y culturales de la escuela capitalista.

El nivel de elaboración y de reflexión de muchos profesionales en torno a las cuestiones culturales suele ser de una gran pobreza y simplicidad, atribuible tanto a que no forma parte de su bagaje formativo (como hemos visto en el apartado anterior), como a que no es objeto de discusión habitual en los centros, y además de que, a menudo, se consideran a sí mismos más como unos prácticos con sentido común o unos aplicadores de elaboraciones ajenas que unos profesionales de la cultura. Sus discursos suelen ofrecer estas constantes: la correspondencia biunívoca entre nación y cultura; la individualización de la cultura: cada alumno es portador de una cultura distinta, independientemente de su pertenencia comunitaria; la homogenización de las culturas: no se percibe la diversidad intracultural; la asociación entre Educación Intercultural y ámbito afectivo y de valores; la preeminencia de la variable social, que desdibuja o diluye la diferencia cultural.

Estas conceptualizaciones muestran que la falta de información de los profesionales es evidente y no debe extrañar que las respuestas educativas se resuelvan sobre todo en declaraciones generales bienintencionadas y paternalistas, de escasa repercusión en la vida cotidiana de los centros educativos (Llunch, 1993).

El nuevo marco legislativo que establece la LOE (2006) define la escuela pública como un espacio de convivencia y aprendizaje, que ofrece un servicio público que garantiza el derecho a la educación de todos los ciudadanos y ciudadanas. La LOE, en sus fines y principios, opta por un modelo de persona y de sociedad que se fundamenta en un conjunto de valores -justicia, tolerancia, libertad, paz, cooperación, solidaridad, no discriminación, etc.- y en los principios democráticos de convivencia: pluralismo, participación y respeto.

La institución escolar se convierte así en un lugar privilegiado de formación para la convivencia, por ser un escenario ideal para que alumnos y adultos concreten y se ejerciten en los valores democráticos. Desde esa perspectiva, la escuela debe ser una institución donde hombres y mujeres aprendan aquellos valores y actitudes que aseguran una convivencia libre, pacífica, tolerante y no discriminatoria.

CAPÍTULO 3: PROFESORADO E INTERCULTURALIDAD EN LA ESCUELA INCLUSIVA

Las situaciones de contacto de culturas que origina la inmigración en los centros educativos, han sido unas de las principales causas de preocupación por los principios de la Educación Intercultural. La incorporación de alumnos de diferentes orígenes culturales, con distintas lenguas y costumbres, hace que el profesorado deba plantearse nuevas actitudes y estrategias metodológicas ante su grupo-clase para evitar posibles situaciones de discriminación o desventajas educativas.

La pregunta fundamental es saber si la escuela es capaz de asumir la responsabilidad de dar una respuesta adecuada a esta diversidad del alumnado. Lo que es evidente es que la institución escolar por sí sola no es capaz de completar un proyecto pedagógico intercultural, sino que necesita un proyecto social global en el que la interculturalidad no quede ceñida al ámbito escolar y que se aporten ideas y acciones desde todos los ámbitos de gestión y trabajo de la sociedad. Siguiendo a Aguado (2003), podemos afirmar que la influencia de la multiculturalidad se refleja en el sistema educativo, pero aunque las acciones en el ámbito de la educación formal sean necesarias, no son suficientes para pasar de la mera coexistencia multicultural a la convivencia intercultural.

1. Concepciones sobre interculturallidad

El profesorado es el agente clave para la construcción de una escuela de calidad, ya que es «*(...) el instrumento pedagógico por excelencia (...)*» (Jordán, 1999, p. 65). En el caso de la construcción de una escuela intercultural, cuya calidad esté definida precisamente por la perspectiva intercultural de la propia diversidad cultural de su alumnado y de sus familias, su importancia es si cabe mayor, pues el reto actual de la diversidad cultural, fenómeno que está configurando un nuevo escenario educativo en nuestras aulas y escuelas, es cada vez más ineludible. En verdad, hasta hace escasamente una década, pocos eran los profesores que tenían en mente como un elemento prioritario de la educación la diversidad cultural (Jordán, 1996). En este sentido, el docente, como profesional comprometido con el análisis de los cambios sociales, viene observando en los últimos tiempos cómo sus aulas y escuelas están pasando de ser espacios monoculturales a multiculturales (Esteve, 2003), lo cual ha suscitado importantes inquietudes e interrogantes. No obstante, como hemos dicho anteriormente, la multiculturalidad que define la situación escolar actual viene dada por la existencia cierta de alumnos procedentes de diferentes lugares y culturas en espacios educativos comunes; algo que en ningún momento constituye un esfuerzo educativo, sino que en verdad es una situación dada, real y objetiva. No obstante, ese cambio cualitativo -y también cuantitativo- ha tenido grandes repercusiones para el profesorado de nuestro país. En pocos años, tal y como dijimos al comienzo de nuestro escrito, la presencia creciente de alumnos de origen inmigrante ha supuesto todo un cambio en la fisonomía de nuestras aulas y escuelas, lo que ha supuesto la necesaria respuesta desde los principios de una educación democrática en una sociedad plural como la nuestra.

Por todo ello, no es nuevo afirmar que el papel del profesorado en esta nueva configuración de la escuela es absolutamente trascendental. Es más, el papel de los docentes como educadores y no como meros transmisores de información escolar ha supuesto unas nuevas responsabilidades sociales en el campo de la educación, puesto que han asumido el deber de fomentar en la escuela un espíritu tolerante, de respeto y convivencia en el marco de los principios democráticos de igualdad de oportunidades y de solidaridad. Sin embargo, hemos de admitir que en este escenario claramente multicultural, de diversidad cultural del alumnado en las escuelas actuales, hay muchos profesores que todavía permanecen pasivos, lo cual tiene profundas repercusiones en el funcionamiento de una escuela democrática, plural y heterogénea (Jordán, 1994); en efecto, muchas actitudes de inhibición o de pasividad ante esta realidad de diversidad cultural es una clave negativa si las escuelas quieren convertirse en espacios donde aprender a convivir sea la clave fundamental de las prácticas pedagógicas.

En este sentido, cabe aquí destacar la importancia de los diferentes estudios que se han desarrollado en nuestro ámbito sobre la perspectiva de los docentes ante la interculturalidad (Jordán, 1994, 1996; Soriano, 1997; López, 2001; Del Arco, 1998; Bartolomé, 1997a, 1997b), tanto a partir de investigaciones realizadas en contextos educativos nacionales como de revisiones teóricas de investigaciones desarrolladas en países de nuestro entorno europeo. En efecto, estas investigaciones han estudiado principalmente las actitudes y las concepciones educativas de los docentes ante la existencia de la diversidad cultural, y si la presencia de alumnos de culturas minoritarias constituye un elemento significativo para el establecimiento de procesos de reflexión pedagógica y de incorporación de nuevas prácticas educativas en su quehacer cotidiano.

En este punto, Del Arco (1998) destaca, a partir de una revisión teórica de diferentes estudios e investigaciones, que existen tres grandes categorías de docentes en función de su perspectiva o visión sobre la interculturalidad.

- Un profesorado que concibe que las culturas minoritarias de los alumnos de origen inmigrante suponen un déficit o hándicap importante para su propia integración escolar y para un buen desarrollo de sus competencias escolares en el proceso académico habitual.
- Un tipo de docente que percibe con mayor sensibilidad y apertura la existencia de una diversidad cultural en la escuela, pero que no cree que esto suponga grandes cambios para su propia práctica profesional.
- Unos profesores que se muestran muy receptivos a indagar en los principios de la interculturalidad, respetando el valor de la diferencia como referente importante en sus prácticas pedagógicas y haciendo un análisis efectivo de las diferentes cuestiones que se ponen en juego cuando un alumno de origen inmigrante acude al centro educativo.

Por su parte, Jordán (2001, pp. 80-81) se refiere a dos grandes concepciones que tiene el profesorado ante el interculturalismo: por un lado los que *«(...) tienen un respeto acrítico por las culturas diferentes»*; y por otro los que creen que *«la Educación Intercultural sólo es una expresión fácil del ideal democrático y pluralista que se puede encontrar en el ambiente social o en las declaraciones legales, siempre ricas en términos atractivos (...)»*. En realidad estas dos grandes concepciones tendrían que ver con dos claras perspectivas del profesorado ante la interculturalidad, una de corte más o menos romántica y otra de índole más pragmática o sujeta a las modas pedagógicas más recientes. En efecto, son muchos los profesores que en la actualidad se están apuntando al camino de la interculturalidad sin saber muy bien cuáles son los pilares fundamentales, empujados por el establecimiento de una corriente pujante que arrastra a muchos docentes con independencia de su conocimiento sobre lo que significa realmente Educación Intercultural.

También existen profesores que *«(...) creen que la escuela debe valorar positivamente todas y cada una de las expresiones culturales de los alumnos diferentes, argumentando que la diversidad siempre es buena y enriquecedora (...)»* (Jordán, 2001, p. 80). Lógicamente, este tipo de postura estaría imbricada en el marco de un romanticismo, puesto que existe una gran variedad de situaciones escolares en las que incluso familias y alumnos culturalmente minoritarios quieren que se reconozca su propia diversidad y además pretenden integrarse sin cambios en la propia homogeneidad que supone la actual cultura escolar. Además, habría que decir que no todos los rasgos culturales que podemos encontrar en una escuela tienen que tener el mismo valor humano y educativo (Bartolomé, 1997; Jordán, 1999).

Podemos citar cuatro actitudes básicas para un profesorado implicado con la escuela intercultural y con los objetivos de una verdadera Educación Intercultural.

- Es necesario que el profesor no etiquete a los alumnos de culturas diferentes por el hecho mismo de pertenecer a grupos culturales minoritarios en nuestra sociedad plural. Esto es clave a la hora de evitar estereotipos negativos para el desarrollo educativo del alumnado, pues esto

plantearía expectativas bajas sobre el rendimiento y las competencias de aprendizaje de estos alumnos.
- El profesorado debe adoptar una postura de predisposición al diálogo con los alumnos y con las familias inmigrantes, posibilitando espacios de comunicación imprescindibles para poder facilitar la gestión y regulación de los conflictos que surjan en la dinámica social y educativa del centro.
- Una forma reflexiva de ser y estar en la escuela es una clave fundamental a la hora de poner en práctica los principios y objetivos de la Educación Intercultural, y esto puede implicar incluso cambios en la propia mentalidad del profesorado hacia todo aquello que signifique culturas distintas y modos de pensar la vida de manera diferente. Ciertamente, el docente de una escuela intercultural debe promover la comprensión del otro, ya que comprender al otro fundamenta la convivencia y el enriquecimiento de los alumnos y las familias desde el respeto a las diferencias y el fomento de espacios comunes de diálogo y aprendizaje mutuos.
- Finalmente, podemos destacar que *«(...) las actitudes esenciales tal vez sean el compromiso y la sensibilidad profesional hacia la educación de los alumnos culturalmente diferentes y una conciencia bien clara del importante papel que juega la implicación del profesor en la integración, la formación y el aprendizaje del alumnado minoritario (...)»* (Jordán, 2001, p. 94). Realmente, la apertura y el talante abierto y respetuoso hacia la diversidad cultural, junto con el compromiso activo por desarrollar una auténtica Educación Intercultural que promueva una escuela plural, y los valores de igualdad de justicia y de solidaridad, es, en definitiva, el pilar básico para ir construyendo una escuela intercultural, una escuela sin exclusiones (López Melero, 2004).

2. Práctica de la Educación Intercultural en los centros educativos

La práctica educativa intercultural viene determinada por dos aspectos fundamentales. En primer lugar, la concepción pedagógica que tienen los docentes sobre el significado de la interculturalidad y, en segundo lugar, la formación intercultural del profesorado. Estos dos aspectos son básicos para entender que, en la actualidad, la práctica de la Educación Intercultural es muy diversa y heterogénea, y que la traducción de los principios y valores de la Educación Intercultural modula generalmente entre el deseo y la realidad, esto es, entre el deseo de ser una propuesta pedagógica crítica y la realidad de ser una prolongación de un tipo específico de educación compensatoria (Montón, 2004).

Partimos de la idea de que para construir la interculturalidad es preciso afirmar la propia cultura en su relación con las otras culturas y que esta afirmación se realice mediante un proceso donde todos y todas podemos aportar, donde todas estas aportaciones sean sujeto de intercambio y de valoración crítica (Aguado, 2003). Es así como, desde la expresión de la diversidad, la relación intercultural puede construirse en un medio de cohesión e integración social. Y, lo más difícil, el establecimiento de un marco de relaciones donde se facilita la interacción cultural en condiciones de igualdad de oportunidades.

Para llegar a este cambio de actitud es necesario atender las siguientes premisas (Sabariego, 2002):

- Partir del reconocimiento, valoración y construcción de nuestra propia cultura. Si no valoramos y sabemos cuál es nuestra cultura, difícilmente podremos compararlas, valorarlas, saber qué cosas son comunes o diferentes con las demás culturas.
- Criticar constructivamente las diferentes culturas para reflexionar educativamente sobre aspectos relativos y universales de las mismas.
- Reconocer la interculturalidad desde una posición positiva, entendiendo la diversidad cultural como una oportunidad pedagógica y una riqueza social.
- Romper el etnocentrismo y cambiar de actitud, de mirada, intentar ponerse en el lugar del "otro".

En la práctica este cambio de actitud va a suponer modificaciones importantes en los documentos pedagógicos de los centros escolares (Soriano, 2004):

- Que el Proyecto Educativo de Centro se revise desde la necesidad de contemplar las diversidades culturales. Las señas de identidad de este proyecto tienen que darse a partir de las culturas del alumnado, padres y docentes, de las culturas que existan en la comunidad escolar.
- Que el Proyecto Curricular se revise igualmente. Hacer un estudio de los libros de texto y materiales que se utilizan. El carácter transversal de la Educación Intercultural se desprende de la concepción curricular que venimos desarrollando: todo aprendizaje se apoya en la base cultural desde la cual éste se interpreta y todo aprendizaje toma sentido y significado en el contexto cultural donde se utiliza.

Así pues, un currículum intercultural debería tratar la comprensión y conceptualización de la realidad social desde los más variados filtros culturales; atravesando el currículo en su totalidad. De esta manera, problematizar y contextualizar los contenidos, relativizar y analizar desde diversas "miradas" culturales los conceptos sociales ayudará a definir una perspectiva transversal que impregne todo el currículum. En efecto, se trataría de desarrollar una competencia en los alumnos que posibilite comprender el mundo desde diversas lecturas culturales, reflexionar críticamente sobre la propia cultura y la de los demás y generar una actitud y vivencia positiva, comprometida, enriquecedora de las relaciones entre culturas, esto es, desarrollar las competencias interculturales tanto del alumnado como del propio profesorado (Aguado, 2003).

La Educación Intercultural, en muchos centros educativos, se sitúa entre la realidad y el deseo, entre las contradicciones pedagógicas y el ideal intercultural democrático y crítico. También es cierto que se constata la idea de que la Administración Educativa sí tiene un modelo de Educación Intercultural y toda una serie de acciones para ponerlo en práctica, de hecho algunas de las acciones y propuestas (como la elaboración de un plan de acogida o la impartición de clases al alumnado de incorporación tardía) vienen recogidas en la normativa LOE, tanto a nivel estatal como de los distintos marcos autonómicos. Los principios de autonomía pedagógica y la importancia de la atención a la diversidad son, junto al desarrollo de las competencias, elementos básicos que aporta el nuevo marco normativo para la puesta en práctica de actividades educativas interculturales.

En este punto, resultan clave los objetivos que se plantean muchos centros educativos para el desarrollo de la Educación Intercultural (Montón, 2004):

- Promover iniciativas encaminadas a la apertura del centro a la comunidad y el entorno, implicando a otros sectores de la sociedad, dinamizando la vida cultural del centro en su contexto y colaborando con asociaciones de acogida y ayuda al inmigrante.
- Diseñar actividades complementarias y extraescolares que mejoren la integración del alumnado inmigrante en la vida escolar.
- Integrar la Educación Intercultural en el resto de planes implantados en los centros educativos.
- Educar en los valores de respeto, tolerancia y solidaridad dentro del ámbito de las relaciones humanas en los centros educativos.

De todos los objetivos, eminentemente dirigidos a la práctica intercultural a la escuela, es imprescindible destacar la necesidad de plantear la Educación Intercultural como un eje transversal en la diversidad de proyectos pedagógicos que muchos centros escolares desarrollan a la vez. Ahora bien, reconocer la posibilidad de trabajar interculturalidad conjuntamente con otras estrategias de desarrollo educativo como la educación para la paz, el desarrollo de las TICs en la escuela, el deporte escolar, la educación compensatoria, etc; no implica aceptar que el desarrollo práctico de la interculturalidad, por sí sólo, no tenga suficiente calado pedagógico como para centrarse también de manera exclusiva en él. Es decir, es posible que muchos centros todavía se sientan "confundidos" con el desarrollo práctico intercultural al estar inmersos en una situación de pluralidad de proyectos y actuaciones educativas diferentes, y también son cada día más numerosos aquellos centros que se centran en la Educación Intercultural como su única fuente de reflexión y práctica educativa.

No obstante, hay que señalar que la traducción práctica de la interculturalidad cada vez apunta más a una visión ecléctica y también holística de sus principios. A pesar del continuo desarrollo de la Educación Intercultural en los últimos años, se observa una conjugación e incluso una combinación de diferentes enfoques que están conduciendo a la interculturalidad por un camino cada vez más complejo y diverso. Así pues, podemos citar algunas de las actividades y estrategias educativas relacionadas con los objetivos didácticos interculturales previamente mencionados:

- Mediación Intercultural.
- Introducción de unidades didácticas de temática intercultural en el Plan de Acción Tutorial.

- Actividades complementarias y extraescolares con participación activa del alumnado inmigrante.
- Mejorar los recursos del Aula Temporal de Acogida Lingüística para el alumnado inmigrante, con la finalidad del aprendizaje del español.
- Potenciar la realización de talleres de aprendizaje de la lengua y cultura materna. Ello fortalecería la lengua de origen del alumno extranjero, abriendo nuevas posibilidades lingüísticas.

Finalmente, cabe reseñar aquí que hay profesores que vinculan la interculturalidad con el desarrollo de acciones educativas encaminadas a fortalecer en el centro todo tipo de iniciativas de educación para la paz y la tolerancia. Esta dimensión, la de la convivencia, viene siendo habitual en muchos de los planteamientos curriculares de algunos centros educativos que promueven la Educación Intercultural en sus centros. El objetivo es facilitar la acogida del alumnado inmigrante en un contexto educativo que promueva la convivencia pacífica y la regulación positiva de los conflictos escolares.

CAPÍTULO 4: CONVIVENCIA Y DIVERSIDAD CULTURAL

Hoy día no podemos negar que la sociedad española es multicultural, es decir, plural y diversa desde todos los puntos de vista. Es por ello que la complejidad de la identidad de las culturas requiere trabajarse desde la interculturalidad, como situación interactiva y síntesis superadora de valores, concepciones y prácticas reduccionistas, que implican a todas las culturas en un proceso de solidaridad y equidad responsable. La educación, por lo tanto, no puede vivir al margen de esta realidad y de este reto que debe conmover y preocupar a todos los sectores y actores implicados, tanto sociales como educativos. De esta forma, encontramos que las nuevas comunidades educativas son ampliamente plurales y se establecen fuertes presiones entre miradas reduccionistas de las personas y comunidades con actitudes profesionales cada vez más amplias y ricas, debiendo el profesorado repensar y mejorar su profesión y los modelos formativos en adaptación a las diversas culturas, perspectivas y valores de las comunidades formativas. Como ha dejado escrito Ben Jelloun: *«(...) la lucha contra el racismo comienza con el lenguaje, comienza con la educación, aunque, como es evidente, no se agota en ella, puesto que el trabajo educativo será siempre insuficiente para combatirlo (...)»* (Besalú; 2002, p. 10).

1. La perspectiva del profesorado

El profesorado de la escuela de hoy contempla la diversidad cultural como un factor muy significativo para sus prácticas pedagógicas. El reto de la cultura de la diversidad en la escuela implica atender a todos los alumnos desde el reconocimiento de su legitimidad personal y cultural y, por supuesto, aplicar en la vida escolar los principios de cooperación, solidaridad y confianza en el aprendizaje (López Melero, 2006). En este sentido, en un trabajo anterior defendimos la idea de que la formación intercultural del profesorado requería repensar y recrear las funciones docentes en los actuales escenarios educativos de diversidad cultural (Leiva, 2004).

La formación de los docentes, en lo relativo a la diversidad cultural, no debe limitarse, desde luego, a lo conceptual, aunque tampoco debe despreciarse la influencia de los conocimientos en la modificación de las creencias, de los prejuicios y de las conductas, pues todos ellos tienen una base cognitiva, ni la importancia del lenguaje en la percepción y representación de la realidad. Sabemos que la formación sobre Educación Intercultural recibida por los profesionales de la educación ha sido escasa y no siempre adecuada. Hasta hace muy poco ausente de su formación inicial, la han adquirido a partir de las orientaciones y directrices oficiales de las distintas administraciones, de Programas de Educación Compensatoria en el caso de los docentes (sobre todo a través de materiales curriculares, técnicas metodológicas e informaciones sobre culturas particulares), de los contactos e intercambios con otros profesionales experimentados y del ámbito informal (conferencias, jornadas, libros y artículos, contactos con asociaciones y ONGs, etc.).

Los fundamentos de la Educación Intercultural (cultura, ciudadanía, diversidad e identidad cultural) proporcionan una significativa potencialidad práctica al propio concepto de Educación Intercultural, ya que el objetivo de la misma es desarrollar una competencia social y ciudadana que permita a los jóvenes vivir sin prejuicios, aceptando la diversidad cultural y enriqueciendo la convivencia social (Leiva, 2004). En el ámbito que nos ocupa, el de la formación de profesores, la interculturalidad tiene que superar la tendencia excesivamente teórica y cognitivista que supone que el profesorado estará mejor preparado para su práctica docente en la medida en que conozca las culturas de los alumnos inmigrantes. Es decir, es un posicionamiento que defiende el conocimiento cultural como garantía de un intercambio social y educativo de carácter intercultural. No obstante, Jordán (2004) y Soriano (2008) nos plantean la necesidad de indagar en los aspectos actitudinales y emocionales de la interacción cultural que acontece en los escenarios educativos multiculturales. Así pues, en la formación intercultural del profesorado habría que plantearse la existencia de distintas dimensiones de interés (Leiva, 2008a):

- Dimensión cognitiva.
- Dimensión actitudinal.
- Dimensión ética.
- Dimensión procedimental y/o metodológica.
- Dimensión emocional.
- Dimensión de mediación.

La dimensión cognitiva es aquella que se refiere a la necesidad de conocer las culturas de los alumnos inmigrantes presentes en nuestros centros educativos. Lógicamente, se plantea la conveniencia de conocer los aspectos más relevantes de las culturas más representativas en los centros escolares. Esta dimensión meramente conceptual se desarrolla a través de cursos, seminarios o a través de grupos de trabajo sobre culturas o nacionalidades específicas.

La dimensión actitudinal se corresponde a la receptividad que muestra el profesorado ante la diversidad cultural que representa la presencia cada vez más numerosa de alumnos de origen inmigrante. Esta dimensión, centrada en las actitudes y valores educativos de los docentes, se puede trabajar a través del estudio de casos, los estudios biográficos y la simulación de conflictos interculturales. Esto puede permitir la difícil tarea de cambiar o "remover" conciencias y actitudes poco proclives a la aceptación de la diversidad cultural.

La dimensión ética de la formación intercultural hace referencia a la predisposición moral con la que el profesorado concibe la diversidad cultural en el mundo y en la escuela. Se centra en la valoración crítica de la acción intercultural y la estrategia más adecuada sería el seminario de reflexión y la comunidad de aprendizaje en la formación de profesores en los propios centros educativos.

La dimensión emocional es aquella que plantea la necesidad de estudiar las identidades individuales en el marco de la compleja red de significados que implica el reconocimiento de la existencia de identidades culturales plurales. Estudiar emociones e identidades son claves necesarias de esta dimensión escasamente tratada en los diseños de formación de profesores en interculturalidad. La metodología socioafectiva y el estudio de situaciones de simulación, para analizar así las tendencias, iniciativas y posibilidades de solución a los problemas que surgen en la realidad escolar cotidiana.

La dimensión procedimental y/o metodológica es aquella que tiene que ver con todo el conjunto de habilidades, destrezas y capacidades de carácter eminentemente práctico para traducir de manera coherente los principios de la Educación Intercultural en la vida cotidiana de las aulas y escuelas interculturales. Contemplaría el estudio de habilidades sociales y de procedimientos de acción educativa intercultural, tanto en su relación con el alumnado como con las familias inmigrantes. Esta dimensión se desarrolla a través de estrategias tales como la investigación-acción participativa, la simulación metodológica y el seminario de reflexión de profesores.

Finalmente, la dimensión de mediación o mediadora, es aquella que parte de la valoración positiva de la mediación intercultural en la mejora de la convivencia en los centros educativos. El docente debe tener conocimientos de mediación intercultural, aunque no pueda actuar tal y como se entiende en el ámbito de la educación no formal y en el entorno de los profesionales de las ONGs que trabajan para la inclusión social de la población inmigrante en la sociedad de acogida. Las estrategias e iniciativas de Educación Intercultural para profesores pasan por la realización de cursos específicos sobre mediación intercultural, los estudios de casos, los grupos de participación de profesores y padres (grupos de madres y padres, charlas, encuentros...).

2. El concepto de conflicto intercultural

Girard y Koch (1997) subrayan que el conflicto en sí mismo no es positivo ni negativo, sino más bien una parte natural y consustancial de la vida escolar, partiendo, además, de la importancia de aprender a mirar el conflicto, a entenderlo y a analizarlo desde una perspectiva de apertura y diálogo. En este punto, debemos decir que la Educación Intercultural promueve relaciones de igualdad y de mutuo enriquecimiento entre personas procedentes de culturas diferentes, mediante el aprendizaje de valores, habilidades, actitudes y conocimientos interculturales (Colectivo Amani, 1996) y realmente tenemos que explicitar que en este marco es donde se ponen en juego las estrategias de gestión y regulación de los conflictos en los contextos educativos de diversidad.

Además, debemos señalar que la mayoría de autores que hemos estudiado coinciden en destacar que los conflictos derivados del multiculturalismo escolar son positivos para la propia escuela, a semejanza de lo que ocurre en el ámbito social (Sabariego, 2002), ya que se constituyen en claves para la mejora en las relaciones interpersonales, siempre que los principios configuradores del diálogo sean el respeto y el reconocimiento del otro como legítimo otro en su diferencia (Bartolomé y otros, 1999).

Por ello, podemos definir los conflictos interculturales como aquellos que se dan en el marco de las escuelas de diversidad, producidos, como hemos expuesto anteriormente, por una multiplicidad de significados o por una multicausalidad realmente difícil de precisar y de delimitar, precisamente por el carácter dinámico de los conflictos así como por la propia multicausalidad de los mismos (Ortega y otros, 2003). Estos mismos autores señalan que *«(...) el conflicto es, por un lado, un desacuerdo entre ideas o intereses entre personas o grupos y, por otro, un proceso que expresa insatisfacción por expectativas no cumplidas (...)»* (Ibíd. p. 22). Lógicamente, añadir el adjetivo de intercultural a esta definición es un intento claro de intentar indagar en la magnitud y complejidad que implica todo lo cultural, que además tiene influencias no sólo culturales, sino también emocionales como ya hemos citado con anterioridad. El conflicto escolar intercultural haría referencia a toda situación escolar donde acontezca una divergencia entre miembros de diferentes grupos culturales que convivan en un centro educativo por cuestiones de índole cultural (por ejemplo incomunicación entre familias y entre alumnos de diferentes culturas, malentendidos por empleo de códigos de referencia cultural distinta) o también a una situación de desequilibrio derivado por una compleja red de significados (afectivos, emotivos, políticos, éticos) definidos de forma implícita u oculta (por ejemplo conflictos emocionales en la construcción de las identidades culturales de los niños o escasa participación de las familias inmigrantes debido a procesos de exclusión social).

También hay que señalar que es necesario tener en cuenta la percepción del conflicto y es que, en ocasiones, una distorsión en su análisis puede resultar perjudicial, pues la cuestión no radica en eliminar e incluso prevenir el conflicto, sino en asumir dicha situación problemática o conflictiva para el enriquecimiento y el trabajo educativo (Del Campo, 1999). En efecto, superar una percepción negativa que evite el conflicto es una clave fundamental desde una percepción positiva y transformadora, ya que el conflicto es visto como una oportunidad para desarrollar estrategias educativas como el diálogo, el respeto, la participación y la cooperación (Colectivo Amani, 1996)

Por otra parte, es importante destacar que el hecho de atender y comprender el carácter singular de cada conflicto, determinado por las personas y por la modalidad del mismo, significa que no existen recetas estandarizadas para su gestión y resolución. En este sentido Bartolomé (2002) destaca la consideración positiva que desde la escuela intercultural se puede hacer del conflicto, lo que hace que podamos hablar no tanto de resolución de conflictos, sino de la solución de problemas que originan determinados conflictos, de ahí la singularidad en el análisis que se deba hacer cuando se presente una situación conflictiva.

Asimismo, la multicausalidad del conflicto se entiende por la conjunción -que no la simple suma- de las características personales y el medio sociofamiliar, mediados por la estructura organizativa del centro y del aula, que interactúan como elementos canalizadores de los conflictos en el centro escolar multicultural (Ortega y otros, 2003). Por ello, superar una visión reduccionista del conflicto (Colectivo Amani, 1996) implica atender a diferentes visiones del mismo, lo cual permite afrontar, desde un punto de vista educativo, las diferentes situaciones problemáticas, ya que *«(...) el conflicto y la violencia en la escuela es un fenómeno multicausal (...) y está generado no sólo por las características personales de los alumnos, sino también por la influencia del medio sociofamiliar y el ambiente del centro escolar (...)»* (Ortega y otros, 2003, p. 41). En este sentido, es muy importante atender a la interacción sujeto-contexto como clave para comprender los conflictos.

Además, el contexto sociofamiliar se configura como un eje vertebrador en el comportamiento y en la propia construcción de la personalidad del niño, por lo que los aspectos emocionales y de educación familiar son importantes para comprender los comportamientos y las situaciones conflictivas en las que muchos niños y jóvenes se desenvuelven en las escuelas de diversidad (Jordán, 2001). Hay que señalar que a la hora de abordar el conflicto intercultural, tenemos que tener presente no sólo la asimetría relacional que se establecen en los procesos dinámicos de interacción de minorías y mayorías en las escuelas, sino también el complejo escenario social en el que se generan los valores y los significados que hacen que se entiendan y construyan las realidades escolares desde determinadas perspectivas (Bartolomé, 2002).

Tal y como hemos apuntado anteriormente, si bien la multiculturalidad escolar no es en sí misma un problema, es cierto que la propia diversidad cultural nos hace pensar en diferentes aspectos que debemos tener en cuenta a la hora poder ser capaces de identificar, analizar y comprender la naturaleza, generalmente multicausal, de sus orígenes y desarrollos. Así pues, podemos destacar la importancia de la propia cultura escolar, que se respira e impregna las propias prácticas escolares a través de una red de significados muchas veces implícitos o tornados en pautas actitudinales y de comportamiento naturalizados por la propia vivencia escolar (Pérez Gómez, 1998). En este sentido, podemos decir que la escuela transmite una cultura escolar que tiene mucho que ver con la propia cultura de la sociedad en la que se encuentra y que, en términos generales, responde a las necesidades del grupo culturalmente mayoritario (Sabariego, 2002). Por ello, y siguiendo a Essomba (1999, p. 44) *«(...) para los alumnos y alumnas pertenecientes a grupos culturales minoritarios la cultura escolar puede significar un lastre, un muro que dificulte o inhiba sus procesos de adaptación o integración (...)»*. En verdad, estamos ahora analizando uno de los gérmenes generadores de mayor conflictividad intercultural, puesto que la propia cultura escolar genera un marco de significados claramente imbuidos en todas las relaciones escolares e incluso condicionantes en el establecimiento de determinados climas de convivencia escolar. En este sentido, debemos destacar que la socialización divergente es uno de los procesos conflictivos que viven los alumnos de culturas minoritarias y se caracteriza precisamente por el choque que puede existir entre la cultura que reciben estos niños del contexto familiar, es decir, las influencias familiares, por un lado, y las influencias que reciben del contexto escolar, con todo lo que esto implica a nivel de valores, pautas de comportamiento, modos de concebir las relaciones sociales, etc. La población mayoritaria escolar adquiere el lenguaje, los hábitos sociales y las pautas de referencia cultural de una manera natural e incluso inconsciente (Essomba, 1999), mientras que para el alumnado culturalmente minoritario, el propio proceso de escolarización y de enseñanza-aprendizaje puede convertirse en un proceso por el que asimilen unas pautas culturales ajenas a sus propios marcos de referencia cultural, es decir, estos niños, sobre todo los que se incorporan al sistema educativo de nuestro país con una experiencia escolar previa en sus país de origen, tienen que enfrentarse y a aprender nuevos modos de aproximarse a la cultura escolar, muchas veces completamente distintos a los de sus países de origen. Y dentro de ello, podemos destacar cómo el hecho de enfrentarse a esta nueva situación escolar puede implicar conflictos de índole emocional debido a que estos alumnos vienen con unas expectativas y unos valores educativos diferentes.

> «Su humanidad está envuelta en las condiciones culturales de su identidad y herencia de grupo. Traen consigo valores, estilos cognitivos, estilos motivacionales, patrones de comunicación y expectativas firmemente establecidos que reflejan su pertenencia a un grupo, y sus experiencias culturales determinan en gran medida sus respuestas y conductas en el aula».
>
> (Essomba, 1999, p. 44)

En efecto, todo ello nos lleva a considerar que muchas de las situaciones escolares, así como las propias normas y expectativas de la propia escuela, sean vistas por este tipo de alumno como experiencias confusas e incluso que las vivan con ansiedad, incertidumbre y malestar. Además, los valores, creencias, comportamientos y motivaciones en relación a las propias relaciones interpersonales escolares, así como los propios procesos de enseñanza-aprendizaje, pueden entrar en conflicto con los de la propia escuela, poca acostumbrada a un alumnado tan heterogéneo y plural en sus aulas.

Otro conflicto tiene que ver con lo que Jordán (1999) denomina discontinuidades culturales, esto es, las divergencias que se producen cuando el alumno inmigrante, socializado en un contexto social diferente al inicial, se encuentra con que muchas de su experiencias no tienen continuidad en el nuevo contexto donde vive, con lo que se encuentra con dificultades escolares añadidas debido a que su propio aprendizaje vivencial no es atendido por los propios contenidos culturales del nuevo entorno escolar, y la escasa conexión que tienen las pautas de comportamiento y de relación que aprende del contexto escolar y los que vive en su ambiente familiar constituyen un conflicto intercultural de gran trascendencia. En este punto, podríamos decir que «(...) *una causa del fracaso escolar del alumnado diferente es la poca relación existente entre las experiencias y capacidades cultivadas en sus entornos culturales y las que se practican y valoran en nuestras escuelas (...)*» (Ibíd., p. 68).

Es digno de mencionar cómo el fracaso escolar es un hecho objetivo cuando hablamos de poblaciones escolares de inmigrantes pobres, y en verdad esto constituye un importante conflicto interescolar, es decir, en el seno de la propia escuela. De hecho, Carbonell (2002) señala que existe en nuestro país un conocimiento fehaciente de que los alumnos de origen inmigrante tienen un mayor índice de fracaso escolar que los alumnos autóctonos, y destaca distintas investigaciones que se han centrado precisamente en este núcleo temático, dando resultados muy similares. En este sentido «*(...) hay que reconocer que los rendimientos en los aprendizajes, especialmente de los alumnos de incorporación tardía a nuestro sistema educativo, en general no son satisfactorios, y se impone una reflexión sobre las causas de este hecho (...)*» (Ibíd., p. 66). En efecto, la incorporación tardía en el sistema educativo guarda una estrecha relación con el fenómeno de la inmigración, tal y como se pone de manifiesto en el **Informe sobre el estado y la situación del Sistema Educativo**, realizado por el Consejo Escolar del Estado (MEC, 2008). Además, uno de los problemas radica en el hecho de buscar respuestas a estas situaciones de fracaso escolar del alumnado culturalmente minoritario exclusivamente del contexto escolar, sin reflexionar sobre las propias prácticas educativas, de tal manera que se apunta generalmente al bajo nivel de las familias inmigrantes, a sus pobres circunstancias socioeconómicas, por la situación de desconocimiento de nuestra lengua o por el déficit motivacional de estos alumnos que, a partir de ciertas edades en la adolescencia, comienzan a trabajar. En este punto, nos gustaría citar las siguientes palabras de Carbonell (2002, p. 66), que a nuestro entender pueden ilustrar un modo de pensar sobre cómo la escuela legitima procesos de exclusión social cuando dice que «*(...) las escuelas, son, a menudo, como hospitales que sólo curan a los sanos y que expulsan o no saben cómo atender a los enfermos (...)*».

Ciertamente, podemos comprender cómo los problemas que traen estos alumnos de origen inmigrante a la escuela pública tienen una enorme importancia e influencia en sus dificultades de integración y de progreso escolar, y por tanto es necesario analizar cuáles son las respuestas de la propia escuela para afrontar con garantías de éxito los procesos de enseñanza y aprendizaje desarrollados con estos alumnos y en estos contextos educativos, generalmente determinados por una confluencia de factores (sociales, culturales, económicos) que hacen que, en determinadas escuelas, al hecho de la propia diversidad cultural se le añadan las condiciones de exclusión social de los barrios donde precisamente se encuentran insertas las mismas (Esteve, 2004). Además, a veces, en estos barrios donde se concentra una importante población de colectivos inmigrantes de diversa procedencia, pueden surgir problemas de racismo y xenofobia, y la escuela no es ajena a esta situación. Siguiendo a Carbonell (2002, p. 66) podemos decir que «*(...) el problema educativo que plantea el racismo y la exclusión social no reside (ni única ni principalmente) en cómo aumentar la tolerancia ante la diversidad cultural, sino en cómo dejar de utilizar dicha diversidad como pretexto y legitimación de la exclusión social (...)».*

Debemos destacar el "choque" cultural que se produce cuando hacemos referencia al proceso de formación de la identidad cultural del alumno inmigrante que, proveniente de un contexto sociocultural distinto y claramente determinado por los procesos de inmigración, se encuentra en un escenario educativo de características claramente distintas. Este conflicto en el proceso de construcción de las identidades de los niños de origen inmigrante y procedentes de culturas minoritarias es claramente un conflicto intercultural. En este sentido, Del Campo (1999, p.50) señala que es habitual que este conflicto de identidad esté unido a la cuestión de la lengua, y es que *«(...) es común encontrarse en las aulas con jóvenes que se niegan a hablar en su lengua de origen para no mostrar rasgos culturales distintos a los mayoritarios (...)».* En efecto, estas situaciones de inhibición cultural se dan cuando los propios alumnos de origen inmigrante no quieren mostrar sus rasgos culturales en algún determinado momento de la vida escolar, bien porque las circunstancias no sean las propicias (razones emocionales, desconocimiento de los propósitos que se persiguen...), bien porque perciban que su propia cultura es minusvalorada.

Además, también podemos destacar conflictos de carácter intercultural, ya centrándonos en aspectos meramente escolares, como por ejemplo los propios contenidos curriculares hegemónicos y monoculturales que todavía hoy se imparten en algunas escuelas. Es más, según Del Campo (1999), todavía hay un gran número de libros de texto que proporcionan imágenes negativas o estereotipadas de las culturas minoritarias, y lógicamente esto repercute de manera decisiva en la propia influencia del profesorado como agente fundamental para desarrollar o no una auténtica Educación Intercultural. En este punto, López Melero (2004) considera que construir un currículum inclusivo implica desterrar todas las ataduras segregacionistas que perjudiquen a las culturas minoritarias, y en verdad debemos destacar la importancia de cultivar, por parte de los profesores -y también de las propias escuelas en su conjunto-, un currículum intercultural, en el que el respeto a todas las culturas, así como su consideración enriquecedora y dinámica de las distintas realidades culturales existentes, sea punto fundamental en la construcción de escuelas donde la diversidad sea eje central de las prácticas pedagógicas, pasando de las escuelas multiculturales a escuelas interculturales, de la multiculturalidad a la interculturalidad como principio activo en el desarrollo de una educación más democrática, justa y solidaria.

Finalmente, podemos citar aquellos conflictos interculturales derivados por la pretendida homogeneización que algunos docentes (y escuelas) pretenden, consciente o inconscientemente llevar a cabo. De hecho, Jordán (1994) nos señala que muchos profesores se encuentran anclados en un pensamiento claramente vinculado a una perspectiva de asimilación de las diferentes culturas, así como de inhibición o de ocultación de la posible conflictividad existente en sus centros educativos. En este punto, debemos destacar que en algunos centros educativos el problema del racismo y la xenofobia son todavía hoy patentes y de considerable importancia (Soriano, 1997; Bartolomé, 2002) y que, por tanto, los esfuerzos que deben realizar los docentes en la puesta en marcha de mecanismos de prevención y de gestión positiva de los conflictos interculturales son todavía muy importantes en este campo, cuando estamos haciendo referencia a actitudes negativas, de indiferencia y rechazo a los alumnos y a las familias de origen inmigrante de nuestras comunidades educativas.

3. Estrategias metodológicas para la gestión positiva de la convivencia intercultural

La convivencia en un contexto educativo de diversidad, con un alumnado heterogéneo, con diferentes intereses y motivaciones, constituye todo un reto para el profesorado (Aguado, 2003) y aunque hay que señalar que muchos de los conflictos parten de la propia configuración de la institución escolar, algunos tienen que ver con la propia metodología de los docentes; así como con su actitud hacia un alumnado culturalmente minoritario, y la propia organización escolar (Jordán, 2001; Calvo, 2003). En este sentido para Jordán (2001) es necesario indagar en la cultura del diálogo y de la participación, esto es, hacer y vivir la democracia en la escuela, de tal manera que la convivencia sea regulada por relaciones de apertura a la participación de los alumnos en la resolución de los conflictos y estableciendo canales para la discusión de los problemas que les afectan, a ellos y a la convivencia y al clima escolar, tanto de cada aula concreta como del centro educativo en general.

La creación de un clima de corresponsabilidad y de respeto, donde se debata y se piense en libertad y cooperación resulta clave (Calvo, 2003). Además, en un marco de globalización cultural e informacional de gran complejidad y contradicciones, el papel del docente en la sociedad de la información ha cambiado. Realmente, en una escuela donde los procesos de socialización no son tan relevantes por la inmensa influencia de los medios de comunicación de masas y las redes telemáticas, su función es facilitar la construcción en la escuela de un espacio compartido de reflexión y crítica del conocimiento (Pérez Gómez, 1998). En efecto, ya no hablamos de una escuela transmisora de información ya que existen otras instancias que la trascienden y superan, sino de reorientar su función como institución social. El papel del docente no es ya el de un mero transmisor de contenidos, su labor se amplia a la inquietud y a la curiosidad de un alumnado que está permanente en contacto con el conocimiento y la información (Esteve, 2003). Ahora, los alumnos aprenden más por lo que hace el docente que por lo que enseña o dice, esto es, *«(...) los alumnos aprenden no sólo conocimientos, sino también modos de estar y de ser, de juzgar y valorar, de mirar la realidad (...)»* (Ortega y otros, 2003, p. 47).

Por todo ello, se hace necesario indagar en un proceso educativo que haga que el profesor asuma su papel de mediador en un espacio más democrático y participativo: el de la escuela plural, heterogénea e intercultural. Esto supone entender la importancia de la escuela como educadora en actitudes y valores, lo cual constituye un reto ineludible en estos momentos de incertidumbre y de acelerados cambios sociales y tecnológicos (Esteve, 2003). Estamos hablando, de una escuela menos preocupada por los productos académicos y más centrada en los procesos de enseñanza-aprendizaje, en los valores y en la responsabilidad moral (Jordán, 1994).

Ciertamente, se hace imprescindible plantear algunos criterios que orienten la escuela desde una atmósfera moral para educar en la convivencia intercultural. Ortega y otros (2003) destacan los siguientes:

- Fomentar la promoción de la autonomía de los alumnos, lo cual significa que el profesorado acepte la libertad y la capacidad de los alumnos de tomar sus decisiones de forma autónoma.
- Comprender que los conflictos deben ser resueltos a través del diálogo para llegar o avanzar hacia un consenso o hacia un pacto de respeto.
- Potenciar aquellas situaciones problemáticas o conflictivas para aprender a manifestarnos desde el respeto a los demás y el reconocimiento de la participación democrática.

A partir de estas consideraciones realizadas hasta ahora, creemos que ha llegado el momento oportuno de explicitar a continuación las principales estrategias de gestión y regulación de conflictos interculturales que pueden emplear los docentes: la comunicación intercultural, la mediación intercultural y la participación comunitaria (Essomba, 2003; Jordán, 2001; Bartolomé, 2002; Soriano, 2001; Aguado, 2003).

La comunicación intercultural es una estrategia fundamental en la gestión y regulación de conflictos en contextos educativos de diversidad. Partiendo de las premisas de Bartolomé (2002) y Colectivo Amani (1996), podemos a continuación dar a conocer las principales características de la comunicación intercultural:

- Integra competencias cognitivas y emotivas que permiten el establecimiento de relaciones positivas entre personas de procedencias culturales diversas.
- Permite la toma de conciencia de la diversidad de orientaciones en la construcción de significados que dan sentido a los conflictos interpersonales.
- Facilita la creación de un clima comunicativo cálido donde el diálogo es igualmente importante al talante empleado, el tono del lenguaje, la expresión gestual y la afectividad en la relación.

Para poder desarrollar de manera efectiva una auténtica comunicación intercultural, el profesorado debe poseer una serie de actitudes y de competencias (sociales y emocionales); siguiendo a Essomba (1999; 2003) podemos citar las siguientes:

- Que el profesor tenga una actitud positiva y receptiva a la diversidad de su aula, como algo consustancial a su propia manera de ser y estar en la escuela y en la sociedad.
- Que indague en el carácter preventivo y compensador de sus actuaciones en lo que podrían ser desigualdades por razones sociales o culturales.

- Que sea capaz de facilitar un ambiente de trabajo enriquecedor y dinámico que permita que, aprendiendo cooperativamente, cada alumno se desarrolle de forma integral y equilibrada en todos los ámbitos, atendiendo a sus motivaciones, intereses y capacidades, así como vivir la diversidad para el enriquecimiento mutuo y crecimiento personal de todos los alumnos.

La comunicación intercultural, más que un tipo concreto de intervención en la escuela intercultural, es sobre todo un talante de receptividad, de diálogo y de respeto por parte del profesorado ante el alumnado inmigrante y su familia, que se puede -y debe- desarrollar en la práctica educativa de la diversidad. No obstante, esta estrategia se desarrolla en el marco de variadas actuaciones escolares tanto en horario lectivo como en horario extraescolar con actividades como los dilemas escolares, la realización de talleres diversos (jornadas específicas, semana de la interculturalidad, fiestas), la creación de normas de convivencia a partir de las decisiones tomadas por los alumnos en debates y foros de encuentro, juegos cooperativos, etc.

Por otro lado, la mediación intercultural es una estrategia de regulación de conflictos, entendida como proceso que actúa en la construcción de pautas normativas y prácticas para la solución de problemas, así como para el propio crecimiento individual y colectivo de aquellos que intervengan en un determinado escenario conflictivo (Aguado, 2003). La mediación intercultural surge y se desarrolla en el ámbito escolar como una necesidad cada vez más emergente ante la nueva realidad de la misma, claramente multicultural (y multilingüística) y pretendidamente intercultural siguiendo los principios de la Educación Intercultural (Soriano, 2001). Si bien existen personas expertas y profesionales[1] de la mediación intercultural que colaboran y trabajan mediante proyectos en los propios contextos educativos de diversidad, también es cierto que cada vez es más relevante indagar en el papel del docente como mediador intercultural, para convertir un recurso exterior (pero a la vez interno e imbricado en la propia comunidad educativa) en un recurso de funcionamiento práctico e interno en la propia dinámica organizativa y de desarrollo institucional de la escuela como organización escolar.

En este sentido, podemos decir que los profesores entendidos como mediadores interculturales es una apuesta difícil y arriesgada, y sobre todo escasamente respaldada por la propia estructuración de la escuela como institución social, así como por el déficit existente hasta la fecha de propuestas formativas que incluyan la mediación intercultural como un aspecto relevante en la formación intercultural de los profesores, tanto en el ámbito universitario como en el de la formación permanente. Además, existe un debate teórico y reflexivo en torno a si el profesor pueda ser realmente considerado mediador, puesto que generalmente se parte de la idea de neutralidad requerida en ese rol, de ahí las dificultades que puede encontrar el

---

1. Estas personas trabajan generalmente en organizaciones no gubernamentales que promueven la inserción social de los inmigrantes y actúan en los centros educativos a petición de los mismos, porque las familias inmigrantes les soliciten su ayuda a la hora escolarizar a sus hijos o bien para tramitar alguna cuestión o asunto relacionado con la educación de sus hijos.

empleo de esta estrategia por parte del docente en el caso de conflictos referidos a su propia relación con los alumnos o con las familias de culturas minoritarias.

Por ello, destacamos los siguientes objetivos básicos que persigue cualquier proceso de mediación intercultural en la gestión y regulación de los conflictos escolares (surgidos entre familia y escuela, a nivel más general, o entre familia y profesores, a nivel más particular) en las escuelas de la diversidad (Aguado, 2003; Soriano, 2001):

- Promover la gestión positiva de los conflictos escolares.
- Facilitar el aprendizaje compartido y reflexivo a partir de las propias situaciones conflictivas.
- Fomentar la comprensión de las diferencias culturales como clave de riqueza escolar y de enriquecimiento mutuo.
- Construir un clima escolar constructivo donde se respeten las distintas identidades culturales, llevando a cabo acciones educativas concretas y generales que desarrollen la autoestima, la confianza y la empatía.

Por otra parte, tenemos que señalar que la escuela tiene una herramienta muy importante para la gestión y regulación de conflictos interculturales, y es la participación comunitaria o, de forma más precisa, la dinamización de acciones participativas interculturales comunitarias (Essomba, 2003; Soriano, 2001). En efecto, la participación implica reconocer la necesidad de establecer vínculos sociales entre todas las personas que viven y conviven en un mismo espacio compartido (Aguado, 2003). Ciertamente, esta apreciación lleva implícito el hecho de considerar necesarios a todos y todas en la vida de los distintos contextos (familiar, escolar, vecinal,...). En este sentido, la participación comunitaria se concreta en los siguientes propósitos y actuaciones necesarias para poderse desarrollar de manera dinámica y efectiva (Bartolomé, 2002; Essomba, 1999 y 2003):

- Fomentar la construcción de valores educativos favorables a la participación activa de todos los miembros de la comunidad en la consecución de propósitos o fines previamente establecidos y consensuados.
- Desarrollar estrategias dinámicas y cooperativas que indaguen en la resolución colectiva de los problemas escolares y extraescolares.
- Facilitar la participación a través de los foros asociativos plurales existentes en la escuela (asociaciones de madres y padres, escuela de padres), así como en otros foros plurales de debate y discusión de gran interés para toda la comunidad (organizaciones no gubernamentales, asociaciones de vecinos, entidades socioculturales).
- Movilizar los recursos necesarios (de las organizaciones no gubernamentales, escuelas de madres y padres, instituciones públicas...) para llevar a buen término los propósitos de progreso, respeto y enriquecimiento cultural, en el marco de programas de intervención o acción sociocomunitaria vinculados al proceso educativo desarrollado en las escuelas interculturales.
- Desarrollar una visión solidaria de la participación, que incluya y reconozca necesariamente la existencia de espacios y tiempos públicos compartidos (semanas interculturales, grupos de discusión, escuelas de padres...).

- Promover acciones socioculturales en las escuelas interculturales, tanto para jóvenes como para mayores, para generar dinámicas de participación intergeneracional e intercultural que enriquezcan la vida social de la escuela y la comunidad educativa.

La participación comunitaria como estrategia de regulación de conflictos interculturales, hace que la escuela se convierta en un espacio dinámico en clara vinculación con la comunidad social en la que se inserta -y a la que sirve-, y se constituye como una herramienta absolutamente imprescindible para atajar los mecanismos que generan racismo y xenofobia en la sociedad, que como sabemos coinciden con aquellos que conducen a otras situaciones de marginación personal o colectiva, y cuyas manifestaciones puedan también darse en el contexto escolar (de ahí la capacidad dinamizadora de la escuela como centro de participación comunitaria). Asimismo, la participación comunitaria puede favorecer la construcción de la identidad cultural individual y colectiva desde una perspectiva dialógica, esto es, de permanente y fructífero diálogo intercultural, en el se combine el reconocimiento y valoración de las respectivas raíces culturales con la apertura hacia nuevas influencias y contribuciones (Aguado, 2003). Es cierto que esta estrategia de regulación de conflictos interculturales no puede concebirse como responsabilidad exclusiva de las propias escuelas, pero sí es cierto que desde el ámbito escolar es posible fomentar la participación comunitaria, haciendo partícipes a las organizaciones no gubernamentales, las asociaciones de vecinos, las entidades socioculturales y las propias administraciones e instituciones públicas, de la necesaria confluencia de espacios de encuentro para la gestión positiva y enriquecedora de los conflictos a partir del compromiso de diferentes instancias e instituciones en conseguir este propósito, puesto que los conflictos escolares son fundamentalmente sociales y requieren una respuesta global que atienda tanto a lo social como a lo escolar (Ortega y otros, 2003).

Finalmente, tenemos que señalar que para que el profesorado lleve a cabo en su práctica pedagógica (tanto individual como colectivamente con los alumnos, las familias y la comunidad educativa) estas estrategias educativas, es necesario que desarrolle lo que Aguado (2003, p. 142) denomina «*(...) competencias interculturales de los profesores (...)*». Es obvio que por desgracia estas competencias no son consideradas en los procesos de selección del profesorado ni tampoco en el ámbito de la formación en general, no obstante, estas competencias interculturales son fundamentales cuando estamos hablando de poner en práctica acciones educativas que permitan la gestión positiva de los conflictos interculturales, muchos de los cuales tienen una manifestación oculta e implícita que hace necesario por parte del profesorado una conciencia crítica de su propia tarea como educador, así como del propio entorno social y global en el que vivimos (Jordán, 2001; Bartolomé, 2002). En este punto, podemos señalar que Aguado (2003, p. 141) define las competencias interculturales como «*(...) las habilidades cognitivas, afectivas y prácticas necesarias para desenvolverse eficazmente en un medio intercultural (...)*». En efecto, estas competencias que también implican una capacidad por parte del docente para interpretar y valorar la multiplicidad de significados que acontecen en un contexto educativo de diversidad, tienen una doble perspectiva en su propia base de fundamentación, esto es, las actitudes interculturales y los conocimientos acerca de las diferentes culturas de procedencias de sus propios alumnos de origen inmigrante y de sus familias, así como el conjunto de habilidades relacionadas con la propia forma de interpretar, valorar, interaccionar y aprender de las situaciones potencialmente conflictivas en una situación escolar de diversidad.

De forma esquemática explicitamos a continuación las principales competencias interculturales del docente ante la gestión y regulación de los conflictos interculturales (Aguado, 2003):

- Percepción y concepción de que la autoconciencia y sensibilidad de las diferentes culturas es esencial para desarrollar su función como educadores.
- Conciencia de cómo el propio entorno sociocultural y las experiencias previas influyen en las actitudes y valores acerca del proceso educativo desarrollado en un contexto educativo de diversidad.
- Reconocimiento de los límites de las propias competencias y compromiso por un aprendizaje compartido partiendo de la base de la diversidad cultural de su escuela para su conocimiento y reflexión cooperativa.
- Valoración positiva en el respeto a las identidades culturales diferentes así como de las costumbres y valores de los distintos grupos culturales, siempre dentro de los marcos de respeto y derecho a la dignidad humana (derechos humanos) y de los valores democráticos de nuestra sociedad plural y heterogénea (norma constitucional, estado social y democrático de derecho).

En síntesis, hemos pretendido ofrecer una visión globalizadora y holística de las diferentes estrategias de gestión y regulación de los conflictos en las escuelas interculturales, considerando que tienen una dimensión tanto educativa como social, dado que implican una serie de actuaciones y acciones vinculadas tanto a la institución educativa en el plano académico, como en el plano social y de participación de la misma en la sociedad en la que ésta se encuentra.

CAPÍTULO 5: LA EDUCACIÓN INTERCULTURAL EN ANDALUCÍA Y ESPAÑA

Son ya muchos los docentes andaluces que se enfrentan cada curso escolar al reto de la educación de un alumnado que no sólo es nuevo en el centro educativo, sino también en nuestro país, en nuestra ciudad, en nuestro pueblo. Estos nuevos alumnos de origen inmigrante no sólo nos llegan al principio de curso, también lo hacen a lo largo del año y eso hace la tarea educativa aún más compleja. Ante este nuevo escenario se intensifica la búsqueda de caminos para construir acciones educativas interculturales que nos permitan afrontar una adecuada gestión de la diversidad cultural existente hoy en nuestras escuelas e institutos.

En efecto, nos encontramos en los centros educativos andaluces y españoles con una diversidad cultural que se incorpora y añade a la ya existente, esto es, a las diferencias sociales, familiares y personales ya existentes en las aulas, y que, de alguna manera, los proyectos educativos de cada centro educativo tenían que atender para lograr los objetivos de formación del alumnado con el pleno desarrollo de sus potencialidades y en condiciones de igualdad de oportunidades educativas. No obstante, ante estos nuevos elementos de diversidad cultural, pudiera parecer que surgen claves de análisis que nos pueden hacer perder nuestra competencia crítica para considerar que las diferencias culturales no van a ser elementos determinantes en la conducta del nuevo alumnado en la escuela, o que toda la problemática -clásica y nueva- que existe en nuestros centros educativos se pueda deber a la existencia de esa diversidad cultural. Esto quiere decir que es necesario apostar por un análisis crítico de la actual situación educativa, y que nuestro compromiso por una Educación Intercultural va en la dirección del encuentro y del reconocimiento de la diversidad cultural como un valor educativo, no como una lacra o clave culpable de todas las incertidumbres y problemáticas en nuestro sistema educativo (Leiva, 2008a).

EDUCACIÓN INTERCULTURAL Y CONVIVENCIA EN LA ESCUELA INCLUSIVA

1. Situación actual de la diversidad cultural

La educación constituye un instrumento indispensable para que la humanidad pueda progresar hacia la libertad, la paz y la justicia social, siendo la escuela el vehículo que la sociedad utiliza para transmitir significados y valores, incluso en momentos como el presente, donde tanta importancia se da a la eficiencia y al logro de resultados inmediatos. Los grandes retos de la educación a las puertas del siglo XXI deben plantearse tomando como referencia contenidos que abarquen aspectos tales como aprender a ser, aprender a hacer, aprender a pensar y aprender a convivir y luchando contra aquellos valores que se intentan imponer desde el pragmatismo más absoluto y desde la ley del más fuerte (Esteve, 2003).

La escuela tiene que ser un lugar privilegiado de aprendizajes de todo tipo, de crecimiento, de interrelaciones con los demás, educando para valorar la justicia, la igualdad y la convivencia y generando una visión de la vida que permita a niños y niñas reconocer en los otros los mismos derechos que les asisten a ellos.

En los centros escolares conviven diariamente grupos sociales de diferentes edades, sexos, clases sociales, culturas e incluso etnias, con capacidades, habilidades, intereses y expectativas diversas. Y a pesar de esta diversidad, mientras que en la sociedad se imponen unas pautas y valores que fabrican la exclusión social, la insensibilidad, la apatía, la insolidaridad o la violencia, la escuela está demostrando continuamente su capacidad de resolución de conflictos basándose en la tolerancia, el respeto a la persona y a sus derechos y promoviendo el reconocimiento entre iguales.

2. Marco normativo en Andalucía

Si nos centramos en el marco educativo andaluz, tenemos que destacar que la Educación Intercultural en Andalucía está avalada legalmente por diversos instrumentos normativos, entre los que se encuentran los siguientes: la Ley 9/1999, de 18 de noviembre, de Solidaridad en la Educación (BOJA 2 de diciembre de 1999) y el Decreto 167/2003, por el que se establece la ordenación educativa a los alumnos y alumnas con necesidades educativas especiales asociados a condiciones sociales desfavorecidas (BOJA 23 de junio de 2003). En ambos casos, se hace mención a la interculturalidad como concepto y herramienta para la consecución de las aspiraciones de igualdad de oportunidades. En verdad, tal y como plantea Olmos (2006), la interculturalidad en el sistema educativo andaluz tiene un fuerte componente de compensación educativa. De hecho, la Ley de Solidaridad en la Educación establece la necesidad del enfoque intercultural a partir de la presencia de una "nueva" diversidad cultural o por la presencia de "otras culturas" distintas a la cultura de la comunidad gitana, ya existente en nuestra sociedad:

> «(...) en Andalucía, además de la convivencia ancestral con la cultura de la comunidad gitana, cada vez en mayor medida, se va haciendo patente la presencia de alumnado perteneciente a otras culturas. Esta fuente de

LA EDUCACIÓN INTERCULTURAL EN ANDALUCÍA Y ESPAÑA

diversidad y pluralidad cultural ha de atenderse impulsando y promoviendo mecanismos y estrategias concretos que potencien en los centros educativos el valor de la interculturalidad (...)»

(Preámbulo de la Ley de Solidaridad)

Sin lugar a dudas, esta situación justifica la necesidad real de potenciar los valores de la Educación Intercultural, entendida como la integración «*(...) en el hecho educativo del conocimiento y respeto por la cultura de los grupos minoritarios*» (artículo 2.2). Asimismo, en la Ley de Solidaridad en la Educación se dedica un apartado específico a la atención educativa al alumnado perteneciente a las minorías étnicas y culturales (capítulo V), donde se expresan medidas para favorecer la escolarización y las actuaciones educativas con un marcado carácter de compensación educativa (artículos 17 y 18). En cuanto a los planes que reflejan el interés de la administración educativa autonómica por avanzar hacia la interculturalidad, hemos de mencionar el "Plan para la atención educativa del alumnado inmigrante" y el "Plan andaluz de educación para la cultura y la no violencia", ambos aprobados en el año 2001 y 2002 respectivamente, e integrados en el I Plan Integral para la Inmigración en Andalucía (2001-2004). En este sentido, la concepción de Educación Intercultural que se desprende de estos planes tiene que ver con el reconocimiento de que la interculturalidad no sólo debe repercutir a las minorías, sino que ha de desarrollarse en toda la población, lo cual supone mirar al "otro" con una mirada distinta, y que implica actuaciones de marcado carácter compensatorio:

«La interculturalidad supone (...) una educación que se destina a la generalidad de la población y no sólo a las minorías nacionales o inmigrantes (...) supone enseñar a la ciudadanía a mirar a la otra persona con una óptica distinta para comprender cómo piensa y cómo siente (...), implica también facilitar la igualdad de oportunidades para los miembros de las minorías culturales desfavorecidas, adquiriendo un carácter compensador (...)».

(I Plan Integral para la Inmigración en Andalucía, p. 86, 2001)

El Plan de Atención al Alumnado Inmigrante (2001) fue una iniciativa derivada de la Ley de Solidaridad en la Educación, con el fin de potenciar el valor de la interculturalidad, integrando en el hecho educativo la riqueza que supone el conocimiento y el respeto a la diversidad cultural, lo que debe traducirse en la elaboración por parte de los centros educativos de Proyectos de Centro basados en la atención a esta diversidad y al intercambio, interacción y cooperación entre las diferentes culturas representadas por el alumnado escolarizado en el centro docente. Pretende también incluir en la acción educativa una adecuada Educación Intercultural para favorecer la comprensión, la tolerancia y la amistad entre todas las naciones y todos los grupos étnicos y religiosos. Con él se abre un debate entre todos los que participan en la atención a inmigrados y pretende contar con todas las aportaciones y sugerencias para mejorarlo y aplicarlo con eficacia.

También conviene destacar la importancia del Decreto 167/2003, por el que se establece la ordenación educativa a los alumnos y alumnas con necesidades educativas especiales asociados a condiciones sociales desfavorecidas, donde se plantea la idea de que los alumnos inmigrantes necesitan unos apoyos educativos específicos para compensar déficits de índole sociocultural que impidan de alguna manera su óptimo desarrollo escolar y personal. En esta línea, esto es, centrándose en la población escolar inmigrante, nos encontramos con una orden que desarrolla nuevas actuaciones dirigidas a apoyar el aprendizaje de la lengua de acogida, el mantenimiento de la cultura de origen y la integración del alumnado inmigrante en los respectivos entornos escolar y social. Estamos haciendo referencia a la Orden de 15 de enero de 2007, por la que se regulan medidas y actuaciones a desarrollar para la atención del alumnado inmigrante y, especialmente, las Aulas Temporales de Adaptación Lingüística. En esta Orden, se alude a que el alumnado de procedencia extranjera viene suponiendo desde hace años la aparición de nuevas necesidades educativas, motivadas fundamentalmente por la diversidad de origen y cultura del alumnado inmigrante, por los diferentes momentos de incorporación a los propios centros y, en muchos casos, por el desconocimiento total o parcial del español como lengua vehicular del proceso de enseñanza-aprendizaje, entendiendo como tal el conocimiento mínimo imprescindible para el seguimiento y la participación del alumnado en el aula ordinaria con garantía de progreso. Por todo ello ha sido preciso desarrollar nuevas actuaciones dirigidas a apoyar el aprendizaje de la lengua de acogida, el mantenimiento de la cultura de origen y la integración del alumnado inmigrante en los respectivos entornos escolar y social (Leiva, 2008b).

Tiene como objetivos fundamentales fomentar el valor de la interculturalidad, el respeto a la diversidad cultural y la cooperación y el intercambio de experiencias entre diferentes culturas. Esto tiene que venir reflejado en todos y cada uno de los apartados en que se estructura el Proyecto de Centro de las escuelas e institutos que tienen escolarizados a alumnos inmigrantes. Además, estos centros educativos deben incluir acciones tendentes al desarrollo de, al menos, los siguientes aspectos:

- La acogida del alumnado inmigrante, de manera que se facilite el proceso de escolarización e integración de este alumnado.
- El aprendizaje del español como lengua vehicular, con todas las medidas que los centros docentes que escolaricen alumnado inmigrante consideren más oportunas, en el ámbito de sus competencias.
- El mantenimiento de la cultura de origen del alumnado inmigrante, con el fin de promover el conocimiento y la valoración de las diferentes culturas.

En el artículo 3, se desarrolla de manera más precisa cuáles deben ser los objetivos específicos de todas las acciones educativas interculturales:

- Facilitar la escolarización de los menores pertenecientes a familias inmigrantes en los mismos términos que el alumnado andaluz.
- Favorecer la acogida del alumnado inmigrante, haciendo especial hincapié en su integración en el entorno escolar y social más inmediato.
- Favorecer un clima social de convivencia, respeto y tolerancia, no sólo en el centro educativo, sino en el entorno social.
- Fomentar la participación del alumnado inmigrante en las actividades escolares y extraescolares del centro.
- Potenciar la colaboración de las familias del alumnado inmigrante en la vida escolar.

- Potenciar las relaciones institucionales del centro con las autoridades municipales, servicios sociales, servicios de salud y otras instituciones en beneficio de la mejor inserción escolar de este alumnado.

Dado que en esta orden se prioriza la importancia del aprendizaje de la lengua española para el alumnado inmigrante, es necesario hacer referencia al artículo 9 de la citada orden, donde se desarrollan de manera explícita las funciones del profesorado de las Aulas Temporales de Adaptación Lingüística (ATAL). Es más, dice textualmente que *«(...) serán funciones del profesorado de las Aulas Temporales de Adaptación Lingüística, con carácter general, todas aquellas relacionadas con la atención directa y el seguimiento del alumnado inmigrante con deficiencias en el conocimiento del español como lengua vehicular en el proceso de enseñanza-aprendizaje (...)».* El resto de funciones del profesorado ATAL son las siguientes:

- Enseñar la lengua española con la suficiencia necesaria para la correcta integración del alumnado inmigrante en su entorno escolar y social.
- Atender a las dificultades de aprendizaje del alumnado adscrito al Aula Temporal de Adaptación Lingüística motivadas por el desconocimiento del español como lengua vehicular.
- Facilitar la integración del alumnado en su entorno escolar y social, potenciando sus habilidades y fomentando su participación en las actividades organizadas por los propios centros y por la comunidad.
- Colaborar con las Jefaturas de Estudios de los centros atendidos en la necesaria coordinación con el resto del profesorado.
- Colaborar con el profesorado encargado de las tutorías en el mantenimiento de la comunicación con las familias del alumnado atendido en el Aula Temporal de Adaptación Lingüística.
- Facilitar al profesorado de los centros atendidos orientaciones metodológicas y materiales sobre la enseñanza del español como segunda lengua.
- Elaborar las respectivas programaciones de las Aulas Temporales de Adaptación Lingüística, adecuándolas a las características específicas del alumnado y a las necesidades de cada uno de los centros atendidos. Dicha programación deberá formar parte del Plan de Orientación y Acción Tutorial de los centros.
- Elaborar un Informe de cada uno de los alumnos y alumnas atendidos en el Aula Temporal de Adaptación Lingüística, así como cumplimentar una carpeta de seguimiento de cada uno de ellos con la documentación básica de su asistencia al programa y su evaluación.
- Elaborar una memoria al finalizar el curso, que será incluida en la Memoria Final del Centro, en la que se recogerá el alumnado atendido la valoración del cumplimiento de los objetivos previstos y la evaluación de las actuaciones desarrolladas.

Por otro lado, tenemos que subrayar que lo más novedoso de esta orden es el planteamiento de medidas para el mantenimiento de las culturas de origen del alumnado inmigrante que promuevan el conocimiento y la valoración positiva de esa diversidad cultural por parte de toda la comunidad educativa (Leiva, 2008b).

Así pues, en el artículo 13 se desarrollan de manera más concreta los objetivos de las actuaciones interculturales a realizar en los centros educativos de diversidad cultural:

- Potenciar el aprendizaje de la cultura de origen, con el fin de que el alumnado inmigrante no pierda la riqueza que esto supone.
- Difundir información de todas y cada una de las culturas presentes en el centro entre todos los componentes de la comunidad educativa.
- Aprovechar los aspectos de enriquecimiento que aporta el conocimiento de las diferentes culturas sobre la totalidad del alumnado del centro.
- Fomentar la participación del alumnado inmigrante y de sus familias en las actividades extraescolares del centro.
- Potenciar actitudes de solidaridad y tolerancia entre todo el alumnado del centro en particular y de la comunidad educativa en general.
- Favorecer la comunicación y el sentido de pertenencia a la comunidad educativa del alumnado, del profesorado y de las familias.

Finalmente, en la Ley 17/2007, de 10 de diciembre, de educación de Andalucía, primera ley educativa integral aprobada por una comunidad autónoma en el Estado Español, la interculturalidad y la diversidad cultural son referencias educativas clave. De hecho, en el artículo 4, dedicado a los principios del sistema educativo andaluz, se consagra en el apartado g) *«(...) el reconocimiento del pluralismo y de la diversidad cultural existente en la sociedad actual, como factor de cohesión que puede contribuir al enriquecimiento personal, intelectual y emocional y a la inclusión social (...)»*.

Además, en el Artículo 39, dedicado a la Educación en Valores, en su punto quinto, se expresa que el currículum incluirá *«(...) aspectos de educación vial, de educación para el consumo, de salud laboral, de respeto a la interculturalidad, a la diversidad, al medio ambiente y para la utilización responsable del tiempo libre y del ocio (...)»*.

3. Práctica de la interculturalidad en Andalucía: el Plan Andaluz de Atención al Alumnado Inmigrante

En Andalucía, para poner en práctica la Educación Intercultural se han diseñado objetivos para conseguir la plena escolarización del alumnado inmigrante, para lograr que los centros escolares elaboren proyectos interculturales y para alcanzar la enseñanza del español a los alumnos inmigrantes no hispanoparlantes, tal y como viene recogido en el plan para la atención educativa del alumnado inmigrante. Este plan, a grandes rasgos, prevé una serie de medidas y actuaciones concretas orientadas en tres direcciones: ampliación de la cobertura escolar entre estos menores y de la dotación de recursos disponibles en los centros de referencia; fomento de actitudes favorables respecto de la diversidad cultural y de la participación del alumnado extranjero en las asociaciones de alumnos y de sus padres en las AMPAs; y promoción de la adaptación lingüística entre los menores no hispano hablantes mediante la creación de Aulas Temporales de Adaptación Lingüística y la celebración de convenios con entidades sin ánimo de lucro, así como del aprendizaje de la lengua y cultura maternas.

Este plan fue difundido por la Consejería de Educación y Ciencia de la Junta de Andalucía en el número 23 de la revista **Andalucía Educativa**, de febrero de 2001, con el objetivo de darlo a conocer a toda la comunidad educativa, especialmente al profesorado, agente clave para el desarrollo de la Educación Intercultural en Andalucía. El plan se sustenta en una fundamentación legal y normativa de enorme interés, así como en las propias necesidades educativas detectadas que presenta el alumnado de origen inmigrante. En este sentido, se considera que el alumnado inmigrante plantea unas necesidades educativas a las que hay que dar respuesta desde la escuela pública andaluza:

> "El alumnado inmigrante, sobre todo el de origen africano, asiático o del Este Europeo, presenta tres características que hay que tener en cuenta a la hora de su escolarización. En primer lugar, proceden de culturas diferentes a la andaluza; en segundo lugar, su lengua materna dispone de caracteres orales y escritos que distan bastante de la lengua española y, finalmente, son alumnos y alumnas que, en general, tienen necesidades educativas derivadas de situaciones de desigualdad en los ámbitos social y económico, sobre todo".
>
> (I Plan Andaluz para la Atención Educativa del Alumnado Inmigrante, 2001, p. 10)

Los fundamentos legales en los que se sustenta el plan son los siguientes (Ibíd., p. 11):

El artículo 27.2 de la **Constitución Española** recoge que *«(...) la educación tendrá por objeto el pleno desarrollo de la personalidad humana en el respeto a los principios democráticos de convivencia y a los derechos y libertades fundamentales (...)»*. El artículo 2.1 de la LODE, en el que se establece que uno de los fines de la actividad educativa es *«(...) el pleno desarrollo de la personalidad del alumno (...)»*. El artículo 63 de la LOGSE que especifica que *«(...) con el fin de hacer efectivo el principio de igualdad en el ejercicio del derecho a la educación, los poderes públicos desarrollarán las acciones de carácter compensatorio en relación con las personas, grupos y ámbitos territoriales que se encuentren en una situación desfavorable y proveerán los recursos económicos para ello (...)»*. La Conferencia General de la ONU para la Educación, las Ciencias y la Cultura, proclamó la **Declaración de los Principios de Cooperación Cultural Internacional**, en el primer artículo recoge que *«(...) cada cultura tiene una dignidad y un valor que han de ser respetados y conservados. Todas las personas tienen el derecho y el deber de desarrollar su cultura (...)»*.

Finalmente, la Ley 9/1999 de 18 de noviembre de Solidaridad en la Educación, que hemos mencionado anteriormente y que pretende integrar en *«(...) el hecho educativo la riqueza que supone el conocimiento y respeto por la cultura de los grupos minoritarios, así como desarrollar actitudes de comunicación y respeto entre todos los miembros (...)»*. En esta misma ley, el artículo 17 señala que hay que incluir en los proyectos de centro medidas que favorezcan el desarrollo y el respeto de la identidad cultural de este alumnado, que fomente la convivencia y que faciliten su participación en el entorno social. Actualmente, a nivel normativo -y de política educativa- ya encontramos nuevos sustentos y referentes para el desarrollo de la Educación Intercultural en el ámbito estatal y autonómico. Concretamente, podemos señalar que en la Ley Orgánica 2/2006 de 3 mayo, de la Educación (LOE), en su artículo 2, apartado g), se plantea que es un fin fundamental de la educación *«(...) la formación en el respeto de la pluralidad lingüística y cultural de España y de la interculturalidad como un elemento enriquecedor de la sociedad (...)».*

Por su parte, Fernández (2005) señala que las actuaciones que se realizan y desarrollan en el marco de la atención al alumnado inmigrante en Andalucía son las siguientes:

- Elaboración y actualización de un censo que permita conocer en cualquier momento la distribución y movimientos de la población inmigrante en relación con las previsiones para establecer los recursos.

  Este censo está siendo actualizado de manera anual por la Unidad Estadística de la Consejería de Educación de la Junta de Andalucía[1], a partir de los datos recogidos en la aplicación informática Séneca, lo cual permite a la administración educativa autonómica conocer la distribución del alumnado inmigrante en la aulas y escuelas andaluzas.

- Establecimiento de las Aulas Temporales de Adaptación Lingüística (ATAL) en los centros que así lo requieran por el elevado número de alumnos con necesidades educativas centradas en el aprendizaje de la lengua española.

  En este sentido, Soriano (2004) señala que en los primeros meses del año 1998 se gestó un nuevo proyecto en la provincia de Almería[2] que consistió en la creación, en los propios centros educativos, de dos Aulas Temporales de Adaptación Lingüística (ATAL) en las zonas de Roquetas de Mar y El Ejido. En la actualidad las aulas ATAL atienden al alumnado inmigrante de Educación Primaria y de Secundaria con el fin de acelerar en la medida de lo posible su integración en el centro escolar. El propósito básico de las Aulas Temporales de Adaptación Lingüística es facilitar al alumnado inmigrante no hispanoparlante un acceso rápido a la lengua española y acelerar su integración escolar. Entre las características más destacadas de estas aulas se pueden citar las

---

1. Ver la última estadística disponible en la página web de la Consejería de Educación de la Junta de Andalucía, en http://www.juntadeandalucia.es/educacion (Estadística de la Educación en Andalucía).

2. Es digno de mencionar que los centros educativos de la provincia de Almería han sido pioneros en la atención educativa del alumnado de origen inmigrante. Entre otras muchas razones, hemos de destacar que es la provincia andaluza que acogió en un período de tiempo muy corto un número elevado de alumnos de origen inmigrante, sobre todo en las zonas de El Ejido y Roquetas de Mar. Para más información al respecto pueden consultarse los trabajos de Soriano Ayala (1997; 2001; 2004; 2005) y el informe correspondiente a la red de centros educativos de la provincia de Almería patrocinado por Ministerio de Trabajo y Asuntos Sociales y FETE-UGT, y realizado por el Grupo de Investigación y Evaluación en Educación Intercultural de la Universidad de Almería dirigido por la Dra. Soriano Ayala (2003).

siguientes (Soriano, 2004): las ATAL[3] son aulas diseñadas para atender al alumnado inmigrante de una zona determinada por la Delegación de Educación correspondiente; el aula depende orgánica y funcionalmente del centro donde se ubica; la estancia del alumnado en este aula es transitoria y no ha de superar los tres meses, siempre que el alumnado acceda a las dos aulas que hay fijas, ya que si son atendidos por las ATAL itinerantes, el tiempo es mayor porque sólo las visitan determinados días de la semana. Durante este período, los alumnos aprenderán un mínimo de lenguaje oral en español que les va a ser útil para aprender y ser partícipes de la vida del centro y del entorno en el que van a convivir con el resto de alumnos. Es primordial señalar que se establece coordinación con el colegio en el que está matriculado el alumno que se incorpora al ATAL y que dicha coordinación comienza cuando el alumno llega al ATAL, durante su estancia y después, cuando lo abandona, enfocada esa coordinación fundamentalmente para orientar al tutor del aula ordinaria donde el alumno inmigrante continuará su aprendizaje.

Los alumnos que llegan a Andalucía procedentes de países extranjeros[4], sin dominio de la lengua española, permanecen durante determinados periodos del horario lectivo en las ATALs, alternando el aprendizaje del español con la asistencia en el aula ordinaria junto al resto de sus compañeros. Además de la atención especializada que el alumnado recibe en las ATALs, el centro proporciona el adecuado refuerzo educativo en las materias que lo necesite. La Consejería de Educación dispone dos tipos de ATAL: las fijas y las itinerantes. Las primeras, ubicadas en un centro a tiempo completo, se localizan en zonas que registran un elevado índice de población inmigrante, mientras que el profesorado de las ATALs itinerantes se desplaza para atender varios colegios de una misma zona o varios centros de una misma localidad. Por provincias, el

---

3.   Según los datos ofrecidos por la Consejería de Educación (curso 2007/2008), un total de 253 profesores atienden las Aulas de Adaptación Lingüística (ATALs), lo que supone un incremento de 47 con respecto al pasado curso (2006/2007). Las ATALs, una iniciativa pionera para la integración del alumnado extranjero, son programas de acogida y de enseñanza del español que garantizan la escolarización de los menores inmigrantes permitiendo su incorporación a los ritmos y actividades de aprendizaje del nivel educativo correspondiente a su edad. En el curso 2008/2009 son ya 275 los docentes que trabajan en estas aulas, lo cual supone un incremento significativo respecto al curso anterior. Actualmente, en el curso 2011/2012 son casi 300 los docentes que trabajan en estas aulas temporales de adaptación lingüística.

4.   El dominio de la lengua constituye uno de los factores decisivos en el proceso de integración escolar de este alumnado, pero debido a la dispersión de los lugares de procedencia, sólo el 29% de los menores pueden considerarse hispanohablantes. Concretamente, el conjunto del alumnado extranjero establecido en Andalucía procede de más de 150 nacionalidades de todo el mundo si bien, agrupados por continentes de origen, Europa representa la proporción más elevada, con un 38,30%, seguida de América, con el 31,20%, África, con el 25,20%, Asia y Oceanía, con el 4,56% (Datos de la Unidad Estadística de la Consejería de Educación en el curso 2009/2010). En el curso escolar 2011/2012, en Andalucía, hay ya representadas casi 170 nacionalidades de todo el mundo a pesar de que haya disminuido ligeramente el incremento tan importante de diversidad cultural en la escuela como consecuencia de una menor presión migratoria en nuestra tierra.

mayor número de ATALs se registra en Almería y Málaga, con 80 y 70 aulas respectivamente, seguida de Huelva con 25, Granada con 22, Sevilla con 21, Cádiz con 15, Jaén con 12 y Córdoba con 8.

En líneas generales, las ATALS además de atender al alumnado con dificultades en el manejo del español, colaboran con los centros que atienden al alumnado extranjero en la acogida inicial y en la programación de actividades específicas dentro del aula ordinaria para favorecer la convivencia y valores como la tolerancia, la solidaridad y el respeto mutuo entre distintas culturas.

- Elaboración de materiales curriculares adecuados y adaptados a las necesidades educativas que presenten los alumnos, centrados, sobre todo, en dos líneas principalmente: salvar las dificultades en el aprendizaje del lenguaje y en orientar al docente para el diseño y desarrollo de actuaciones concretas para promover y facilitar la adaptación e inclusión del alumnado inmigrante en el ámbito escolar y social donde se desenvuelve, incluida la interculturalidad como herramienta transversal dentro del currículum escolar.

En este punto, hemos de destacar la importancia de la acción tutorial en las enseñanzas obligatorias como elemento clave para la ayuda educativa que necesitan los alumnos de origen inmigrante, así como la importancia de la transversalidad como elemento que impregna las diferentes áreas del currículum para enriquecer los procesos de enseñanza-aprendizaje desde una perspectiva intercultural con todos los alumnos. Así pues, el aprendizaje cooperativo y la resolución de problemas educativos a través del diálogo y el trabajo grupal son claves fundamentales para facilitar la adquisición de competencias interculturales (Díaz-Aguado, 2002). Por su parte, el diseño de materiales curriculares requiere la cooperación entre los docentes para conseguir de manera efectiva el logro de la interculturalidad. Este aspecto resulta clave, ya que el trabajo en equipo de docentes para la elaboración de materiales didácticos interculturales constituye todo un ejemplo de cohesión y compromiso docente por el desarrollo práctico de la Educación Intercultural.

- Propiciar la colaboración de las instituciones educativas y las asociaciones y entidades no gubernamentales.

Con respecto a la colaboración entre instituciones escolares y sociales, se requiere la no siempre obtenida coordinación en los distintos ámbitos que demanda la situación social y cultural de las familias inmigrantes. En efecto, en relación a los colectivos y entidades sociales, sí parece haber cierta necesidad de concretar y reforzar el vínculo colaborativo, entre otras cosas porque *«(...) dan respuesta a aspectos tales como la mediación, la información y la actuación con los colectivos de inmigrantes, respondiendo a su vez con mayor inmediatez al estar más cercanos y ser conocedores de la problemática cotidiana del colectivo inmigrante (...)»* (Fernández, 2005, p.98).

LA EDUCACIÓN INTERCULTURAL EN ANDALUCÍA Y ESPAÑA

En efecto, la colaboración con las familias del alumnado de origen inmigrante, que también es otro aspecto a destacar, se puede llevar a cabo a través de un mediador intercultural, cuya labor se desarrolla, generalmente, en tres ámbitos: a) acompañar al alumnado inmigrante en el transporte; b) favorecer la comunicación; y c) facilitar las relaciones entre las familias y el centro educativo (Montón, 2004).

Desde luego, dentro de los objetivos del Plan para la Integración del Alumnado Inmigrante de la Comunidad Autónoma de Andalucía (2001), la colaboración de las ONGs se plasma en la posibilidad de firmar acuerdos y convenios de colaboración con el compromiso de desarrollar las acciones educativas interculturales que de mutuo acuerdo se establezcan. A nivel general, podemos destacar que las actuaciones más comunes son las siguientes:

- Mediación intercultural.
- Seguimiento y apoyo escolar en colaboración con los centros escolares.
- Formación del profesorado en Educación Intercultural.
- Colaboración en los procesos de escolarización y matrícula del alumnado de origen inmigrante.
- Colaboración en llevar a cabo acciones conjuntas para prevenir y evitar el absentismo escolar que pudiera afectar a los alumnos ya escolarizados en los centros educativos.

Igualmente, en el Plan Integral para la Comunidad Gitana de Andalucía (BOJA de 20 de febrero de 1997), también se establecía la necesidad de un enfoque intercultural en las escuelas, a través de la promoción de actividades de convivencia pluricultural (actuación 5), el fomento del estudio de la cultura gitana en la formación del profesorado y cursos de formación al respecto (actuación 7, 8), además de la inclusión de información positiva de la cultura gitana en los materiales escolares y curriculares (actuación 10). No obstante, y como afirma Olmos (2006, p. 3) *«(...) en los últimos años, cuando se habla de Educación Intercultural se trata mayoritariamente de educación a inmigrantes extranjeros, y dentro de ésta se habla de educación compensatoria y se habla de enseñanza de la lengua (...)»*. Esto sin lugar a dudas es un elemento fundamental para comprender la gestión de la diversidad cultural en los centros educativos no universitarios de Andalucía. No obstante, se nos antoja necesario destacar que, como plantea Montón (2004), no siempre los diseños y los discursos políticos de la educación se identifican con los del profesorado que desarrolla su labor educativa diariamente en su escuela. Según Soriano (2004), es más que posible que el planteamiento intercultural de los profesores se distinga de los postulados teóricos de los especialistas en interculturalidad así como de los propios discursos de los políticos de la educación. Olmos, a partir de los datos obtenidos en una investigación recientemente desarrollada lo expresa en los siguientes términos (2006, p. 5):

EDUCACIÓN INTERCULTURAL Y CONVIVENCIA EN LA ESCUELA INCLUSIVA

> *«Cuando los profesores hablan de Educación Intercultural fundamentalmente hablan de fiestas. Para ellos la Educación Intercultural significa reconocer al otro en momentos festivos dentro del ámbito escolar, fundamentalmente».*

En efecto, muchos centros escolares conceden mucha importancia a la realización de actividades interculturales como elemento de una determinada concepción sobre Educación Intercultural. Pudiera ocurrir que estos centros educativos son conscientes de que es a partir de estas intervenciones como se pueden iniciar otros procesos y actuaciones más complejas e interesantes, como por ejemplo, el cambio de actitudes hacia el reconocimiento de la diversidad cultural como algo de indudable riqueza para la reflexión educativa, y el planteamiento de una convivencia escolar donde la diferencia cultural sea vista como facilitadora de espacios plurales de entendimiento y encuentro (Soriano, 2005). Otros, sin embargo, recogen este tipo de actividades sin más resultado que el de "exotizar al otro", sin una reflexión profunda acerca de la potencialidad de la interculturalidad como herramienta para la dinamización crítica del escenario escolar. En ambos casos puede que la dimensión, intensidad y número de actividades e intervenciones sea la misma, pero evidentemente la filosofía de fondo dista mucho de unos a otros. No obstante, hay que admitir que existen iniciativas y propuestas muy interesantes para el desarrollo de actividades interculturales (Baráibar, 2005), y que cada día son más centros los que están comenzando o que hace años que llevan a cabo acciones educativas interculturales.

Podemos afirmar sin miedo a equivocarnos que en Andalucía se está realizando un esfuerzo muy positivo por caminar hacia la interculturalidad aunque el camino todavía siga siendo complejo y lleno de dificultades. A pesar del avance normativo y del discurso político y educativo, todavía persiste la idea de que la interculturalidad solamente se ha de trabajar en centros educativos con una gran presencia de alumnos de origen inmigrante (Olmos, 2006). Debemos reconocer los cambios positivos que ha traído consigo el surgimiento de una política de proyectos educativos en la línea de la Educación Intercultural, impulsada por la Consejería de Educación de la Junta de Andalucía y apoyada por el trabajo de diferentes grupos de investigación universitarios (Málaga, Almería, Granada) así como de ONGs (Andalucía Acoge, MPDL, Liga para la Educación Popular, Centro Malaika...). El problema puede radicar precisamente en la identificación plena de proyectos de Educación Intercultural y proyectos de educación compensatoria, algo que lógicamente nos llevaría a plantearnos otras discusiones acerca del carácter compensatorio de las acciones educativas interculturales. No obstante, creemos que Soriano (2005, p. 10) acierta cuando afirma que lo importante es que *«(...)la escuela debe formar a sus jóvenes en la pedagogía de la diversidad (...), preparar al alumnado para relacionarse en mundos diferentes al propio, participando de la igualdad de oportunidades y de las capacidades (...)»* y, a partir de ahí, que estos proyectos educativos sirvan de referentes pedagógicos para la construcción de escuelas interculturales donde los alumnos compartan espacios y experiencias de convivencia y diversidad cultural.

4. El reto de la Educación Intercultural en Andalucía: la Ley de Educación de Andalucía (LEA) y el desarrollo práctico de la interculturalidad

En la actualidad existen varios fundamentos normativos básicos para comprender la dimensión teórica y práctica de la Educación Intercultural en la Comunidad Autónoma Andaluza. Por una parte, Ley 17/2007, de 10 de diciembre, de Educación de Andalucía (LEA), que es la primera ley educativa integral aprobada por una Comunidad Autónoma en el Estado Español, donde la interculturalidad y la diversidad cultural son referencias educativas claves. De hecho, en los artículos 4 y 39 se subraya la interculturalidad como un factor de reconocimiento de la diversidad y el pluralismo cultural en nuestra tierra. Además, desde un punto de vista teórico de la educación, se sitúa por primera vez la Educación Intercultural en el marco de la educación en valores.

No obstante, y ya centrándonos en la dimensión más práctica del desarrollo educativo de la interculturalidad en Andalucía, y previos a la aprobación de la LEA, nos encontramos con los principales instrumentos normativos que se emplean para justificar las acciones educativas interculturales. Se trata del Plan para la Atención Educativa del Alumnado Inmigrante (2001) y la Orden de 15 de enero de 2007, por la que se regulan las medidas y actuaciones a desarrollar para la atención del alumnado inmigrante y, especialmente, las Aulas Temporales de Adaptación Lingüística.

En ambos casos, la Educación Intercultural se dirige fundamentalmente a la población escolar inmigrante como foco principal de la acción educativa intercultural. Además, se realiza un enfoque fundamentalmente compensatorio de la atención educativa a este colectivo de escolares. Dicho esto, podemos comprender la existencia de una significativa disonancia desde el punto de vista normativo, o en el mejor de los casos, una complementariedad donde todavía se revela la Educación Intercultural como una propuesta fundamentalmente dirigida a atender las necesidades educativas específicas de los alumnos de origen inmigrante.

Por ello, podemos afirmar que la Educación Intercultural se sitúa todavía entre el deseo y la realidad, es decir, entre el deseo de concebirse de manera global y holística, dirigida a todos los alumnos sin ningún tipo de excepciones, y, por otro lado, la realidad, donde se percibe que la interculturalidad sigue siendo una propuesta educativa para los alumnos inmigrantes y para aquellos centros que acogen a un número cada vez mayor de estos alumnos (Leiva, 2008b).

Lógicamente, esta divergencia no debe plantearse en términos dicotómicos, aunque esa puede ser la primera percepción. Sin embargo, un análisis crítico y reflexivo de la actual situación de interculturalidad en los centros educativos andaluces, nos hace enfocar la cuestión de otra forma. La Educación Intercultural se encuentra en estos momentos ante el reto y, sobre todo, la necesidad de encontrarse y construir un camino inclusivo y no excluyente de opciones y prácticas educativas interculturales. ¿Y esto qué quiere decir? Quiere decir que la Educación Intercultural debe integrar todas las prácticas actuales y darle valor a una integración o inclusión conceptual para el desarrollo innovador de nuevas prácticas educativas interculturales.

El desarrollo práctico de la Educación Intercultural en los centros educativos andaluces pasa por la reflexión y el debate pedagógico en torno a los siguientes núcleos temáticos (Leiva, 2008a):

- Los objetivos de la Educación Intercultural.
- La formación intercultural del profesorado.
- La mediación intercultural.
- La participación comunitaria en la escuela.
- La creación de materiales didácticos, y el intercambio de experiencias interculturales entre escuelas e instituciones educativas.

En primer lugar, la escuela debe ser el principal mecanismo que debemos utilizar para llevar a cabo una integración que enriquezca a todo el mundo, siendo escenario del intercambio entre culturas diferentes. Y debe ser así porque es uno de los mejores medios de los que disponemos para llevar a cabo la tarea de prevención de la xenofobia y el racismo a través del conocimiento mutuo, porque estos son conceptos y actitudes que se aprenden y, por lo tanto, si a la vez que crecen los niños y niñas van aprendiendo a convivir con personas de etnias, culturas y religiones diferentes, les resultará luego normal convivir al convertirse en personas adultas. Estos objetivos de prevención y combate del racismo, conjuntamente con la necesidad de integrar al otro como legítimo otro en su diferencia personal y cultural son hoy día los principales objetivos de Educación Intercultural en nuestra tierra. Y es que, tal y como se plantea en la normativa intercultural andaluza, la escuela debe potenciar el valor de la interculturalidad, integrado en el hecho educativo la riqueza que supone el conocimiento y respeto por la cultura propia de los grupos minoritarios y a la vez un proceso de reflexión continua de las diferentes manifestaciones culturales y su grado de interrelación y conflicto.

El tratamiento de todas las culturas en un plano de igualdad y con un carácter de complementariedad es un principio básico para la atención a la diversidad cultural, que se manifiesta de manera progresiva en las aulas, y para la integración de las minorías. La diversidad cultural de las sociedades significa enriquecimiento y no una amenaza a la propia identidad cultural o social. El mestizaje cultural siempre ha sido un factor positivo en el desarrollo de las personas y sociedades. La integración cultural supone un enriquecimiento mutuo de las culturas mayoritarias y minoritarias como principio básico de la interculturalidad.

En Andalucía, tal y como hemos observado en el marco de las experiencias publicadas por la Dirección General de Orientación Educativa y Solidaridad[5], sobre las principales experiencias, iniciativas o proyectos que se están llevando a cabo en algunos centros para fomentar la Educación Intercultural de toda la comunidad

---

5. Ver la siguiente dirección para estudiar con mayor profundidad algunas experiencias de Educación Intercultural en centros educativos de Andalucía. http://www.juntadeandalucia.es/educacion/nav/contenido.jsp?pag=/portal/Contenidos/Consejeria/PSE/Publicaciones/Minorias_Etnicas_e_Inmigrantes/EXPERIENCIAS_DE_EDUCACION_INTERCULTURAL_EN_LOS_CENTROS_DE_ANDALUCIA.

educativa y para atender adecuadamente a la educación del alumnado inmigrante, los objetivos de Educación Intercultural más recurrentes en la práctica educativa serían los siguientes:

- El reconocimiento del derecho personal de cada alumno/a a ser diferente y en consecuencia a recibir una educación diferenciada.
- Aceptación positiva de los valores, estilos de vida, cultura, lengua, hábitos familiares y códigos morales de las diversas culturas presentes en los centros educativos.
- Equilibrio entre la cultura común y las diferencias, desarrollando la identidad personal y cultural de cada alumno/a y aumentando así su autoconcepto personal y grupal.
- Atención especial a los problemas de lenguaje que presentan la mayoría de los alumnos/as inmigrantes.
- Rechazo claro y explícito de toda discriminación racial superando progresivamente el propio etnocentrismo, así como los prejuicios y estereotipos que imperan todavía en nuestra sociedad.

Si nos detenemos a analizar estos objetivos de Educación Intercultural, en la práctica educativa la interculturalidad tiene un enfoque eminentemente compensatorio en su desarrollo práctico, pues es necesario paliar las dificultades escolares de los alumnos inmigrantes debido a su incorporación tardía a la institución educativa o por su desfase curricular. No obstante, es cada vez más recurrente la importancia de trabajar la cultura de la diversidad como fundamento de la interculturalidad en las escuelas. Se trata de un enfoque práctico de la Educación Intercultural centrado en la mejora de la convivencia escolar y dirigido a toda la comunidad educativa.

Por otra parte, y en relación a la formación del profesorado, hemos de destacar la importancia del papel de los Centros de Profesorado en la Comunidad Autónoma Andaluza al impulsar iniciativas diversas en esta materia tales como la formación en grupos de profesores, la experimentación pedagógica intercultural y la planificación y desarrollo de cursos específicos de interculturalidad para profesores.

Hay que señalar que en el Plan Andaluz para la Atención Educativa del Alumnado Inmigrante (2001) se plantea que el profesorado de los centros que atiende alumnado perteneciente a minorías étnicas debe recibir una formación específica que le facilite la elaboración proyectos de centro interculturales y el conocimiento y comprensión de las pautas y referentes culturales tanto de las alumnas como de los alumnos que reciben. En este sentido, Olmos (2006) cuestiona algunas de las modalidades formativas más comunes en materia de Educación Intercultural, como la de los cursos específicos, más centrado en aspectos conceptuales de la Educación Intercultural y más alejado de las competencias interculturales necesarias para el desarrollo de las funciones docentes en la escuela de hoy. De hecho, el profesorado de la escuela de hoy contempla la diversidad cultural como un factor muy significativo para sus prácticas pedagógicas. El reto de la cultura de la diversidad en la escuela implica atender a todos los alumnos desde el reconocimiento de su legitimidad personal y cultural, y por supuesto aplicar en la vida escolar los principios de cooperación, solidaridad y confianza en el aprendizaje (López Melero, 2006).

La opción formativa en Educación Intercultural más frecuente entre el profesorado es el grupo de trabajo. Esta vía, muy reconocida y fomentada desde los Centros de Profesorado en la Comunidad Autónoma de Andalucía, emerge con gran fuerza a la vista de los datos obtenidos. En este sentido, podemos considerar esta opción como una herramienta formativa de carácter cooperativo de gran potencial para el desarrollo de la Educación Intercultural. Desde nuestra perspectiva, esta opción es sumamente enriquecedora y superadora de la otra gran opción actual de formación intercultural del docente: la asistencia a cursos de Educación Intercultural organizados por los centros de profesorado.

Hay que señalar que resulta muy significativo el auge de investigaciones donde se implican profesores y participan de una formación en centros caracterizada precisamente por el análisis y la crítica de las prácticas docentes en los propios contextos educativos donde desarrollan su labor docente. En este punto, debemos interpretar que existe una tendencia positiva hacia la realización de investigaciones de Educación Intercultural en los centros donde trabajan los docentes que atienden a un número significativo de población escolar de origen inmigrante. Sin lugar a dudas, esto es un paso decisivo para el desarrollo de propuestas innovadoras y críticas en la puesta en práctica de la interculturalidad, ya que son los mismos docentes quienes generan procesos de reflexión sobre su propia formación en interculturalidad.

Ya hemos comentado anteriormente que la formación intercultural del profesorado sigue siendo escasa en la práctica, a pesar de la gran cantidad formativa existente en torno a la Educación Intercultural en los últimos diez años. No obstante, hay que señalar que durante un tiempo ha sido considerado por algunos docentes como una "moda" educativa o una propuesta sin fundamento. La formación intercultural del profesorado tiene que construir un nuevo camino, con nuevos fundamentos, más abiertos e inclusivos (Leiva, 2004). Debe considerarse la interculturalidad como una propuesta conceptual y metodológica que requiere la participación de todos los profesores, y no solo de aquellos que trabajen más directamente con los alumnos inmigrantes.

La puesta en práctica de acciones formativas interculturales será una invención poco fructífera y relativamente intercultural, si no se producen cambios en diversas dimensiones del profesorado (cognitiva, emocional, procedimental y ética), de la estructura institucional de los centros educativos (concepción educativa de los equipos directivos de las escuelas interculturales, la participación de las familias, los tiempos y los espacios para realizar actividades educativas relevantes y creativas) y desde luego, de la participación de la sociedad en su conjunto (entidades y asociaciones socioculturales, medios de comunicación...) en las instituciones educativas como escenarios vivos y en permanente cambio. Aún no existiendo soluciones sencillas, la implicación de las administraciones públicas (estatal, autonómica, provincial y local), el apoyo de las organizaciones sociales (ONGs, asociaciones de vecinos, fundaciones públicas y privadas) y el compromiso de una escuela repensada desde una perspectiva intercultural (cambio curricular, funcional y metodológico), constituyen ejes de reflexión imprescindibles para el desarrollo de acciones educativas interculturales, generadoras de escuelas interculturales; escuelas en las que todos ganen en sensibilidad y respeto a la diversidad cultural, y donde cada día sea posible desarrollar nuevas aportaciones reflexivas y críticas en el camino de la interculturalidad.

5. La interculturalidad en España: revisión y análisis de la evolución conceptual y normativa

Antes de analizar el caso español no podemos obviar el marco europeo, referencia ineludible, hoy por hoy, en el análisis de cualquier política pública. Al analizar la política educativa europea ante la inmigración, cabe realizar una observación importante: que los estados miembros se reservan gran parte de las competencias en educación y que es difícil hablar expresamente de una política educativa común, que venga consensuada desde el propio marco europeo. Lo que sí existen, particularmente desde la aprobación del Tratado de la Unión Europea, son unas directrices que marcan cada vez más las tendencias en la educación en cualquier Estado perteneciente a la Unión Europea y que se pueden analizar. Las preocupaciones acerca de la educación de los inmigrantes en Europa se sitúan en los años cincuenta, cuando se aceleran los procesos de descolonización y la llegada a Europa de personas procedentes de otras latitudes. Ante esta situación, la Comisión de las Comunidades Europeas redactó en 1968 un reglamento, en cuyo artículo 12 se estipulaba que *«(...) los hijos de un nacional de otro Estado miembro que esté o haya estado empleado en el territorio de otro Estado miembro serán admitidos en los cursos de enseñanza general, aprendizaje y formación profesional en las mismas condiciones que los nacionales de dicho Estado, si esos hijos residen en su territorio (...)»*. Esto suponía aceptar las teorías asimilacionistas de la integración de los inmigrantes. En los años setenta comenzaba la apuesta por la interculturalidad y la enseñanza en el país de acogida de la lengua y culturas propias del país de origen. Se apostaba por el enriquecimiento intercultural. Así, se iniciaba este enfoque en la Resolución de 1976 en la que los Ministros de Educación insisten en que *«(...) se promuevan acciones a favor de los ciudadanos miembros, así como de los ciudadanos de terceros Estados y de sus hijos, tendentes a favorecer el aprendizaje de una lengua o lenguas del Estado receptor; y que se proporcione a los hijos de inmigrantes, si es posible en el colegio y en coordinación con el país de origen, una enseñanza de la lengua y la cultura maternas; asimismo que se facilite información a las familias sobre las posibilidades de formación y enseñanza (...)*.

Esta línea intercultural se reforzaba mediante la aprobación de la directiva de 1977, en la que se establecía que es importante que los estados miembros de acogida, en cooperación con los Estados miembros de origen, adopten las medidas adecuadas para promover la enseñanza de la lengua y la cultura del país de origen de los hijos mencionados, especialmente, con el fin de facilitar su eventual reintegración en el estado miembro de origen. La educación de los ciudadanos y de los inmigrantes va adquiriendo un papel cada vez más importante, especialmente a partir de los 90, coincidiendo con el final de la Guerra Fría, cuando se produce un aumento considerable en el número de inmigrantes. El aumento de los mismos fue interpretado por algunos ciudadanos europeos como una amenaza a su identidad. lo que les llevó a distintas manifestaciones violentas enarboladas por el extremismo de derecha. Ante esta realidad, las instituciones comunitarias aprobaron las primeras iniciativas con el fin de reducir el ascenso del racismo en Europa, tales como la Declaración de 1990 sobre el antisemitismo, el racismo y la xenofobia; la Resolución sobre el ascenso del racismo y de la xenofobia en Europa y el peligro de la violencia del extremismo de derecha; y la Declaración del año europeo 1997 contra el racismo. En el nuevo milenio podemos dibujar una línea educativa definida desde las instituciones comunitarias por el respeto a la diversidad, la pluralidad y la multiculturalidad. En este sentido, en el año 2000 se aprueba la **Carta de los Derechos Fundamentales**, en la que se insistía en que en el seno de la Unión Europea se respete la diversidad cultural, religiosa y lingüística. También podemos observar cómo el respeto a la diversidad se considera un valor en el primer artículo del **Tratado Constitucional**, donde se señala que los valores comunes que unirán a los europeos son los siguientes: *«(...) respeto a la dignidad humana, libertad, democracia, igualdad, Estado de Derecho y respeto de los derechos humanos, incluidos los derechos de las personas pertenecientes a minorías (...)»*. Se señala además que *«(...) estos valores son comunes a los Estados miembros en una sociedad caracterizada por el pluralismo, la no discriminación, la tolerancia, la justicia, la solidaridad y la igualdad entre mujeres y hombres (...)»*. Esta línea se mantiene en paralelo a las propuestas de una educación centrada en las competencias, entre las cuales se concede un papel muy importante a la ciudadanía activa.

Lógicamente, y previo al análisis del contenido de las leyes orgánicas en un Estado de Derecho, es ineludible la revisión de la Carta Magna española en la que se recoge que *«(...) los españoles son iguales ante la ley, sin que pueda prevalecer discriminación alguna por razón de nacimiento, raza, sexo, religión, opinión, o cualquier otra condición o circunstancia personal o social (...)»* (art. 14), al mismo tiempo que se indica que *«(...) los extranjeros gozarán en España de las libertades públicas que garantiza el presente Título en los términos que establezcan los Tratados y la Ley (...)»* (art. 13.1), reconociéndoles las mismas libertades públicas y derechos fundamentales que a los españoles, en términos establecidos en los tratados internacionales y en las leyes. Sobre este marco constitucional se apoyan las leyes orgánicas sobre educación aprobadas en España, cuyos principios rectores, en convergencia con los principios educativos europeos, se sintetizan en tres: la igualdad de oportunidades, la educación y formación a lo largo de la vida, y la calidad respondiendo a la atención a la diversidad.

La LODE pasará a la historia como la primera ley orgánica que recoge en su primer capítulo el derecho de todos los españoles y de los extranjeros residentes en España a recibir una educación básica, obligatoria y gratuita. En el capítulo 20 de esta ley se indica que, en ningún caso, se hará discriminación en la admisión de alumnos por razones ideológicas, religiosas, morales, sociales, de raza o nacimiento. Poco después, en la LOGSE, aprobada en 1990, se contemplan, por vez primera,

LA EDUCACIÓN INTERCULTURAL EN ANDALUCÍA Y ESPAÑA

las medidas específicas para compensar las desigualdades derivadas de situaciones sociales, laborales y económicas de toda índole, pero no se hacer referencia directa a los inmigrantes. Esto está motivado principalmente porque la llegada masiva de los mismos se producirá a lo largo del decenio de los noventa. Así, en esta ley no se diferencia particularmente el tratamiento de los estudiantes de origen inmigrante de otros que, por diversos factores, tienen especiales dificultades en su aprendizaje y que han de recibir una atención personalizada. Lo que sí se resalta en el Preámbulo es la importancia de la educación para avanzar en la lucha contra la discriminación y desigualdad por cualquier tipo de razón (sexo, nacimiento...).

La LOGSE, aprobada en 1990, introduce con claridad el concepto de necesidades educativas especiales, incluyendo en este grupo a los estudiantes que, por encontrarse en situaciones sociales o culturalmente desfavorecidas, requieren durante su escolarización la prestación de apoyos y atenciones educativas específicas. Esto significaba un paso adelante que se continuó en el Real Decreto 299-1996 de 28 de febrero, de Ordenación de las acciones dirigidas a la compensación de desigualdades en educación, que tiene como objetivo regular las medidas que permitan prevenir y compensar las desigualdades en educación derivadas de factores sociales, económicos, culturales, geográficos, étnicos o de cualquier tipo. En la LOCE (2002) se hace una referencia directa a los alumnos extranjeros, otorgándoles los mismos derechos que a los españoles y desarrollando programas específicos de aprendizaje para aquellos con dificultades (art. 42). Incluso se indica que las administraciones han de promover programas para que los adultos puedan aprender el castellano y demás lenguas cooficiales (art. 52.7).

Por último, un paso claro adelante a favor de los inmigrantes se da en la LOE (2006), en la que se establece en la Sección Tercera que *«(...) se favorecerá la incorporación al sistema educativo de los alumnos que, por proceder de otros países o por cualquier motivo, se incorporen de forma tardía al sistema educativo español (...)»*. Dicha incorporación se atenderá de manera preferente en la edad de escolarización obligatoria.

En verdad, en nuestro país hay una nítida evolución en el principio de igualdad de oportunidades en el que se hace cada vez más referencia a los inmigrantes, y, en general, a las minorías étnicas y grupos en riesgo de exclusión social. En la actualidad se contemplan medidas de carácter compensatorio en relación con las personas, grupos y ámbitos territoriales que se encuentren en situaciones desfavorables y se proveerán los recursos económicos y los apoyos precisos para ello. En este sentido, las políticas de educación compensatoria reforzarán la acción del sistema educativo de forma que se eviten desigualdades derivadas de factores sociales, económicos, culturales, geográficos y étnicos.

Centrándonos en la atención a la diversidad cultural, hemos de señalar que en la LOCE (2002) la atención a la diversidad se reforzaba como principio rector del sistema educativo. La idea se expresa en la ley diciendo: *«Reforzar un sistema de calidad para todos, empezando por la Educación Infantil y terminando por los niveles postobligatorios (...)»*. El sistema educativo debe procurar una configuración flexible, que se adapte a las diferencias individuales de aptitudes, necesidades, intereses y ritmos de maduración de las personas, justamente para no renunciar al logro de resultados de calidad para todos. El avance más evidente es que la atención a la diversidad se refiere directamente a los extranjeros, como se recoge en la Exposición de Motivos. La LOE (2006) continúa el mismo enfoque de atención a los inmigrantes, pero les sitúa, por primera vez, en el apartado de atención a los alumnos con necesidades educativas específicas. En este sentido se establece que «*(...) las administraciones educativas favorecerán la incorporación al sistema educativo de los alumnos procedentes de países extranjeros especialmente en edad de escolarización obligatoria, para los alumnos que desconozcan la lengua y cultura españolas o que presenten graves carencias en conocimientos básicos las administraciones educativas desarrollarán programas específicos de aprendizaje con la finalidad de facilitar su integración en el nivel correspondiente (...)*». Esta línea educativa está en perfecta consonancia con las tendencias europeas.

Por último, cabe señalar la introducción en el artículo 2 de esta Ley, la formación en el respeto de la pluralidad lingüística y cultural de España y de la interculturalidad como un elemento enriquecedor de la sociedad. Esto nos da una idea clara de que el nuevo marco normativo educativo (LOE) establece las bases necesarias para indagar en el desarrollo práctico de la interculturalidad, el cual se está realizando en cada una de las comunidades autónomas a través de diversos planes y programas educativos. En verdad, prácticamente en todas las realidades educativas del Estado Español se han aprobado decretos, resoluciones y planes para atender la diversidad cultural y lingüística.

Por otra parte, y como sabemos, las competencias educativas han sido transferidas a las comunidades autónomas, que son las administraciones públicas competentes en la regulación y desarrollo de las políticas educativas en el Estado Español[6]. Dicho esto, cabe destacar que las distintas comunidades autónomas han desarrollado desde hace ya una década diferentes iniciativas legales y prácticas para el desarrollo de la Educación Intercultural en las instituciones escolares[7].

---

6. El Ministerio de Educación y Política Social sí dispone de recursos pedagógicos en materia de interculturalidad, de interés al servicio de las distintas administraciones educativas autonómicas y de los profesionales de la educación. Ejemplo de ello sería la web https://www.mepsyd.es/creade/index.do del CREADE. El CREADE (Centro de Recursos para la Atención a la Diversidad Cultural en Educación) es un proyecto del CIDE (Centro de Investigación y Documentación Educativa) y, por tanto, del MEPSYD (Ministerio de Educación, Política Social y Deporte), que nace como respuesta a las inquietudes de los profesionales del ámbito social y educativo respecto a la diversidad cultural y sus implicaciones, con vocación de convertirse en un referente tanto nacional como internacional. Tiene como objetivos básicos: a) Proporcionar recursos interculturales que respondan a las demandas de los profesionales del ámbito social y educativo. b) Recabar, sistematizar y generar todo tipo de información relacionada con la Educación Intercultural. c) Desarrollar nuevos materiales y herramientas en aquellas áreas y temáticas en las que se perciban necesidades. d) Fomentar innovaciones e investigaciones en el ámbito de la atención educativa a la diversidad cultural. e) Ofrecer a centros y equipos de profesionales asesoramiento y formación para el desarrollo de competencias interculturales. f) Promover redes de colaboración y espacios de encuentro para la reflexión, el intercambio y la formulación de propuestas. g) Facilitar información sobre los sistemas educativos de los países de origen de nuestro alumnado, en sus aspectos curriculares, organizativos y metodológicos.

7. Para el desarrollo de este apartado hemos empleado como referencia el trabajo realizado por el Centro de Investigación y Documentación Educativa del MEPSYD, titulado "La atención al alumnado inmigrante en el sistema educativo en España". Madrid: Ministerio de Educación y Ciencia,

LA EDUCACIÓN INTERCULTURAL EN ANDALUCÍA Y ESPAÑA

La mayoría de las medidas adoptadas por las comunidades autónomas para atender al alumnado inmigrante son comunes a todas ellas ya que siguen las directrices establecidas para todo el Estado en las leyes educativas básicas actualmente vigentes: LODE y LOE, en las que se propone la necesidad de desarrollar una serie de medidas destinadas a compensar las desigualdades en la educación y se habilita a los poderes públicos para adoptar acciones específicas en favor de la igualdad.

Las comunidades autónomas, en el ejercicio de su competencia en materia de educación, han ido concretando los principios de las leyes básicas del Estado en políticas compensatorias para el tratamiento de las desigualdades de los alumnos, derivadas de factores sociales, económicos, culturales, geográficos, étnicos o de otra índole, entre los que se incluyen los derivados de la inmigración. En este sentido, elaboran políticas educativas propias para hacer frente a la incorporación del alumnado inmigrante según las condiciones y características peculiares de su territorio, y han dado un tratamiento diverso a las medidas de atención al alumnado inmigrante.

Por otro lado, hay que señalar que la incorporación cada vez más creciente de población inmigrante a la sociedad española supone que la presencia de alumnado extranjero en el sistema educativo español aumente año tras año. Todas las comunidades autónomas constatan el hecho de que los centros escolares acogen en sus aulas a alumnos de procedencia cultural muy diversa y también todas ellas valoran de forma positiva este pluralismo cultural como un valor enriquecedor para la convivencia, capaz de promover en los alumnos actitudes de tolerancia y respeto.

En general, podemos afirmar que la Educación Intercultural se concibe como una educación destinada al conjunto de la población escolar y, por tanto, como uno de los principios que deben estar presentes en los proyectos educativos de los centros y como un tema que se ha de incluir y desarrollar en las programaciones curriculares. Así lo señalan las comunidades de Andalucía, Principado de Asturias, Islas Baleares, Canarias, Castilla y León, Cataluña, Extremadura, Galicia, País Vasco o Comunidad Valenciana. Otras comunidades prefieren destacar que la atención al alumnado inmigrante debe realizarse dentro del marco del Plan de atención a la diversidad de los centros escolares. Éste es el caso de Principado de Asturias, Canarias, Cantabria, Castilla-La Mancha, Madrid y Comunidad Foral de Navarra.

Hay que decir que prácticamente todas las comunidades consideran que la Educación Intercultural facilita la igualdad de oportunidades para el alumnado perteneciente a minorías culturales desfavorecidas y, por ello, impulsan la puesta en marcha de programas de educación compensatoria, cuyos destinatarios son

---

Subdirección General de Información y Publicaciones. Este trabajo ha sido elaborado por personal de la Unidad Española de Eurydice / CIDE y fue publicado en el año 2005. En la actualidad, no existen datos más recientes de nuevas comparativas entre las diferentes iniciativas y estrategias desarrolladas en materia de interculturalidad entre las diferentes Comunidades Autónomas. Esto, a nuestro juicio, puede deberse a un proceso de estudio sosegado sobre los resultados obtenidos a partir de los diferentes planes y proyectos de acogida al alumnado de origen inmigrante y de interculturalidad, de tal manera que se pretende que estos planes tengan una "vida útil", a medio y largo plazo, estableciendo un proceso riguroso de evaluación.

frecuentemente alumnos pertenecientes a la población inmigrante. Lo señalan de modo específico Principado de Asturias, Castilla y León, Castilla-La Mancha, Galicia, Madrid, Región de Murcia, Comunidad Foral de Navarra, La Rioja y País Vasco. Algunas comunidades como Andalucía, Aragón, Canarias, Cantabria, Castilla-La Mancha, Cataluña, Extremadura, Madrid, Región de Murcia o Comunidad Valenciana cuentan con planes o programas globales para la atención educativa del alumnado inmigrante o de Educación Intercultural elaborados por las administraciones educativas correspondientes, mientras otras consideran que el fenómeno intercultural debe ser abordado no sólo desde el ámbito educativo sino también desde el socio-comunitario. En esta línea se encuentran: Andalucía (Plan Integral para la Inmigración), Aragón (Plan Integral para la Inmigración), Canarias (Plan Canario de Inmigración), Castilla-La Mancha (Plan de Igualdad en la Educación), Extremadura (Plan Integral de Inclusión Social), Madrid (Plan contra la Exclusión Social y Plan Integral de Ayuda a la Familia), Región de Murcia (Plan Regional de Solidaridad en Educación) o Principado de Asturias y Galicia, que han establecido cauces de coordinación con otras instituciones sociales para realizar, conjuntamente, acciones interculturales.

En realidad, la incorporación de un alumno o alumna al centro escolar, independientemente del nivel educativo del que se trate, supone un proceso de adaptación no exento de dificultades. A menudo, el modo en que el alumnado se integra en el centro educativo repercute en su proceso de aprendizaje, en la comunicación con los compañeros y profesores y, en definitiva, en su desarrollo personal y en su futuro como estudiante. La situación de desventaja social de un número importante de alumnos, por su pertenencia a la población inmigrante, supone una dificultad añadida a la hora de incorporarse a los centros escolares.

Las consejerías o departamentos de educación de las distintas comunidades autónomas consideran importante que los centros elaboren y desarrollen programas específicos, destinados a la acogida tanto del alumnado como de sus familias, en los que se preste especial atención al alumnado extranjero o en situación de desventaja social. Así pues, algunas comunidades autónomas como Aragón, Cataluña, Cantabria, Región de Murcia o Comunidad Valenciana cuentan con planes de carácter autonómico, destinados a la acogida e integración del alumnado, en los que se suministran orientaciones a los centros educativos para la elaboración de sus propios programas de acogida.

En general, podemos señalar que los centros escolares de todas las comunidades desarrollan programas de acogida, en algunos casos integrados al Plan de atención a la diversidad (Principado de Asturias, Cantabria, Cataluña, Comunidad Foral de Navarra y País Vasco) y en la mayoría de ellos como programas de acogida dirigidos especialmente al alumnado inmigrante (Andalucía, Aragón, Islas Baleares, Canarias, Castilla-La Mancha, Castilla y León, Extremadura, Galicia, La Rioja, Madrid, Región de Murcia, País Vasco y Valencia). Algunos de estos programas tienen establecido que se dediquen aulas escolares a la acogida sociolingüística del alumnado inmigrante. Así lo señalan Principado de Asturias, Islas Baleares, Canarias, Castilla y León, Cataluña, Madrid, Región de Murcia, Comunidad Foral de Navarra y País Vasco.

LA EDUCACIÓN INTERCULTURAL EN ANDALUCÍA Y ESPAÑA

Por otra parte, la mayoría de las comunidades autónomas cuentan con profesionales destinados específicamente a facilitar la acogida del alumnado inmigrante. Se trata de profesorado que presta apoyo en las aulas de acogida, como en el caso de Madrid; de Tutores de Acogida en Aragón y Cantabria; o de mediadores interculturales o intérpretes que sirven de enlace entre el alumnado inmigrante, sus familias y los centros escolares, como ocurre en Andalucía, Aragón, Islas Baleares, Canarias, Cataluña, Extremadura, Galicia, Madrid, Región de Murcia, País Vasco y Comunidad Valenciana.

Los centros educativos prestan la atención al alumnado extranjero en el marco de las medidas, tanto ordinarias como extraordinarias, que tienen establecidas para la atención a la diversidad del alumnado, en el plan de atención a la diversidad o en los programas de compensación educativa. Todas las comunidades autónomas son conscientes de la variedad de concepciones que existen dentro del colectivo inmigrante sobre el papel y la importancia de la escuela, según haya sido su experiencia previa. Las pautas culturales y las expectativas que las familias del alumnado inmigrante tienen puestas en la escuela pueden ser muy diferentes a las de la comunidad de acogida. Por este motivo, si se quiere conseguir una relación fluida entre los centros educativos y las familias del alumnado inmigrante es necesario establecer cauces de información sobre el sistema educativo, así como sobre la organización y funcionamiento de los centros escolares. A ello van dirigidas diversas medidas puestas en marcha por las comunidades autónomas. Estas medidas son fundamentalmente de dos tipos: aquellas destinadas a facilitar el acceso al sistema educativo y, en concreto, al centro escolar correspondiente, y las que se dirigen a fomentar la integración y participación de las familias en los centros escolares a los que acuden sus hijos.

CAPÍTULO 6: EL CASO DE LA PROVINCIA DE MÁLAGA: UN ESTUDIO DE INVESTIGACIÓN

1. Contexto de Educación Intercultural: la provincia de Málaga

Málaga se caracteriza por poseer una gran riqueza cultural fruto de la confluencia, en épocas pasadas, de diferentes grupos étnicos y culturales. Con la llegada de las nuevas migraciones nuestra provincia se está convirtiendo en una sociedad cada vez más plural. El paisaje cultural malagueño sobresale por estar representado por una mezcla de etnias, culturas, religiones y lenguas, lo que da lugar a un aumento y una aceleración de las interacciones entre los diferentes grupos. No obstante, la reciente presencia del fenómeno inmigratorio en nuestra tierra, no ha dado un margen de tiempo suficiente para que se conforme una opinión pública definida sobre esta circunstancia y, menos aún, para poder crear una conciencia social colectiva ante esta situación. Vamos a situar brevemente el comienzo del fenómeno de la inmigración en la provincia de Málaga y su influencia en el contexto educativo.

Entre finales del siglo XIX y comienzos del XX hubo una crisis en los diferentes sectores productivos de la economía de la provincia: el sector agrícola, el comercio marítimo y la escasa industria minera desaparecen, lo que conduce al empobrecimiento de sus habitantes. Durante los años cuarenta, tras la guerra civil, la situación se agrava aún más. Así pues, se dan todos los determinantes económicos de la emigración en la provincia de Málaga (predominancia del trabajo agrícola, mala dotación de servicios, desarrollo urbano escaso y renta per cápita inferior a la media nacional).

Esta situación empieza a cambiar gracias al surgimiento del turismo en los años 60, la mejora de las comunicaciones e infraestructuras y el desarrollo del sector servicios. La Costa del Sol se convirtió en el principal foco turístico español y el desarrollo urbanístico fue el principal motor de una economía donde el turismo iba a tener una enorme importancia en la provincia. Prácticamente esta situación de desarrollo económico no ha variado en exceso en las últimas décadas, sino que más bien al contrario, se ha fortalecido. La Costa del Sol sigue siendo un lugar de expansión urbanística y el turismo es el principal sector económico. No obstante, la construcción y el desarrollo de la agricultura en la provincia de Málaga son los sectores económicos donde más inmigrantes trabajan. De hecho, Málaga y la Costa del Sol atraen a una gran diversidad de población extranjera. El caso de las localidades más turísticas de la Costa del Sol es sintomático: son inmigrantes de clase media y alta, generalmente británicos, franceses y alemanes que vienen a asentarse en Málaga por su clima y las posibilidades de negocio en el sector turístico y de servicios. Además, el crecimiento de la población residencial extranjera en la Costa del Sol tiene su repercusión inmediata en el ámbito educativo. En la década de los ochenta comienzan a matricularse los primeros alumnos/as ingleses, alemanes y franceses en los centros educativos de Torremolinos y Fuengirola. Más tarde, la llegada en los años noventa de población extranjera de los países nórdicos (finlandeses y suecos fundamentalmente) vino a incrementar de manera significativa la concentración de un tipo de alumnado inmigrante procedente de familias adineradas atraídas por la calidad de vida y el bienestar que les ofrecía el clima de la Costa del Sol.

Sin embargo, a finales de los años noventa y principios de la década actual, la fuerte demanda de personal en el sector turístico y sobre todo en el ámbito laboral de la construcción, derivado por un masivo crecimiento urbanístico, ha traído consigo el cambio de perfil del inmigrante -y extranjero-. El flujo migratorio actual viene procedente de Marruecos y de los países sudamericanos, especialmente de Ecuador, Colombia y Argentina, y ha tenido en los últimos años un efecto inmediato en los centros educativos. Exceptuando los centros de la Costa del Sol, el resto de centros educativos de la provincia de Málaga atienden cada vez a un mayor número de alumnado inmigrante que se caracteriza por un desconocimiento de la lengua española y un desfase curricular significativo, perteneciente a una clase social humilde y, en muchos casos, incorporándose tardíamente a la escolarización o cambiando de centro con frecuencia por motivos laborales o de desplazamiento familiar.

Desde comienzos de la grave crisis económica que comienza en España entre los años 2007 y 2008, en la provincia de Málaga se ha producido una desaceleración e incluso una reducción del flujo migratorio tan potente en años atrás. La crisis económica ha golpeado con fuerza la vida de las familias de muchas familias inmigrantes, pero la escuela sigue siendo un espacio de color y de diversidad puesto que permanecen arraigados en una escuela como la andaluza, defensora y precursora de la diversidad cultural como un elemento de riqueza y de convivencia escolar positiva. No obstante, sí es cierto que en las escuelas andaluzas se ha reducido en los últimos años en casi 5.000 alumnos el número de alumnos inmigrantes y en la actualidad la provincia de Málaga permanece en torno a los 30.000 alumnos inmigrantes como la provincia con un mayor número de alumnos de origen inmigrante de toda la Comunidad Autónoma.

El trabajo de investigación que a continuación presentamos tenía como propósito fundamental conocer y comprender las concepciones que tienen los docentes sobre la interculturalidad y su percepción ante el alumnado de origen inmigrante, así como los conflictos y las situaciones de convivencia que se viven en sus contextos educativos, indagando en las estrategias de gestión y regulación de conflictos y en las acciones educativas que consideran interculturales. Todo ello en el marco contextual de centros educativos públicos de Educación Primaria y Secundaria de la provincia de Málaga (Leiva, 2007).

Además de explicitar el planteamiento del foco investigador, consideramos de interés exponer los objetivos específicos que nos planteábamos en esta investigación:

- Conocer la naturaleza de los conflictos que se dan en las escuelas interculturales a partir de la comprensión de las percepciones y actitudes de los distintos miembros de la comunidad educativa.
- Identificar las preocupaciones e inquietudes del profesorado en relación a las situaciones de convivencia entre alumnos de diferentes culturas en sus centros escolares.
- Describir cuáles son los problemas con los que se encuentran los profesores a la hora de desarrollar su labor como educadores en escuelas interculturales.
- Comprender las concepciones e ideas educativas de los docentes ante los conflictos interculturales.
- Descubrir cuáles son las dificultades y conflictos con los que se encuentran los alumnos de origen inmigrante en su integración en la comunidad educativa, a partir del pensamiento de los profesores, familias y los propios alumnos.
- Conocer las percepciones y actitudes educativas de los docentes ante el alumnado de origen inmigrante.
- Indagar en los mecanismos de gestión y regulación de conflictos que desarrollan los docentes en su práctica cotidiana.
- Analizar los recursos y apoyos de la comunidad educativa para contribuir a mejorar las relaciones entre familias inmigrantes y escuela.
- Conocer la imagen que tienen los alumnos y sus familias sobre los conflictos interculturales contrastándola con la que tienen los profesores a fin de comprender la existencia de convergencias o distorsiones en sus percepciones.
- Estudiar los planteamientos educativos de las escuelas interculturales respecto a la gestión y regulación de los conflictos escolares.
- Obtener una visión compleja sobre los distintos planteamientos educativos de los docentes y de los propios centros escolares en relación al establecimiento de medidas de Educación Intercultural y de regulación de conflictos interculturales a partir de la comprensión y análisis de los proyectos educativos interculturales de los mismos.

2. Diseño metodológico

Se han desarrollado cuatro estudios de casos en profundidad donde hemos estudiado las concepciones pedagógicas que sobre la Educación Intercultural tienen cuatro docentes que pertenecen a distintos centros educativos de Educación Infantil y Primaria, y que realizan distintas funciones docentes u ocupan diferentes puestos o responsabilidades educativas. Estos estudios han empleado como instrumentos de recogida de información la entrevista, la recopilación documental y el diario investigador. Asimismo, hemos realizado entrevistas en profundidad a profesorado de Educación Primaria y Secundaria en ocho centros educativos de la provincia de Málaga (Leiva, 2009).

En nuestra investigación, hemos entendido la entrevista como una conversación formal y semiestructurada, de tal manera que podemos destacar que este tipo de entrevistas nos han ayudado para saber lo que piensan tanto los principales informantes de los distintos estudios de casos como el resto de informantes (docentes, madres y padres, alumnos, monitores, mediadores) sobre una misma realidad escolar -en cada caso lógicamente distintas-, pero desde miradas y perspectivas diferentes, lo cual ha posibilitado la contrastación de informaciones, algo sumamente enriquecedor y necesario en un trabajo como el que venimos describiendo.

También hemos empleado la recopilación y el estudio documental como instrumento de recogida de información. Se han recogido todos aquellos documentos procedentes de los centros educativos -en concreto cuatro colegios de Educación Infantil y Primaria de Málaga- con una importante presencia de alumnado inmigrante donde trabajan las docentes participantes en los estudios de casos (planes de centro, proyectos de innovación pedagógica, proyectos de educación compensatoria, reglamentos de organización y funcionamiento, etc). Esto ha servido fundamentalmente para la contrastación de la información, así como para la comprensión de los contextos educativos donde se desarrollan profesionalmente las informantes clave de los estudios. Además, ha sido un recurso fundamental a la hora de analizar e interpretar lo que conceptualizan estas docentes -y otros profesores- como acciones educativas interculturales y la gestión de los conflictos en sus centros escolares.

De igual forma, podemos señalar que, junto a las entrevistas y la recopilación documental, el diario investigador y las observaciones se han convertido en relevantes fuentes de información para los estudios de casos. Los hemos enfocado desde una perspectiva conjunta, esto es, diario investigador y observaciones dentro del mismo "foco de interés" por el carácter tanto descriptivo como interpretativo de ambas herramientas. Así pues, hemos incluido las observaciones como un aspecto más de la información contenida en el diario investigador al entender que ilustraban mejor los aspectos interpretativos y personales contenidos en el diario investigador. Este instrumento, flexible y variado, tanto en su forma como en su contenido, ha cumplido la importante función de dar forma a los pensamientos que tenía el investigador respecto a todo el proceso de recogida de información y, por supuesto, de análisis y contraste de la información tanto cualitativa como cuantitativa.

Las grandes categorías temáticas que han vertebrado los estudios de casos son las siguientes: a) aspectos personales y de desarrollo profesional; b) contexto educativo de diversidad cultural; c) percepción sobre el alumnado de origen inmigrante del centro escolar; d) convivencia y clima escolar; e) relaciones con las familias de origen inmigrante; f) valoración sobre la perspectiva del profesorado acerca de la diversidad cultural de sus centros educativos; g) relaciones del centro educativo con las organizaciones y entidades sociales del entorno social; h) formación en Educación Intercultural, i) valores educativos desde la perspectiva docente; j) concepción y gestión del conflicto en contextos educativos interculturales.

2.1. Procedimiento

Como hemos indicado anteriormente, en el presente trabajo se han realizado cuatro estudios de casos y los criterios que se han tenido en cuenta para la selección de los estudios han sido los siguientes:

- En primer lugar, la intención primordial ha sido centrarse en docentes de Educación Infantil y Primaria que desarrollen su labor educadora en escuelas donde se llevan a cabo proyectos de innovación pedagógica basados en la interculturalidad, o bien que esta temática estuviera recogida como principio educativo en el plan de centro o en el proyecto educativo de centro, y adscritos al Plan Andaluz de Atención al Alumnado Inmigrante impulsado por la Consejería de Educación de la Junta de Andalucía. Una característica definitoria de estos centros es que precisamente se comprometen a diseñar y a desarrollar un proyecto educativo en el marco de las convocatorias públicas de proyectos educativos que realiza la Consejería de Educación (de innovación, de compensatoria, de espacio de paz) y a partir de ahí -si aprueban el proyecto presentado-, disponen de recursos específicos como un aula ATAL, y aquellos otros derivados de convenios con entidades sociales sin ánimo de lucro para la realización de actividades interculturales (clases de lengua de origen del alumnado inmigrante, actividades de apoyo escolar, jornadas de convivencia intercultural), así como un mayor apoyo en materiales didácticos y educativos (dotación de equipos informáticos, programas educativos de orientación y acción tutorial, programas de competencias sociales), y recursos humanos (mayor número de profesores de apoyo, profesor de adaptación lingüística, profesorado adscrito de manera específica por comisión de servicio a esos centros de manera voluntaria, formación especializada en interculturalidad, asesoramiento especializado).
- En segundo lugar, que los docentes tuvieran una predisposición receptiva para participar en un proyecto de investigación de las características del presente estudio, en el sentido de que se mostraran abiertos a la indagación profunda que planteaba el investigador al tratar una temática tan compleja como es la perspectiva del profesorado ante la regulación de conflictos en escuelas interculturales y, por tanto, que estuvieran

dispuestos a explorar sus propias percepciones y actitudes ante la Educación Intercultural y ante el alumnado de origen inmigrante.
- En tercer lugar, y partiendo de las ideas mencionadas anteriormente, nos planteamos un nuevo criterio en la elección de los estudios de casos descartando la idea de trabajar con profesorado de educación secundaria. Este criterio significaba estudiar a docentes que pertenecieran a distintos centros educativos de Educación Infantil y Primaria, y que realizaran distintas funciones docentes u ocuparan diferentes puestos o responsabilidades educativas. En este punto, ya podemos adelantar que los cuatros estudios de casos realizados se contextualizan y tienen sentido en los escenarios sociales, culturales y escolares en los que acontecen, esto es, en cuatro centros distintos que también se sitúan en cuatro zonas distintas de la provincia de Málaga. En este punto, cabe aquí decir que hemos contado con la participación de una directora, una profesora de pedagogía terapéutica y de apoyo, una profesora de aula ATAL y una profesora generalista de Educación Primaria.
- Finalmente, destacar que para el análisis de los datos cualitativos recogidos en los cuatro estudios de casos realizados, utilizamos el programa informático Nudist-Vivo 2.0. A partir de la introducción de todas las informaciones de los estudios de casos en el formato requerido por este software (entrevistas en profundidad, diario investigador, documentos de los centros educativos), hicimos una codificación informática o categorización segmentada de textos en base a unidades temáticas.

CAPÍTULO 7: INFORME DE LOS RESULTADOS DE LA INVESTIGACIÓN

1. Estudio de casos[1]

1.1. Contexto educativo de diversidad cultural. Características del Colegio Público Adela López: caso de Loli

El Colegio Público Adela López es un centro de Infantil y Primaria, con una sola línea por curso, que atiende a un total de 155 niños y niñas en la actualidad, siendo el porcentaje de alumnos inmigrantes del 50 % del total del alumnado del centro, aunque este dato varía en función de la fluctuación de la propia matrícula. En total, en el centro hay actualmente alumnos de 14 nacionalidades diferentes, y es que ciertamente este colegio se caracteriza por la presencia muy significativa de alumnos y alumnas de culturas y procedencias muy diversas, aunque predomina el alumnado marroquí dentro del colectivo de alumnado de origen inmigrante, tal y como lo confirma Loli:

> «(...) es la marroquí, sin embargo (...), cada vez hay más alumnos sudamericanos, y se están igualando muchos los marroquíes y los que vienen de sudamérica, y dentro de ellos, lo que más predomina son los ecuatorianos, argentinos (...), y colombianos, son los que más abundan (...)».
>
> *(Ep.Loli. 90, 264)*

---

1. La numeración de las citas se corresponde al resultado del empleo del programa de análisis cualitativo Nudist-Vivo, tanto en esta primera cita como en el resto del presente informe de caso, y en las distintas fuentes de información empleadas: D.I. (diario investigador), Dc (documentos del centro educativo, Ep. significará siempre entrevista a profesor, Em. sería entrevista a mediador, Ema. significa entrevista a madre, Epa. sería entrevista a padre, Emo., entrevista a monitor; en el caso de los alumnos, no hemos considerado necesario emplear una codificación específica, ya que las entrevistas han sido grupales y se denominarán de la manera siguiente: E.alumnos. En el resto de protagonistas de los informes de caso, se denominará E. y el nombre de pila de la persona entrevistada.

EDUCACIÓN INTERCULTURAL Y CONVIVENCIA EN LA ESCUELA INCLUSIVA

El alumnado mayoritariamente vive en el entorno cercano al centro educativo, el cual se caracteriza por la existencia de viviendas antiguas que son alquiladas a las familias inmigrantes a pesar del mal estado general de las mismas. No obstante, el colegio está situado en una zona comercial de la ciudad, aunque las características socioeconómicas de la población que vive en la misma se pueden considerar humildes y de nivel bajo. Ciertamente, el hecho de que las viviendas de alrededor sean vistas como económicas por las familias de origen inmigrante es un factor fundamental en la situación multicultural del Colegio Adela López, porque los hijos de estas familias acuden a este centro al ser uno de los pocos centros públicos de la zona y el más cercano a sus domicilios.

La plantilla del centro está compuesta por catorce maestras y maestros, de los cuales tres imparten clase en Educación Infantil, siete son de Educación Primaria, uno de Educación Musical, uno de Educación Física, uno de Pedagogía Terapéutica y una profesora que viene al centro a impartir Religión Católica.

Por otro lado, hay que señalar que en el centro existe organizada una asociación de madres y padres de alumnos que realizan actividades diversas como excursiones para sus hijos así como reuniones de madres. Existe también servicio de comedor y actividades extraescolares diversas para los alumnos del centro.

Actitud hacia el alumnado de culturas minoritarias y sus familias

Loli destaca que casi el cincuenta por ciento del alumnado del centro es de origen extranjero, pero al ser su colegio un centro pequeño, este fenómeno ha adquirido una importancia cada vez más relevante para todos los profesores, así como para toda la comunidad educativa del colegio en los últimos años. Además, esta situación fluctúa por la incorporación de un tipo de alumnado de origen inmigrante que se matricula en el colegio de forma constante. En este sentido nos apunta que *«(...) aproximadamente, yo diría que un 60% de todos los alumnos, no sé (...) 50 o 60 por ciento. (...), mejor pon la mitad (...), porque claro (...) se me están matriculando continuamente, y claro, las matrículas son de alumnos que vienen de fuera (...)»* (Ep.Loli. 82, 252). Esto concuerda con los datos que hemos ofrecido anteriormente y que sitúan el porcentaje de alumnado inmigrante en el centro en torno al 50 por ciento.

Ante esta situación de multiculturalismo escolar, ella destaca que el profesorado ha tenido que cambiar su mentalidad y su propia manera de pensar y de actuar para poder afrontar con garantías de éxito el cambio, fundamentalmente actitudinal y de apertura, que para ella implica la interculturalidad, aunque se ha encontrado con dificultades del propio profesorado para desarrollar sus propuestas como directora del centro.

> *«Hay una cosa clara que te digo (...) y es que hay maestros que han cambiando el chip; y hay otros que no, y que no lo van a cambiar jamás (...) pero no solamente en las estrategias a la hora de enseñar o a la hora de tratar, sino a la hora de impartir o de favorecer una forma de convivencia (...)».*
>
> *(Ep.Loli. 174, 532)*

INFORME DE LOS RESULTADOS DE LA INVESTIGACIÓN

Frente a esta consideración, Samir expresa que «(...) *hay profesores que son estupendos y otros que no lo son, en la forma de tratar a los niños, por su propia actitud (...)*» (Em.Samir., 68, 399).

Una de las cuestiones que más destaca Loli es que el profesorado ha tenido que cambiar de actitudes e incluso de lenguaje, cuando se refería a un tipo de alumnado que es muy relevante en su centro, concretamente el perteneciente al colectivo marroquí, y de hecho ella señala que algunos profesores de su centro tienen actitudes racistas respecto a ese tipo de alumnado.

«Hay xenofobia (...) y algunos utilizan un lenguaje que no es el más adecuado para referirse, por ejemplo, a los niños marroquíes (...), por tanto, haberlos haylos (...) pero también te digo que van cambiando estos profesores, porque se están dando cuenta que hay diferencias, y que trabajar desde la interculturalidad es bueno para ellos y para el colegio, y por supuesto para los niños (...)».

(Ep.Loli. 254, 381)

A pesar de esta afirmación, Samir destaca que en el centro nunca ha percibido de manera manifiesta por parte de su profesorado conductas o actitudes racistas, aunque reconoce saber que en ocasiones se ha empleado un lenguaje inadecuado, tal como expresa en las siguientes reflexiones:

«(...) en presencia nuestra no he oído palabras como moro o cosas así, pero sabemos que sí algunas veces se emplea un tipo de lenguaje que no es bueno, ¿no? Mira, el otro día llegó un marroquí, y le pregunté como le iban los estudios y me dijo, bueno, no me van muy bien, el colegio, algunos profesores no me gustan (...)».

(Em.Samir. 71, 143)

Loli entiende que la xenofobia como un compendio de ignorancia y prejuicios ante la diversidad cultural y plantea que las actitudes de los profesores, sean jóvenes o mayores, dependen de las propias personas, porque ella ha tenido compañeros más jóvenes que le han sorprendido por sus negativas actitudes ante los alumnos inmigrantes, aunque cree que esto está cambiando en el centro porque la diversidad cultural se está viendo cada vez de forma más natural.

«(...) yo he tenido gente joven que era xenófoba, en el sentido de tener unos prejuicios (...), yo pienso que hay mucha ignorancia, hay muchos tópicos típicos sobre los alumnos inmigrantes; pero la verdad es que hasta que tú no trabajas y tú no estás en contacto con la realidad (...), esto es agua de borrajas (...), y yo noto que muchos de mis compañeros, que tenían unos prejuicios y unas formas (...), están cediendo ante las evidencias de trabajar en nuestro colegio con la interculturalidad, y ven que es positivo el hecho de mejorar la convivencia (...), a mí en realidad lo que más me sorprende es la naturalidad, hay mucha naturalidad en las clases, y esto antes no pasaba (...)».

(Ep.Loli. 262, 660)

EDUCACIÓN INTERCULTURAL Y CONVIVENCIA EN LA ESCUELA INCLUSIVA

Esta naturalidad al contemplar a los alumnos de distintas procedencias, también se extiende a las actitudes que tienen los docentes sobre el alumnado marroquí, que es el más numeroso de los alumnos de otras culturas.

«Ellos valoran mucho los niños inmigrantes porque dicen que tienen mucho interés, dicen de los marroquíes que son muy inteligentes, y es verdad (...), pero ellos no se lo plantean mucho (...)».

(Ep.Loli. 221, 185)

No obstante, considera que es cierto que estos alumnos tienen dificultades escolares, lo que ocurre es que sus dificultades no se deben al hecho de ser de otras culturas o inmigrantes, sino por una multicausalidad de factores.

«No hablo de niños que van atrasados, españoles; estoy hablando de niños que van atrasados, y que son extranjeros, pero no porque sean de fuera, (...) no porque sean retrasados, sino porque estas criaturas, una por la lengua, dos porque muchos tienen un desfase, tres, otros tienen unos sistemas de conocimiento diferentes (...)».

(Ep.Loli. 42, 340)

Esto puede deberse a la naturalidad con la que se ve a los alumnos de origen inmigrante, es decir, que con el paso del tiempo los profesores se han acostumbrado a contemplar con mayor naturalidad la situación de diversidad existente en el Colegio Adela López, debido a que conoce las pautas de actuación que se desarrollan con ellos, tal y como apunta Loli en las siguientes palabras:

«(...), hay mucha naturalidad, ahora, para los maestros, el que venga un niño inmigrante es una cosa natural, ya tienen, diríamos las dinámicas y la experiencia para poder actuar con ellos (...)».

(Ep.Loli. 170, 515)

Ciertamente, considera que el hecho de emplear un lenguaje no ofensivo y carente de prejuicios y estereotipos, ha supuesto cierto esfuerzo por parte de algunos profesores, sobre todo para los que llevan mucho tiempo en este colegio, que coinciden con aquellos profesores de mayor edad, aunque menciona que todavía quedan algunos profesores que, en el marco de las relaciones con otros profesores del centro, todavía emplean un lenguaje no adecuado para referirse a algunos alumnos del centro, sobre todo a los alumnos de origen magrebí. Pero incluso ella misma ha tenido que plantearse sus propios pensamientos y actitudes, si eran o no racistas, lo cual ha supuesto una reflexión profunda para Loli, que ha tenido la ayuda de mediadores interculturales como Samir.

«Hay mucha xenofobia, muchos prejuicios con los marroquíes (...), entonces claro (...), yo he tenido que empezar (...) por decir yo soy xenófoba, yo tengo cosas xenófobas, yo tengo errores, que no quiere decir que (...), tanto los marroquíes son xenófobos como los españoles somos xenófobos (...), es algo que está en la sociedad, hay xenofobia (...), y para mí una de las causas de esa xenofobia es el desconocimiento, lo que desconocemos, lo que tememos, y lo que tenemos lo atacamos (...), entonces,

> claro, yo tuve que sorprenderme a mí misma, y analizarme (...), y decirme, oye que yo tengo conductas xenófobas (...), no conductas, sino pensamientos, sentimientos (...) y eso por qué, entonces empecé a trabajar conmigo misma todo este tema, empecé a informarme, empecé a ver (...), me hizo mucho bien el contacto con Samir (...)».
>
> (Ep.Loli. 130, 784)

También, uno de los aspectos que plantea Loli al referirse al cambio que ha supuesto para los profesores del centro el paso de los años, es que el propio colegio haya cambiado de ser un centro homogéneo desde el punto de vista cultural -monocultural-, a un centro escolar multicultural, y en este punto cree que los cambios de actitudes y de predisposición de los docentes ha sido progresivo y que todavía no sabe si realmente existen cambios actitudinales de apertura hacia la interculturalidad por parte de todo el claustro de profesores del colegio, de manera generalizada.

> «(...) hay auténticos marmolillos que no se mueven, pero claro, hay gente que sí va cambiando progresivamente el chip, y hay gente que positivamente trabaja en eso (...), ha costado, y cuesta trabajo cambiar, porque tienen interés de que realmente es positivo y que funciona (...), nosotros hemos comprobado que tener esa visión mejora la convivencia y que esto funciona, pero hay gente que no quiere cambiar porque no quiere (...)».
>
> (Ep.Loli. 78, 415)

La convivencia y el clima escolar

Loli piensa que la naturaleza de los conflictos escolares que surgen en su colegio es múltiple o multicausal, pero señala la importancia de las carencias afectivas, sobre todo cuando estos conflictos se manifiestan en conductas problemáticas en el clima escolar.

> «(...) existen muchos niños con muchas carencias..., afectivas, emocionales (...), y en muchos aspectos, tienen muchas necesidades afectivas, de atención, de hablar con ellos (...)».
>
> (Ep.Loli. 42, 756)

A este respecto, Samir, el que fuera mediador intercultural en el Colegio Adela López durante tres cursos escolares, hace ya algunos años, considera que la mayoría de los conflictos de carácter intercultural se deben a los malentendidos que surgen por problemas de comunicación, tanto a nivel de la propia lengua como de los propios códigos culturales más implícitos y reflejados en característicos modos de comunicación no verbales como los gestos, las posturas corporales, la predisposición corporal, la mirada; tal y como reflejamos en la siguiente consideración:

«(...) me expresó algunas ideas muy interesantes acerca de su visión intercultural de la escuela, una escuela donde los problemas de comunicación o los malentendidos son, según él, las principales causas de los conflictos interculturales».

(DI. 157, 232)[2]

En este sentido, Samir distingue los conflictos en función de la gravedad del mismo, es decir, que algunos de los conflictos pueden deberse a la falta de conocimiento intercultural, así como a malentendidos, dado que su experiencia le dice que no ha habido episodios de racismo en el colegio Adela López.

«(...) yo no diría conflicto, (...) yo diría la falta de conocimiento entre las partes, entre las familias, no diría nada de racismo o de conflicto (...) lo que sí es cierto es que la experiencia que he tenido yo, que estuve hasta el año 2002 no ha sido mala del todo, hemos organizado cosas en el colegio, hemos organizado encuentros, hemos organizado muchas cosas, y (...) mi percepción es muy positiva (...), hombre, hay problemas puntuales, el problema de siempre ha sido el idioma, que es fundamental para que la gente se comunique, de hecho hay muchas madres que son de otras culturas que prefieren estar con otras paisanas que con otras madres de otras culturas, pero eso no significa que no hay comunicación o hay problemas entre ellas (...), lo que sí es cierto es que el idioma es algo que determina la comunicación (...)».

(Em.Samir. 20, 437)[3]

En relación a esto, Salma nos comenta el ejemplo de una madre que acude al colegio y allí le dicen que su hijo no tiene plaza en el comedor.

«(...) ella entiende que es un acto racista para ella, y que no hay plaza para su hijo porque es polaca o marroquí, o argentina o ecuatoriana, por eso, ahora, de hecho se crea un conflicto porque es un malentendido, entonces claro, esto que es así para mí no es verdaderamente un conflicto (...)»

(Em.Salma. 35, 284)[4]

No obstante, Loli advierte que no todos los conflictos interculturales pueden ajustarse a la anterior consideración de interpretaciones erróneas de comunicación interactiva, como en el caso de problemáticas referidas al derecho de los alumnos al comedor del centro, el cual está sometido a una regulación para lo cual se necesita aportar la documentación precisa por parte de las respectivas familias. En este sentido, Salma nos aporta la siguiente reflexión al respecto.

«(...) me ha pasado en el colegio, alguna vez, (que) la directora dice, yo no tengo plazas en el comedor, eso se lo dice a tu hijo, no tengo plaza porque las normas son así,(...) pero ella no entiende que no hay plaza (...)»

(Em.Salma. 31, 215)

---

2. DI significa Diario Investigador. Textos analizados en el proceso de categorización desarrollado con el programa Nudist-Vivo (puede verse en Anexo cualitativo).
3. Em.Samir. se corresponde con la entrevista desarrollada a Samir, mediador intercultural.
4. Em.Salma. se corresponde con la entrevista realizada a Salma, mediadora intercultural.

INFORME DE LOS RESULTADOS DE LA INVESTIGACIÓN

Ciertamente, Loli apunta que muchas veces pueden surgir conflictos por temas cotidianos como el anteriormente citado por Salma, pero en muchas ocasiones el problema puede radicar cuando existen ideas o intereses contradictorios entre las familias y la propia escuela, caso de ejemplos menos habituales pero igualmente intensos cuando el profesorado llama a los padres para comentarles que su hijo está teniendo un comportamiento disruptivo e incluso ofensivo con otros alumnos o miembros de la comunidad educativa (conserje, limpiadoras...), lo cual puede ser visto por las familias como un hecho racista por parte de Loli.

> «(...) hay una cosa muy típica, que cuando los niños tienen problemas conductuales, de este tipo, que suelen estar al borde de la marginalidad, aquí hablamos de los marroquíes, pero también podemos hablar de los rumanos, que apenas tú te pones en contacto con ellos, y te dicen que tú eres xenófobo, que tu le haces eso porque eres racista (...)».
>
> (Ep.Loli. 138, 335)

En este punto, converge la anterior consideración con la siguiente observación recogida a raíz de una de las múltiples conversaciones que hemos mantenido con Loli a este respecto.

> «(ella) plantea la importancia de distinguir claramente los conflictos escolares, que tienen que ver con el comportamiento inadecuado de alumnos, con independencia de su origen cultural, como en el caso de José, y de aquellos conflictos en los que sí influye el origen cultural de los alumnos, aunque en este caso, no hay conflictos relevantes en su centro».
>
> (Dl. 188, 349)

También, Loli considera que los conflictos pueden nacer de expectativas no cumplidas por parte de las familias en relación a la educación que reciben sus hijos, cuando se niegan a que participen en alguna actividad considerada importante aunque no obligatoria del centro. A continuación exponemos un ejemplo práctico considerado por Loli como de este tipo:

> «(...) hoy he venido entrando y me dice una señora gitana, señorita que tengo que hablar con usted, me cuenta que no ha firmado el papel porque resulta que no quiere que vaya el hijo a las excursiones, pero que el niño quiere, pero no quiere firmar (...), le pregunto a la jefe de estudios, mira, me ha dicho la mamá de esta niña que aunque no tiene firmado el papel que vaya la niña, que ella me ha lo dicho a mí para que te lo diga a ti, y me dice no, si no tiene papel, no puede ir y claro, nosotros conociendo este caso, sabemos que si pasa algo, podemos tener problemas (...) A las dos de la tarde, cuando ha venido, ha venido a empitonarme, y además iba por la calle despotricando de mí, eso me ha lo dicho otra madre, y claro, le he vuelto a explicar, mira, tú no te preocupas..., pero mira, tú no comprendes que si se caes o se hace algo, (...) claro te escucho, te lo explico y te comprendo, y te llevas el papel (...) entonces claro, se va serena (...)».
>
> (Ep.Loli. 30, 1058)

EDUCACIÓN INTERCULTURAL Y CONVIVENCIA EN LA ESCUELA INCLUSIVA

Relacionado con lo anterior, Salma coincide en considerar que los conflictos interculturales pueden tener muchas explicaciones, y que algunas veces pueden ser simplemente malentendidos, aunque estos tienen en realidad una apariencia conflictiva porque se da por una falta de concordancia en los valores culturales de referencia, o en las propias formas de comunicarse o de expresarse.

> «(...)el conflicto puede ser o una problemática cultural, un malentendido cultural, o una interpretación malamente de algo, o también...te digo, es, a lo mejor un valor cultural de uno no es lo mismo que quiere decir que para otro, estamos hablando de conflictos interculturales (...), y el conflicto puede ser todas estas cosas, no puede ser solamente conflictos normales (...), y pueden surgir, yo que sé, por una cosa común o cotidiana, e incluso por una frase que tú digas aunque creas que sea normal y corriente, pero desde mi idioma o desde mi cultura es un insulto y (...), también estamos hablando de desconocimiento cultural, así pues cuando nos dicen hay un conflicto, hasta que no sabemos cuál es, y no enteras de la historia es que no puedes hablar verdaderamente de conflicto intercultural, porque algunas veces no es conflicto, solamente es un malentendido (...)».
>
> (Em.Salma. 31, 859)

Por otro lado, un aspecto importante a destacar sería que Loli piensa que, dada su experiencia y sus años de trabajo en este mismo centro con alumnos y familias muy similares, tiende a percibir las realidades conflictivas desde parámetros de comprensión ya vividos, lo cual, es para ella algo positivo, aunque en algunas ocasiones pueda resultar un elemento de distorsión en su análisis de la realidad, cosa que podría resultar perjudicial.

Una de estas percepciones es que generalmente pretende que no surjan conflictos, por asociar sistemáticamente dificultades o problemáticas con tensiones y dinámicas perjudiciales del clima escolar, de tal manera que considera que en ciertas ocasiones es mejor eliminar cualquier síntoma de posible conflictividad, e incluso prevenir el conflicto, y por tanto no asumir dicha situación problemática o conflictiva para el enriquecimiento y el trabajo educativo. Es más, ella plantea que los conflictos, cuando éstos son explícitos y en términos de conducta, deben ser trabajados educando en valores y, desde luego, cuando se tornan violentos, son desagradables para la propia convivencia escolar.

> «Un conflicto generalmente no ayuda a que la convivencia sea buena(...), fíjate, un conflicto, cuando hablamos de conflicto hablamos de que hay que corregir conductas, hay que educar en valores, esa es nuestra labor, nuestra profesión, cosa diferente es cuando hablamos de conductas agresivas, de conductas violentas que dañan a los demás.., entonces evidentemente esto es desagradable(...)».
>
> (Ep.Loli. 86, 392)

No obstante, para Loli es importante atender al carácter singular de cada conflicto, en tanto está determinado por las personas y por la modalidad del mismo en el momento y contexto que surja, esto es, que venga derivado de un problema de comunicación entre profesorado y escuela, o venga derivado de un acontecimiento disruptivo protagonizado por un alumno. Esto es algo que señala Loli como elemento importante a la hora de plantearse la estrategia más oportuna y adecuada para afrontar una situación conflictiva, lo cual implica que no existen recetas estandarizadas para su gestión y resolución aunque, como decíamos antes, Loli reconoce, en su práctica, formas ya definidas de enfrentarse a los conflictos, debido a su experiencia y a sus propias percepciones sobre éstos, y en este sentido es digno de mencionar el proceso que ella considera como importante a la hora de enfrentarse a una situación potencialmente conflictiva en el seno del clima escolar de su centro.

> *«Lo primero es analizar, pararnos a pensar seriamente qué está pasando, y por supuesto el diálogo, la palabra, es decir, que la comunicación sea fluida, pero siempre con tranquilidad, en los conflictos, tenemos que hacer un diagnóstico (...) y la solución debe ser ejemplificadora nunca, pasarse, tener mucha justicia, escuchar a todos. Tienes que hacer pensar al niño, tienes que comprender muy bien la situación porque, en definitiva, lo que estamos haciendo es educando(...)».*
>
> (Ep.Loli. 150, 492)

Frente a esta perspectiva, Salma ve dudas acerca de si realmente todo conflicto es negativo para la convivencia o si puede servir para mejorar la misma, tal y como reflejan sus palabras en la siguiente reflexión:

> *«Es que depende del conflicto (...), el conflicto puede ser o una problemática cultural, un malentendido cultural, o una interpretación malamente de algo, o también...te digo, es, a lo mejor un valor cultural de uno no es lo mismo que quiere decir para otro, estamos hablando de conflictos interculturales(...)».*
>
> (Em.Salma. 31, 859)

Por su parte, la implicación afectiva de Loli es -a su juicio- percibida por los alumnos, y es algo que ella manifiesta refiriéndose al talante personal que tiene a la hora de enfrentarse a los mismos.

> *«Es un talante personal que se tiene y que también se aprende, porque a mí no me interesa imponerme a los niños o las familias, sino ayudarles, entonces me he ido dando cuenta que tú, nada que impones es asumido por el niño, entonces esto lo vas viendo, es acercarse a ellos, es expresarme a ellos, de forma seria, y después cambio y a lo mejor les doy un beso, es decir, yo los quiero, y por eso, tengo que regular eso (...)».*
>
> (Ep.Loli. 201, 430)

Esto es algo que hemos podido comprobar al observar la concordancia entre *«(...) las acciones y los propios pensamientos como docente comprometida con los valores que implica la interculturalidad (...), algo que es fundamental cuando te encuentras en situaciones donde lo emocional y lo social se mezclan (...)»* (D.I., p. 84).

En realidad, Loli plantea que la estrategia a seguir no es solamente la de resolver conflictos, sino de hablar de estrategias de solución de problemas escolares, y es que, a pesar de que ella no considera de forma positiva el conflicto, también es cierto que no lo demoniza, ya que reconoce que no todos tienen que ser obligatoriamente problemáticos. En este punto, Samir también asume ese planteamiento desde la concepción de que cuando se habla de conflicto se está haciendo referencia a una situación de una considerable gravedad, empleando otros términos como malentendidos o dificultades de comunicación en situaciones menos graves o problemáticas para los miembros de la comunidad educativa:

> «(El) conflicto es de mayor gravedad que la falta de comunicación (...), aunque sí es cierto que si una falta de comunicación se mantiene en el tiempo va a ser un conflicto..., entonces claro, se puede encastillar ese problema.., pero cada día puede haber un rechazo, o mejor dicho un conflicto, hay casos (...)».
>
> (Em.Samir. 64, 303)

Además, es digna de mencionar la consideración que hace Loli respecto a la singularidad en el análisis que el profesorado debe hacer cuando se les presenta una situación conflictiva en un contexto de diversidad, como es ejemplo su propio colegio. No obstante, Loli considera que hay muchos profesores que practican cierta inhibición cuando surgen conflictos, porque no han cambiado de actitudes respecto a la diversidad cultural y a las propias formas de establecer una gestión positiva de regulación de conflictos.

> «(...) hay una estrategia que sería la inhibición, es decir, que hay maestros que obvian lo que le pasa al niño, otros que creen que tiene que haber una dictadura, con mano dura, que piensan que la letra con sangre entra, es decir, unas estrategias de autoritarismo, y eso no les funciona, y lo está machacando a ellos, han acabado quemados, los tiene totalmente abatidos, y no sé como no enferman, porque claro, otros compañeros han cambiado el chip, se han dado cuenta de que tienen que actuar de otra manera(...)».
>
> (Ep.Loli. 342, 523)

Asimismo, hay que señalar que ella atiende a lo que podemos denominar multicausalidad en la aparición y surgimiento de los conflictos. Así pues, ella entiende que el conflicto escolar se entendería por la conjunción -que no la simple suma- de las características personales y el medio sociofamiliar, mediados por la estructura organizativa del centro y del aula, que interactúan como elementos canalizadores de los conflictos en su centro escolar. En efecto, ella plantea la completa y compleja interrelación de todos los componentes de la vida escolar de su centro educativo: los profesores, los alumnos y las familias. En relación a este aspecto, apuntamos la siguiente observación realizada por el investigador:

> «Loli parece apreciar dificultades de comunicación con las familias, no tanto por la cuestión lingüística, sino por el conflicto que supone para ella y el profesorado del centro comunicarse con ellas desde el punto de

vista de la comprensión de los referentes culturales y códigos sociales de funcionamiento (...)».

(DI. 188, 317)

Además, en el caso concreto de los conflictos denominados interculturales, podemos señalar que como eje vertebrador de los mismos se encuentra lo que Loli considera como choques culturales, aunque Salma, la mediadora intercultural, percibe que ha habido pocos.

«(...) te digo una cosa, yo llevo un año en este colegio, y de choques culturales o de conflictos interculturales he visto muy pocos (...)».

(Em.Salma. 94, 129)

En relación a esto, Samir coincide en considerar que no ha habido conflictos interculturales importantes en el colegio donde trabaja Loli.

«La verdad es que en el Colegio Adela López, no hemos tenido graves conflictos, puede haber diferencias (...), pero así como conflicto entre profesores y familias., grave no creo que haya (...)».

(Em.Samir. 68, 205)

1.2. Contexto educativo de diversidad cultural. Características del Colegio Público Estela del Carmen: caso de Ana

El CEIP Estela del Carmen está situado en una zona cercana al centro de Málaga, próximo a tres colegios concertados. Es el único colegio público de la zona, por lo que la población escolar que acoge es la más deprimida socioeconómicamente. Tiene un total de 127 alumnas y alumnos matriculados[5], de los que el 90% proceden de las viviendas sociales de Las Torres. En esta zona se han construido un gran número de viviendas sociales que están habitadas por familias procedentes de lugares periféricos y marginales de Málaga (El Bulto, La Corta, Huerta de Correos, La Palmilla). Dichas familias presentan un alto índice de paro y economía sumergida (vendedores ambulantes y trabajo doméstico), así como bajo nivel cultural.

La delegación de Asuntos Sociales de la Junta de Andalucía en Málaga reconoce esta zona de la capital como zona con necesidades de transformación social desde el año 1997, debido al riesgo de exclusión social que vive la mayoría de sus habitantes. Esta situación ha supuesto el desarrollo de un plan integral por parte de distintas administraciones y entidades públicas (local y autonómica), desde la perspectiva de mejorar las posibilidades de inserción social de los ciudadanos de esta zona deprimida de Málaga (Las Torres).

Es una zona de alta densidad de población que cuenta con pocos espacios abiertos (plazas, zonas verdes), carece de parques infantiles y otros espacios libres

---

5. Los datos que manejamos hacen referencia al curso escolar 2006/2007.

y de ocio. En la actualidad, tampoco cuenta con recursos culturales como biblioteca pública o asociaciones socioculturales o juveniles, Sin embargo, tiene una alta representación de organizaciones no gubernamentales que realizan su trabajo en toda Málaga, en la capital y en la provincia.

La población de esta barriada presenta un alto índice de paro y de economía sumergida (vendedores ambulantes y trabajo doméstico). Los ingresos, en muchas de las familias de esta zona céntrica malagueña, no supera el salario mínimo interprofesional, y también presentan déficits en el nivel cultural y en hábitos sociales de la vida cotidiana.

En efecto, en relación al perfil de las familias que tienen sus hijos escolarizados en el Estela del Carmen, existe una mezcla entre población con una economía deficitaria y bajo nivel cultural, y otra que además presenta asociadas otras problemáticas graves (problemas de drogodependencias, prostitución, violencia). A nivel general, podemos destacar las siguientes características[6]:

- Unidades familiares numerosas con muchos hijos y, por lo general, sin una planificación familiar adecuada.
- Altos porcentajes de núcleos monoparentales y núcleos funcionalmente incompletos por largos períodos de tiempo (padres en prisión, separaciones, enfermedades mentales).
- Inadecuada administración del presupuesto doméstico.
- Deficientes hábitos educativos, de salud e higiene personal y doméstica.
- Escasas habilidades para la búsqueda activa de empleo.
- Escasez de autonomía personal y dependencia institucional.
- Bajo nivel cultural.
- Falta de cualificación profesional.
- Sobrecarga de responsabilidades familiares en un solo miembro de la familia, sobre todo en la mujer.
- Alta incidencia de problemas de dependencias en algunos núcleos familiares (drogas, alcohol...).
- Poca planificación de futuro, su forma de actuar está basada en la cultura de la inmediatez.
- Escaso interés por la actividad escolar de sus hijos, llegando, en muchos de ellos, a producirse un alto índice de absentismo escolar.

En el caso de las madres, Ana observa que tienen grandes problemas de autoestima, y plantea que el trabajo con ellas es fundamental para cambiar los referentes morales y de conducta que los alumnos ven en sus casas, para así mejorar la convivencia en el centro.

> «Ana.- Arrastrando a las niñas... Es decir, que vengan. Y entonces, esos temas salieron, después salieron las necesidades de convivencia

---

[6]. Para realizar esta descripción del contexto familiar, y también sociocultural, en el que está situado el CEIP Estela del Carmen, nos basamos en los documentos obtenidos en la recopilación documental realizada, concretamente en los documentos de su proyecto de innovación educativa y en el plan de compensación educativa.

INFORME DE LOS RESULTADOS DE LA INVESTIGACIÓN

entre ellas, es decir, de salir a comer un día, de ir de excursión... Porque claro, ellas son como los niños. Hay una falta de autoestima muy grande. Es decir, esas charlas con café tienen un doble objetivo: trabajar con ellas, y trabajar al mismo tiempo el tema educativo. Y el segundo día, nosotros coordinamos con otras instituciones; entonces, vinieron los del Servicio Andaluz de Empleo por la tarde, y les ofrecieron una charla de todas las posibilidades para buscar trabajo. Vinieron también unas quince madres, muy bien. Y vinieron, y preguntaron... Son las unidades de barrio del Servicio Andaluz de Empleo, y ellas tienen posibilidades de que las ayuden a hacer el currículum, de que las ayuden a encontrar trabajo, y de que les hagan seguimiento. En la tercera charla, ha sido esta mañana, coordinando con el Centro de Salud, para el tema de la salud bucodental.

Entrevistador.- Que ahora los chavales pueden... Son gratuitos.

Ana.- Exactamente. Y entonces, el médico, el dentista, ha estado informándoles de todas esas posibilidades. Y la tercera charla, que tenemos programada para el próximo Martes, es sobre las normas del cole, donde vamos a leer todas esas normas que han salido de las aulas, y además les damos unas fichas para la nevera con unas cuantas normas, una o dos».

(Ep.Ana. 348-356, 1691)

También hay que señalar que en la zona hay un núcleo importante de población inmigrante, mayoritariamente marroquí, aunque últimamente también es significativo el incremento de la población de origen latinoamericano en la barriada. En este punto, es importante señalar el inicial aislamiento que viven algunos alumnos cuando llegan al centro, y no solamente por la cuestión lingüística, como vemos reflejado en el diálogo entre dos alumnas de origen latinoamericano.

«Samina.- Cuando vine, muchas niñas no me querían decir nada, los niños ni me hablaban, me pegaban... Te diste cuenta de que yo existía cuando estábamos en 5º (referido a Lucy).

Entrevistador.- Ella existía en 5º, y ahora está en 6º. ¿Y tú?

Lucy.- Antes yo me daba cuenta....cuando entraba.

Entrevistador.- Claro, tú la viste.

Lucy.- Estaba ahí de pie.

Entrevistador.- ¿Y en tu caso, Ángela? ¿Te has sentido alguna vez regular, porque tú no eres de aquí, y te han dicho: "Oye, pues tú eres..."?

Ángela.- No. Cuando yo he venido a la escuela, nadie me hablaba, como a ella.

Entrevistador.- No te hablaban».

(E.alumnos. 866-884, 945)

No obstante, cuando hemos hablado con alumnos autóctonos, nos expresan que lo importante para que se sientan bien, sobre todo en el caso de aquellos que desconocen el idioma, es prestarles ayuda.

> *«Entrevistador.- ¿Qué es lo que os parece que es más importante para que todas las personas que estén en el colegio y que vengan después... Imagínate un niño de fuera, que no conoce el idioma y que no conoce nada... ¿Qué creéis que se debe hacer con él?*
>
> *Petro.- Hablar en su idioma.*
>
> *Rosa.- Es verdad.*
>
> *Entrevistador.- ¿Hablar su idioma es importante realmente? Pero imagínate que yo no sé su idioma, a mí me viene un niño chino, y yo no sé chino.*
>
> *(Risas de los niños)*
>
> *Entrevistador.- Sí, pero en serio, ¿qué podemos hacer para que se sienta bien ese niño? ¿Qué podéis hacer?*
>
> *Petro.- Pues ayudarle».*
>
> (E.alumnos. 724-764, 1328)

Por otra parte, tal y como hemos mencionado antes, la mayoría de los alumnos y alumnas del CEIP Estela del Carmen procede de Las Torres, y constituyen un 90 % del total; el otro 10% vive en otras zonas cercanas.

Un porcentaje importante de los alumnos y alumnas que asisten al colegio (alrededor del 55%) son de etnia gitana. Un 28, 4% son alumnos de origen inmigrante, de los cuales la mayoría son marroquíes y el resto de países del Este (búlgaros, rusos, ucranianos y polacos) y de Latinoamérica (ecuatorianos y argentinos). Este grupo de alumnos inmigrantes tiene un bajo nivel económico y una precaria situación social. Realmente, la situación de la mayoría es de franca desventaja social por su pertenencia a entornos socioeconómicos deprimidos e invisibles (de economía sumergida, trabajo doméstico) con problemáticas familiares en el ámbito laboral, de vivienda y a nivel social, por su pertenencia a minorías étnicas y culturales en una zona donde habita también una mayoría de población de etnia gitana.

El nivel escolar de la mayoría del alumnado es muy bajo. Hay un grupo bastante numeroso que presenta dificultades en el aprendizaje y retraso escolar, que se manifiesta en los siguientes aspectos:

- Falta de motivación e interés en el aprendizaje escolar.
- Problemas de ortografía, caligrafía, vocabulario pobre y lectura comprensiva.
- Problemas para escribir de manera autónoma.
- Dificultades en cálculo y resolución de problemas.
- Poco hábito de estudio y de trabajo individual y en equipo.
- Falta de colaboración familiar para favorecer el estudio.
- Falta de atención y disciplina.

Ante toda esta problemática, Ana considera que es clave la recuperación de la autonomía del docente, para analizar críticamente una realidad escolar con graves problemas no sólo académicos, sino fundamentalmente de índole social que impregnan toda la dinámica y el propio espacio socioeducativo del CEIP Estela del Carmen. En realidad, podemos definir su pensamiento profesional como crítico y reflexivo, ya que concibe la educación como una herramienta para la transformación social, donde el trabajo del profesorado en equipo es una pieza clave de esta transformación. El trabajo cooperativo, el compromiso profesional con los más necesitados y la necesidad de dar respuestas educativas éticas y solidarias conforman parte de su pensamiento para lograr los objetivos de mejora de la convivencia y de dignificación de la escuela como espacio para un desarrollo positivo de los contextos sociales. En este marco de pensamiento, resulta muy relevante destacar la crítica que hace Ana sobre la uniformidad en el mundo de la educación: currículum hegemónico, libros de texto estandarizados, espacio escolar impersonal, etc. La clave para mejorar la educación es, a su juicio, impulsar en centros como el suyo verdaderas escuelas piloto de maestros y maestras para poder reinventar la escuela desde perspectivas pedagógicas más abiertas y flexibles, y por lo tanto menos encorsetadas en los márgenes curriculares de los libros de texto y en las normalizadas áreas de conocimiento. Para ella, el conocimiento escolar debe ir más allá de los libros de texto, es una labor de reconstrucción sociocultural donde el maestro tiene que ser protagonista, adecuando el currículum a las realidades sociales que le ha tocado vivir. Asimismo, subraya que la autonomía pedagógica de los centros es un elemento de vital importancia si realmente se pretende que centros como el suyo desarrollen proyectos educativos transformadores. En este sentido, Ana critica la falta de equipos docentes comprometidos con la realización de propuestas educativas que impliquen una concepción pedagógica común, y es que, en general, la mayoría de profesores coinciden por causalidad en sus respectivos centros educativos, lo que a su juicio perjudica la posibilidad de crear equipos pedagógicos que sean realmente equipos docentes con valores y concepciones educativas comunes.

Percepción sobre el alumnado inmigrante de su centro

Como hemos expresado con anterioridad, el CEIP Estela del Carmen tiene casi un 30% de alumnos de origen inmigrante, sobre todo marroquíes y latinoamericanos, aunque también hay un grupo significativo de alumnos de países del Este. En este sentido, es un contexto claramente multicultural, ya que al hecho de la presencia de un alumnado inmigrante, también es muy importante subrayar la presencia mayoritaria de alumnos de etnia gitana, casi el 55%. Dicho esto, hay que señalar que Ana tiene una muy buena consideración del alumnado inmigrante que hay en su centro, es más, destaca que son los más interesados en aprender y los que muestran un mejor comportamiento frente al resto de alumnos del centro.

«*Los niños de otras culturas en este colegio son una gran riqueza. Yo creo que en todos, pero en este colegio más todavía, porque en realidad los otros niños son los que vienen de ambientes (...). Los niños de otras culturas vienen de ambientes normales, pienso, la mayoría, por lo que veo, por lo que hablo con las madres. Los niños latinoamericanos, los niños árabes... De hecho, son buenos alumnos, la mayoría, son niños más centrados, no tienen ningún tipo de conflictos violentos».*

(Ep.Ana. 468, 1495)

Para ella, los alumnos inmigrantes suponen una gran riqueza para su centro educativo, y es que la diversidad cultural es un aspecto que enriquece la convivencia escolar. Además, tal y como plantea Ana, en el caso concreto del CEIP Estela del Carmen, los alumnos inmigrantes son los que muestran un mejor comportamiento en clase y una actitud positiva hacia el estudio.

Por otro lado, hay que señalar que el aspecto que más preocupa al profesorado en relación a la integración del alumnado inmigrante, sobre todo de aquel alumnado no hispanoparlante, es la cuestión lingüística, esto es: el desconocimiento de la lengua española. No obstante, otra preocupación sería la relación que tienen estos alumnos con el resto de compañeros de su colegio, es decir, el clima de convivencia y de acogida que se respira en el centro, lo que a juicio de María, profesora de apoyo, es francamente conflictivo debido a los problemas de actitud y de disciplina que presentan muchos alumnos del centro. Por ello, esta profesora se plantea la importancia de educar en valores como respuesta a la falta de códigos y referentes morales sólidos de gran parte del alumnado, que tiene una problemática familiar y social significativa (desestructuración familiar, violencia familiar, contexto de privación sociocultural).

«María.- Hombre..., yo pienso que ellos son críos como los demás, y teniendo buena relación a nivel afectivo, ellos conviven y son uno más, o sea que la lengua es una dificultad del principio, les marca al principio pero después hablando tú con ellos de buena forma, casi todas en grupo o en asamblea, e intentando que entren a clase motivados, de una buena forma, pues yo creo que tenemos que abrirnos a todo,..., por ejemplo, a uno que tengo le he puesto a leer el español y tal, pero que, vaya, que no hay problemas..., hombre, el problema ha sido más bien el de la disciplina de los demás, que es donde nosotros trabajamos diariamente, para que vean que es un compañero más, delante de los demás, y que tenemos...

Entrevistador.- O sea que hay trabajar la actitud...

María.- La disciplina y un poco la actitud..., exactamente, la actitud de los niños, es el término adecuado, porque es lo más importante.., y hombre, la disciplina,..., me refiero a la disciplina, hombre porque...mira, es cierto, que cuando hemos subido al ver a las madres, van vestidas así con la ropa. Y los críos que están aquí, que son como son y no se cortan con nada, pues le han dicho... y que ropa más fea y tal y cual, y claro, esto tu tienes que actuar, porque tú tienes que hablarles y decirles, mira, eso no se dice, ella es una mamá como la tuya, lo que pasa es que en su cultura se visten así,..., total, que la misión del profesor es muy importante, para nivelar esos desajustes, pero claro, eso no quita para que algún día el crío dé una mala imagen ante la madre, pero claro, tu después hablas con la madre; mire, que no se preocupe, que son pequeños, y que ellos son espontáneos, que a veces dicen lo que piensan pero que nosotros vamos

>*a trabajar para que esto no ocurra, para que exista siempre un respeto a todo tipo de personas, de cualquier país...».*
>
>(Ep.María. 118-122, 1828)

El aprendizaje de la lengua española se considera como un aspecto fundamental de la integración del alumnado inmigrante. Sin embargo, también hay que señalar el nivel cultural y formativo de las familias inmigrantes como otro aspecto de interés, cuando se citan algunas de las dificultades que tiene este alumnado en el contexto escolar. De hecho, Martín, profesor de 1º de Primaria manifiesta la idea de que muchas veces no sólo la cuestión lingüística es determinante en el progreso escolar de un alumno inmigrante no hispanoparlante, también lo es el nivel cultural de sus familias y los apoyos que puedan brindarles a través de otros mecanismos de ayuda. En este sentido, apunta que muchos padres inmigrantes no pueden ayudar a sus hijos a hacer los deberes por desconocimiento.

>*«Yo creo que el problema está claro..., y es que los padres no conocen el idioma, la lengua..., y a nivel cultural hay muchas diferencias, porque claro no pueden ayudar a sus hijos porque ellos no conocen los conocimientos que damos..., de todas maneras, se les nota a algunos que nos han llegado que sus padres les ayudan,..., me acuerdo de un caso en que la madre ayudaba a hacer los deberes a una niña, de Marruecos, y se le notaba otro nivel educativo..., porque claro, esto depende del ambiente, y lo demás son los padres.... Es que claro, me dicen, es que mi madre no habla castellano».*
>
>(Ep.Martín. 42, 592)

Un tema importante, y que trataremos más adelante con detalle, es que los profesores perciben que en este centro existe un conflicto importante entre la población escolar gitana y la marroquí. No obstante, hay que subrayar la idea de que los profesores están de acuerdo en la consideración positiva que tiene Ana en relación a la buena actitud y comportamiento del alumnado de origen inmigrante, sobre todo del colectivo marroquí, que es mayoritario dentro de la población escolar que hay en el centro.

La convivencia y el clima escolar

Ya hemos comentado que el clima escolar del centro donde trabaja Ana es conflictivo por diversas razones. En primer lugar, hay que señalar que es el único colegio público de la zona de las Torres, un barrio cercano al centro histórico de Málaga capital, y donde la población se caracteriza por tener una problemática sociocultural y económica grave: problemas de violencia familiar, desestructuración familiar, economía sumergida, problemas de drogodependencia, alto índice de paro, etc. En efecto, la población escolar que ingresa en el Estela del Carmen trae al centro toda esa problemática de índole social, lo cual es un elemento fundamental de nuestro análisis para ir comprendiendo la complejidad de los significados educativos que acontecen diariamente en la propia convivencia del centro.

EDUCACIÓN INTERCULTURAL Y CONVIVENCIA EN LA ESCUELA INCLUSIVA

Además, es un centro donde los conflictos por problemas de conducta se dan con mucha frecuencia, de ahí la importancia que para Ana tiene el proyecto de innovación educativa que están desarrollando en la actualidad. Uno de los ejes fundamentales del proyecto es la vertebración de una convivencia basada en el diálogo, la paz y el respeto; valores sociales que nada tienen que ver con los códigos y referentes sociales que ven muchos de los alumnos que asisten al colegio. En efecto, Ana subraya que muchos alumnos de su centro viven en ambientes sociales muy primarios, donde la violencia verbal y física prevalece como código social de funcionamiento frente al diálogo y la convivencia pacífica. Igualmente, el lenguaje de la agresividad es aprendido en el contexto familiar, teniendo influencias y repercusiones negativas para la convivencia escolar. Así pues, tal y como valora Ana, toda esta problemática social y familiar viene todos los días a la escuela, única instancia donde estos alumnos pueden adquirir valores y conductas prosociales.

> «Entrevistador.- Vamos a ver...ligando con lo que has dicho antes de aprender a ser, hay otro aspecto que tiene que ver con el aprender a convivir, y mi pregunta sería si te planteas la importancia de este eje...respecto al alumnado, aquí en el centro.
>
> Ana.- Mira, estos niños proceden de ambientes muy conflictivos donde los códigos y las normas de funcionamiento que manejan son los códigos de la violencia. Es decir, yo te mato,..., son los códigos del más fuerte.
>
> Entrevistador.- Sí, son los valores de la agresividad, la falta de diálogo ¿no?.
>
> Ana.- Son ambientes sociales muy primarios, viven en ambientes donde prevalece el más fuerte, que es el que sobrevive, y entonces, pues se generan códigos e historias de que yo te pego, yo te quito, yo te mato, yo no sé cuanto, no se qué, y supongo que en el barrio tiene que ser así, es decir, entre los niños se ven las diferencias en el que tiene más fuerza y el que tiene más posibilidades de machacar al otro ¿no? Entonces, eso viene a la escuela todos los días, cotidianamente viene todos los días, y claro, aquí estamos un poco a contracorriente por los valores...».
>
> *(Ep.Ana. 86-92, 1093)*

El alumnado inmigrante es el más valorado por el profesorado porque es el más trabajador y el que muestra una actitud más positiva hacia el aprendizaje y la convivencia respetuosa. Salvo algunas excepciones, es el colectivo de alumnos de etnia gitana el que más conflictos disruptivos presentan y, en ocasiones, este alumnado se enfrenta con alumnos de origen inmigrante, sobre todo con el de origen magrebí. Insultos y malos modos son los primeros indicios que pueden ocultar actitudes racistas que pueden provenir de su educación familiar y de su contexto social. Esto es un aspecto que preocupa mucho a Ana, no sólo por los problemas escolares que ocasiona, sino porque va más allá de la mirada escolar. El reto es muy importante: educar en valores de paz y tolerancia a una población escolar con una problemática social diversa. Para ella, esto tiene que ver con lo que denomina conflictos interculturales, que implica realizar un análisis profundo que va más allá del ámbito puramente escolar, y entronca con una realidad social que a su juicio está llena de prejuicios y actitudes racistas hacia los colectivos minoritarios.

> *«Ana.- Yo creo que realmente están las dos cosas. A lo mejor no se puede generalizar, pero los conflictos interculturales, que existen, es verdad: el no reconocimiento, la discriminación, la exclusión, las malas miradas a las madres marroquíes que vienen con los pañuelos... Eso existe. Pero yo creo que en este centro, por lo menos, y creo que en todos, estos conflictos interculturales se dan en un contexto de conflictos socioculturales; como que se une, que se teje, se entrelaza.*
>
> *Entrevistador.- O sea, que tú crees que los conflictos socioculturales existen, pero están dentro de una red, de un tejido -es que me encanta la palabra "tejido"- sociocultural complejo, con dificultades, con una problemática...*
>
> *Ana.- En este centro. A lo mejor en otro centro está como más evidente, más claro, más transparente...*
>
> *Entrevistador.- Porque puede que haya más heterogeneidad. Estamos hablando de un centro con unas características de homogeneidad social muy claras, que generalmente es desfavorecido, aquí hay una problemática social...*
>
> *Ana.- Pero no podemos tapar eso, no podemos obviar que existe en la sociedad española en este momento, a nivel político, a nivel macro y a nivel micro, un conflicto intercultural fuerte, eso es verdad. Hay una mirada despectiva muchas veces, y una mirada discriminatoria, segregacionista, de gentes de otras culturas. Incluso latinoamericanas, ¿eh? Aquí una expresión muy común era "sudaca", que es despectiva; y "moro", que es una expresión totalmente... que depende de dónde se diga y de cómo, pero... Y es verdad que entre las clases populares bajas se dice: "No, es que los moros vienen aquí a quitarnos el poco trabajo que tenemos". Es decir, que hay un cierto sentimiento xenófobo, que se ha generado en el último tiempo, porque en realidad es verdad también que en la década de los 70 y de los 80, en los tiempos del franquismo y post-franquismo, los españoles eran muy solidarios con Latinoamérica, pienso. Yo por lo menos no he sentido nunca ese sentimiento, al contrario... Pero últimamente, por las circunstancias políticas, etc. Yo creo que si lo planteas sólo como conflicto sociocultural, lo desvirtúas».*
>
> (Ep.Ana. 601-609, 2955)

Desde luego, esta percepción de que existe una problemática entre el alumnado de origen magrebí y el alumnado gitano es compartida por Rosalía, que considera que los insultos racistas impregnan, en ocasiones, la convivencia escolar.

> *«Rosalía.- Yo creo que aquí en este colegio hay roces..., hay roces. Hay algunos...*
>
> *Entrevistador.- Marroquíes, autóctonos...¿con los gitanos?*
>
> *Rosalía.- Los gitanos ven a los marroquíes como al moro..., lo llaman moro, moro y moro..., y es más, el insulto suyo es moro. El problema*

> *está entre los magrebíes y gitanos.., fíjate que aquí en el centro tenemos muchos gitanos también, y aunque no sean gitanos de padre, son de madre gitana..., y el insulto es moro..., y al gitano no le dicen gitano, porque no lo ven como insulto.., lo insultan pero la palabra gitano, los marroquíes no distinguen, porque no saben que el niño es en realidad gitano o no..., ellos tienen el insulto de respuesta a lo que le dicen los gitanos..., y es que aprenden rápidamente el nombre de los insultos, pero vaya, muy rápidamente, vaya, al segundo día..».*
>
> (Ep.Rosalía. 70-74, 1049)

No obstante, Ana considera que su colegio ha mejorado bastante en la convivencia, aunque todavía queda mucho trabajo. La disonancia entre los valores sociales que recibe el alumno de su contexto familiar y los que recibe del contexto escolar es muy significativa y distante. El escenario escolar del Estela del Carmen es el mejor ejemplo de la necesidad ineludible de plantear medidas educativas que atiendan no solamente al aspecto académico de la educación, sino también a la vertiente social que tiene ante sí una educación que pretende dar una respuesta de calidad en igualdad de oportunidades a todos los niños y niñas.

> *«Otra intuición que tengo respecto a mi visión que tenía de este colegio el año pasado, es que el nivel de conflictos ha bajado, sobre todo en el caso de los niños gitanos y de los marroquíes, dos colectivos importantes de alumnos y alumnas que hay en este centro. No obstante, en los días que llevo viniendo al colegio, he visto tensiones en la propia convivencia, pero parece que ha mejorado. Esto es algo que me confirmó la propia Ana al comentarles aspectos relativos a mi interés por estudiar los conflictos desde la perspectiva de la interculturalidad».*
>
> (D.I. 238, 557)

La educación en valores resulta de especial importancia en un contexto educativo donde los códigos de la violencia están asumidos por una población escolar en desventaja sociocultural y familiar. Tal y como hemos descrito con anterioridad, la mayoría del alumnado que acude al Colegio Público Estela del Carmen tiene una problemática familiar muy grave. Ana considera que habría incluso que educar a las madres antes que a los niños para dar una respuesta coherente a la problemática que éstos reflejan en la escuela. Conflictos que para ella tienen una clara dimensión emocional, ya que presentan una baja autoestima y una baja tolerancia a la frustración.

> *«Ana.- Yo te quiero ser muy honesta, yo te quiero decir, ya te digo, esto es lo que yo pienso y muchas veces ese pensamiento me guía y otras veces entra en contradicciones porque estoy buscando estrategias. No hay ninguna fórmula matemática.., yo no tengo la varita mágica. Yo creo dos cosas, que me parecen que son fundamentales, y antes no creía: una es que tiene haber normas claras porque estos niños no tienen normas en sus casas, viven en una anomia total, y necesitan referentes porque no los tienen..*
>
> *Entrevistador.- ¿referentes de comportamiento..?*

INFORME DE LOS RESULTADOS DE LA INVESTIGACIÓN

> *Ana.- Me estoy refiriendo a referentes de comportamiento, referentes de saber estar, referentes de compartir, referentes de saber respetar, referentes de sentirse respetados..., es decir, necesitan eso y eso significa mucho lo que te voy a decir ahora, y es que estos niños necesitan mucho afecto, y necesitan ver más allá de esa patada, ver lo que le está pasando a ese niño más allá, y ver tirar una mesa en una clase normal puede ser un conflicto de disciplina y aquí es normal, y ese veneno emocional lo tiene que tirar porque en algún sitio tiene que desahogarse. Y otras de las cosas que yo he aprendido aquí, y es algo que a mí me funciona es intentar poner al niño en el lugar del otro».*
>
> (Ep.Ana. 295, 1786)

La dinámica educativa en el centro ha cambiado, pero todavía queda mucho camino por recorrer. La interculturalidad es una pieza clave y fundamental para la promoción y el fomento del respeto al otro como legítimo otro en su diferencia cultural y social. Los alumnos inmigrantes que acuden a este centro viven situaciones socioculturales también muy difíciles. Sus padres trabajan durante todo el día, tienen poco tiempo para su cuidado y atención educativa, y los referentes sociales que aprenden estos niños lo hacen en su contexto social y con su grupo de pares. Como hemos visto antes, estos niños de origen inmigrante viven en zonas sociales con viviendas deterioradas y a precios asumibles para su precaria situación laboral y económica; aún así, son las familias más preocupadas por la educación de sus hijos, y éstos son los que mejores expectativas tienen desde la perspectiva del profesorado.

> *«Entrevistador.- ¿Y el apoyo de las familias desde el punto de vista de la integración de la familia inmigrante..como la ves.., participan, no...?*
>
> *Ana.- Las familias inmigrantes son las que más participan en este centro. cuando se convoca una charla con café donde vienen las madres, y hay un porcentaje importante de madres marroquíes y latinoamericanas...*
>
> *Entrevistador.- Son las que vienen...*
>
> *Ana.- Son las que vienen más, o sea, en mayor número en comparación con el resto de la población. Entonces, la participación de las madres es mayor en estas culturas que las de las familias de los niños de aquí».*
>
> (Ep.Ana. 34 to 40, 582)

Por otra parte, es necesario explicitar de manera clara que para Ana el conflicto es una oportunidad para aprender, para crecer y para compartir situaciones que deben ser propicias para la educación en valores desde una perspectiva educativa crítica. En efecto, Ana valora el conflicto como una herramienta de aprendizaje donde el alumno debe ser el agente protagonista del escenario educativo. Ahora bien, para ella, es importante la regulación de los conflictos, y es necesario diferenciar claramente lo que ella entiende por conflicto y su diferencia ante otros conceptos o situaciones distintas. Realmente, para Ana el conflicto es cualquier situación educativa problemática que además implica una amalgama de posibilidades de respuesta y acción educativa.

EDUCACIÓN INTERCULTURAL Y CONVIVENCIA EN LA ESCUELA INCLUSIVA

> «Ana cree firmemente en que la participación activa de los alumnos en la toma de decisiones conjuntas con el profesorado, les ayuda a crecer como personas, y les sirve para interiorizar valores y normas de convivencia básicas que desconocen en su contexto familiar y social. A pesar de ello, admite que muchas veces se enfada y se lamenta de la actitud de muchos alumnos, que, como hoy, han roto la valla existente al final de las pistas polideportivas, la que separa las pistas con el futuro huerto escolar, idea que despierta mucha ilusión en ella, pero que como hoy, se ve frustrada cuando observa cómo algunos alumnos no hacen caso de los avisos y consejos de sus profesores, y se siguen subiendo a las vallas, con el consiguiente desperfecto».

(D.I. 352, 754)

Todo comportamiento disruptivo es un conflicto, pero no todo conflicto es necesariamente un problema de convivencia en términos de conducta. Ana considera que también existen conflictos de diferentes grados y niveles. Por ejemplo, para ella es un conflicto grave que el currículum escolar no se adapte a las características del alumnado, es decir, podríamos hablar de un tipo de conflicto institucional que ha resuelto a través de la planificación y desarrollo de un proyecto de innovación educativa que tiene entre sus ejes principales el desarrollo de un currículum relevante y funcional para los alumnos del Colegio Público Estela del Carmen.

> «Entrevistador.- Por tanto, para ti la naturaleza de los conflictos que se pueden dar en el colegio...digamos, que hay unos conflictos implícitos y explícitos..., porque el currículum mismo puede ser en sí mismo o generar un conflicto... no sé...
>
> Ana.- Sí, un conflicto general en la escuela, un conflicto general del sistema educativo. Yo ese conflicto, no lo cambia ninguna ley que venga desde arriba pensando que tenemos que aprender de memoria, como hemos aprendido nosotros, miles y miles de cosas que no te sirven para nada. O sea que yo creo que la educación tiene que ser diferente, y que tiene que dar un giro hacia aprender a ser, hacia aprender a convivir, aprender a compartir..., hacia los valores, hacia el aprender a ser».

(Ep.Ana. 106-108, 1513)

Lógicamente, es un conflicto la situación de enfrentamiento que se da, ahora con menos intensidad, entre el alumnado gitano y el de origen magrebí. Sin lugar a dudas, este conflicto tiene que ver con la existencia de prejuicios y estereotipos culturales de índole racista, que son un problema de gran importancia y que Ana valora de primer orden, dentro de sus prioridades para mejorar el clima de convivencia existente en su centro.

Otro tipo de conflicto que Ana señala como significativo sería el que implica la propia dificultad lingüística que tiene el alumnado inmigrante no hispanoparlante. Ahora bien, desde el punto de vista de Ana, este tipo de conflictos comunicativos no tienen tanta importancia como los anteriormente apuntados, por la sencilla razón de que tienen los mecanismos adecuados para mejorar la competencia lingüística y comunicativa de estos alumnos. Además, en poco

INFORME DE LOS RESULTADOS DE LA INVESTIGACIÓN

tiempo, los progresos que hace este alumnado en esta materia son rápidos y muy positivos para su integración en la vida escolar en óptimas condiciones. En este punto, hay que señalar que el proyecto de innovación educativa contempla la importancia del apoyo lingüístico como una herramienta clave para la integración escolar del alumnado inmigrante no hispanoparlante.

> «El colegio, que cuenta con un porcentaje importante de alumnos y alumnas inmigrantes de países árabes, llevará a cabo un programa de adaptación lingüística para el alumnado extranjero. Este programa tiene el objetivo de adquirir el conocimiento de la cultura y el idioma español que les permita a los niños y niñas integrarse de la forma más satisfactoria posible dentro de nuestro sistema educativo, y por ende, en la vida española. Actualmente, se realiza a través de una profesora que asiste a tiempo parcial durante 3 días a la semana pero se propone que el colegio disponga de un aula de acogida multifuncional que atienda a éstos niños y niñas, a los absentistas y a otros de incorporación tardía con un profesor a tiempo completo».
>
> *(Dc. 287, 1811)*

Sin embargo, para Ana, no sólo la cuestión lingüística es un aspecto clave en la integración del alumnado inmigrante, también lo es el reconocimiento de su cultura y el respeto a su identidad cultural. El problema, a su juicio, es que el currículum que se plantea desde la administración educativa y la que contienen los libros de texto es un currículum homogéneo que no valora la diversidad cultural ni sus necesidades educativas al no ser funcional en su contexto sociocultural. Para ella, es fundamental que estos alumnos perciban que su cultura es valorada en el contexto escolar, ya que la atención a la diversidad cultural tiene que tener como principio vertebrador el reconocimiento de la diversidad cultural como un pilar educativo que debe estar integrado plenamente en el currículum escolar.

> «Bueno, para mí una clave fundamental para la integración es la lengua. Por ejemplo, ahora nos ha venido una niña de Marruecos que no sabía absolutamente nada de castellano, entonces eso es un elemento fundamental, que nos entienda. Pero, otro elemento fundamental es que estos alumnos sientan valorada su cultura, o sea, que el currículum que se diseñe en cualquier tipo de centro tiene que responder a la diversidad cultural, y la diversidad cultural significa responder a los valores culturales y a las características de cada uno de ellos. Lo que pasa es que muchas veces esto no se da, y entonces, estos niños se integran en un currículum homogéneo, en el currículum que existe que es el currículum de los libros de texto, es el currículum real ¿no?, y evidentemente, si los niños que son de aquí ya tienen dificultades para trabajar con un currículum que no responde para nada a sus necesidades porque no es pertinente, porque no es funcional, porque no es relevante a nivel social, no es significativo de sus contextos y de sus culturas. Pues, para los niños de otras culturas es más de lo mismo».
>
> *(Ep.Ana. 32, 1751)*

La falta de colaboración o, mejor dicho, la poca sintonía que existe entre algunos profesores que no participan del equipo pedagógico que impulsó el proyecto de innovación educativa con los que sí participan, e incluso con Ana, como directora actual del colegio, supone un conflicto importante para ella. En efecto, ella considera que el trabajo en equipo del profesorado del centro es una clave fundamental en la mejora de las condiciones de aprendizaje de los alumnos y el compromiso por parte de algunos docentes no es el más adecuado desde su punto de vista.

> «Para ella, en un centro educativo como el suyo, los procesos conducidos por un profesorado comprometido en llevar a cabo innovaciones educativas de carácter crítico es fundamental, ya que trabajan con un alumnado con muchas carencias no sólo de índole académico o exclusivamente escolar, sino que existen muchas carencias en competencias sociales y en la regulación pacífica de conflictos. En verdad, ella le da mucha importancia al trabajo cooperativo de los profesores para desarrollar en su centro unos principios pedagógicos comunes, esto es, desarrollar el proyecto de innovación que están llevándolo a cabo este curso por segundo año consecutivo, desde la unión profesional y también socioafectiva de todo el profesorado. Como dice ella, trabajar en su centro es duro porque muchas veces se sienten incomprendidos por las familias, y porque la autoestima tiene que sufrir en un contexto donde los códigos y los valores morales son de egoísmo, de violencia y de carencia afectiva y emocional».

(D.I. 329, 998)

También los conflictos emocionales son importantes para Ana. Estos conflictos tienen que ver con el sentimiento de impotencia que ella misma experimenta en algunas ocasiones cuando ve que los cambios en la escuela son lentos y no tiene el apoyo de las familias del centro. Esta última cuestión es de absoluta trascendencia para ella. En realidad, los conflictos que surgen en el centro tienen mucho que ver con la dimensión afectiva de las relaciones que tienen las familias con sus propios hijos, y es que los modelos de relación entre padres e hijos se basan en la violencia verbal y física, lo que se traslada en algunos alumnos del centro. Ciertamente, muchos alumnos del centro presentan un déficit relevante en la adquisición y puesta en práctica de competencias sociales como la asertividad y la empatía, así como en las estrategias para poder regular pacíficamente los conflictos que surgen en el escenario educativo. Las siguientes palabras de Ana nos da idea de la problemática situación social y familiar en la que viven muchos de ellos:

> «Intentar poner al niño en el lugar del otro ¿no? (...) es decir, esa persona no es capaz en ese momento, pero eso lleva acompañado de hablar, porque aquí el conflicto se trata hablando. El conflicto está en el centro de este colegio, siempre va a haber conflicto, se va Israel y va venir Juan, se va a ir María y va venir Pedro. Este colegio, la Ítaca de este colegio es el conflicto, la Ítaca de este colegio (...) esto es como una tempestad (...), mira el colegio es un como un barco en medio de una tempestad, y mientras los niños están en el barco están a salvo, porque lo que hay en sus casas tiene que ser muy fuerte. Es decir, lo que hay en sus casas es el maltrato, son incluso, bueno (...) malos tratos, lo que hay en sus casas es droga, lo que hay en sus casas es prostitución, delincuencia y violencia por un tubo. Su forma de relacionarse es la violencia».

(Ep.Ana. 299, 887)

INFORME DE LOS RESULTADOS DE LA INVESTIGACIÓN

Que las madres no valoren al profesorado del centro, y el esfuerzo que hacen para facilitar la mejora y dignidad de las condiciones de enseñanza y aprendizaje, también es un conflicto de índole emocional que afecta al propio ser y estar de Ana como docente, y su sentir como persona comprometida por la igualdad de oportunidades y la superación del racismo y la xenofobia. En este sentido, ella misma señala que comenzó a darse cuenta de lo mucho que le afectaban los conflictos, y a partir de ese momento reflexionó sobre la importancia de realizar puestas en escena que le permitieran afrontar las situaciones problemáticas que ocurren en la escuela sin perjudicar su estabilidad emocional como docente y persona.

> «He aprendido dos cosas aquí, en este sentido. Una, muy al principio, me mataba, la violencia; sufría muchísimo, y me enfadaba, me desanimaba (...) Hasta que empecé a comprender que ésa era una manera de relacionarme que yo tenía, y que a los cinco minutos no había pasado nada, es decir (...) Uno le pega un puñetazo a otro, y a los dos minutos no ha pasado nada. Y yo decía: "¿Pero esto qué es?". Eso suele pasar con todos los niños, pero no a esos niveles tan fuertes. Entonces, empecé a darme cuenta de que no podía, me afectaba muchísimo, y me empecé a dar cuenta de que no me podía afectar tanto, y vi que lo que tenía que hacer era puestas en escena, sin que me afectaran. "Puesta en escena" es: vamos a sentarnos, cuál es el problema (...) Entonces, lo que me pasaba (...) Estoy entre dos aguas. Sí me afectan a veces, pero cada vez me afecta menos. Antes yo me llevaba el problema a mi casa, y sufría y le daba vueltas. Entre los compañeros me afecta más, porque, finalmente, con los niños, es como montar un escenario, y digo: "Éstas son las normas, esto es lo que hay, qué ha pasado", y devolverles el conflicto, a ver si ellos encuentran solución. Hoy, por ejemplo, me ha pasado, ha habido un conflicto con Manu y Mohamed, que uno le había pegado una patada, el otro le había dicho "palizas". Entonces, yo (...) Bueno, también había ayudado el curso de mediación, evidentemente, pero (...) "Vamos a ver, ¿cuál es el problema? no os podéis matar entre vosotros. Tú eres Manuel." "Yo, Manuel, me he sentido mal porque me ha dicho "palizas". "Y tú eres Mohamed" Ahora, Mohamed: "Yo me he sentido mal porque me ha pegado una patada." "Bueno, ¿en el fondo qué queréis?" Y entonces buscan las necesidades. Eso, para mí, ha sido una ventana muy bonita. "Pero vosotros, ¿queréis ser amigos o no?" Y dicen: "No, yo quiero ser amigo." "¿Y tú?" "Yo también." "Bueno, ¿y entonces por qué esto?».
>
> (Ep.Ana. 593, 2188)

Respecto a las relaciones que se dan entre los propios alumnos, ya hemos visto que existen ciertos conflictos de carácter disruptivo entre alumnos gitanos y marroquíes. Sin embargo, insistimos en la idea de que el clima escolar está mejorando gracias a diferentes estrategias de gestión y regulación de conflictos que veremos más adelante. Ciertamente, el alumnado inmigrante se muestra muy receptivo a mantener relaciones de amistad e interacción cada vez más fluidas con el alumnado autóctono del centro, lo cual no está exento de algunas particularidades debido a cuestiones de género. Y es que Ana observa cómo las familias gitanas se preocupan de que sus hijas no mantengan ningún tipo de relación de amistad con los alumnos de otras culturas, de ahí que existan manifiestas muestras de desigualdad entre niñas y niños en el centro escolar.

> *«Yo lo que he observado en grupos culturales es que, como tenemos un porcentaje muy alto de niños de etnia gitana, los padres a veces han venido haciéndonos quejas de que su hija no se siente en el grupo de los niños, porque en esta etnia se tiende mucho a preservar a las niñas; no las dejan, por ejemplo, ir a excursiones, mientras que a otras niñas sí los dejan, sudamericanas, incluso árabes... Pero estas niñas, como que no. Hay una resistencia muy grande a que las niñas vayan solas a alguna parte. Yo creo que está relacionado con los ritos ésos donde está preservada... Y el año pasado teníamos el caso de Manolo, que había acudido, con doce años, había pedido a la familia a una niña que se llamaba Reme».*
>
> (Ep.Ana. 34, 2557)

En el caso de los alumnos de origen inmigrante, Ana destaca que sí pueden existir también ciertas diferencias en el trato que dan las familias magrebíes a sus hijas en comparación con sus hijos, sobre todo en relación a las expectativas personales y laborales en función del género.

> *«Otro aspecto que tratamos fue la diferencia de genero, ya que la conversación derivó a centrarnos en el colectivo de alumnos y alumnas marroquíes. Concretamente, me contó la situación de una niña marroquí en su centro, y cómo ella percibe diferencias muy significativas en torno al trato que los padres marroquíes dan a sus hijos en función del género. Igualmente, destacó que los profesores tratan por igual a todos los alumnos con independencia de su nacionalidad o de su cultura, y también sin diferenciación por género, poniéndome algunos ejemplos en los que son las familias las que condicionan las perspectivas sobre todo educativas y profesionales futuras de desarrollo de sus hijos, sobre todo en el caso de las niñas magrebíes».*
>
> (D.I. 44, 738)

Otra variable importante en relación a la cuestión de género en el contexto escolar del Estela del Carmen es que, efectivamente, los alumnos de etnia gitana tienen un lenguaje muy machista y violento respecto a las mujeres. Esto es algo que no sólo percibe Ana, sino muchos profesores del centro. Este aspecto es claramente negativo para los principios de coeducación e igualdad de género que quieren impulsar Ana y su equipo pedagógico en la propia dinámica de convivencia del centro. Sin embargo, choca con los valores que transmiten las familias a sus hijos, valores que hacen que se vuelva a producir una divergencia muy importante entre los valores de la escuela y los del contexto familiar y social donde viven y actúan estos alumnos.

> *«Entrevistador.- ¿Ve alguna diferencia en el trato entre los niños y niñas magrebíes..?, por parte de los padres lo digo..*
>
> *María.- Yo no tengo la oportunidad, no he tenido la oportunidad de indagar en ese sentido, sí observo, que ya incluso los niños desde la Educación Infantil..., un comportamiento..., o sea que los niños manifiestan un compor-*

tamiento ya muy machista desde pequeñito, porque yo tenía en clase a una niña en clase, yo lo tenía con tres años, y el niño tenía cinco años, su hermano, pues bien, las niñas le traían al hermano todos los días la mochila, y el hermano decía,..., que a los mujeres no, o sea, que parece que en la casa sí hay patrones de comportamiento un tanto machistas, parece, digo que parece..,.es una percepción completamente subjetiva, pero sí creo por esas percepciones desde tan pequeñitos..., que a lo mejor hay diferencias ya que veo que algunos niños no hacen caso a sus madres, y si le decías que llamabas al padre, no veas como se ponía..., te estoy hablando de un caso muy particular. Yo no te puedo generalizar, pero es la percepción que me queda de ese caso...».

(Ep.María. 41-43, 1097)

La participación y la implicación de las familias del centro en la dinámica educativa no es la más adecuada según Ana. En verdad, la participación es escasa, a pesar de que el proyecto de innovación educativa contempla numerosas medidas que están siendo acogidas con satisfacción por algunos sectores de la comunidad educativa, sobre todo las familias inmigrantes que encuentran espacios comunitarios de diálogo y comunicación intercultural. De hecho, podemos afirmar que las familias de origen inmigrante son las más participativas e implicadas en la propia convivencia escolar, de ahí que sean muy valoradas por el profesorado. De manera más concreta, podemos decir que son las que más participan en las "charlas con café", encuentros educativos donde las madres -los padres apenas vienen a estas reuniones- conversan sobre diferentes temas de interés para sus hijos como son la salud, la higiene, los medios de comunicación, las drogas, etc.

«Entrevistador.- Por cierto, ¿qué hay del tema del desayuno, de la meriendas...? Me dijiste que estuviste... que de hecho un día no viniste porque había un acto con las madres...

Ana.- Ah, sí, esta mañana ha habido uno. Una charla como hemos tenido varias.

Entrevistador.- Cuéntame...

Ana.- La primera fue de presentación. Hemos tenido tres: la primera fue de presentación del curso, de recoger necesidades de ellas, qué querían que trabajáramos este año...

Entrevistador.- ¿Quiénes venían, madres de distintas culturas?

Ana.- Las madres árabes siempre, y las madres de las otras... unas quince o veinte, hemos tenido al principio. Hoy ha habido menos, han ido unas diez. Entonces, planteamos que estábamos haciendo las normas del colegio, que están ahí, las habrás visto a la entrada, hicimos una asamblea con los niños, donde vinieron dos madres del Consejo Escolar, y el Viernes pasado hicimos la asamblea colectiva aquí abajo, con todo el colegio, donde cada curso fue diciendo qué norma habían elaborado, algunas de las normas que habían elaborado, que están todas puestas ahí. Fue muy bonito, y ahora la próxima charla con café se la vamos a presentar a los padres, porque no nos ha dado tiempo a hacerlo antes».

(Ep.Ana. 306-332, 2589)

1.3. Contexto educativo de diversidad cultural. Características del Colegio Público Salvador Fernández: el caso de Elena

Situado en la zona Centro-Norte de la ciudad, el CEIP Salvador Fernández recibe la población escolar de un barrio tan popular de Málaga como lo es "La Paloma". Es un centro de integración que atiende a niños con nueve tipos de deficiencias diferentes y con mucho alumnado de necesidades educativas especiales. Parte del mismo tiene un nivel sociocultural bajo. En el barrio reside una gran población de inmigrantes de diferentes nacionalidades. Además, el Centro de Acogida de Atención al Refugiado y Málaga Acoge recomienda a través de sus mediadores y voluntarios este colegio a las personas que viven en este barrio o incluso a la población inmigrante recién acogida. El CEIP Salvador Fernández cuenta en la actualidad con alumnos de 16 nacionalidades diferentes. Si a ello, se une su situación en un entorno urbano con especial problemática sociocultural, nos encontramos con una realidad educativa bastante compleja.

Este centro ofrece los servicios complementarios (gratuitos o semigratuitos) de aula matinal, comedor y actividades extraescolares dentro del plan de apertura de centros que viene subvencionando la Delegación Provincial de Educación de Málaga, los cuales han tenido una gran aceptación en la comunidad educativa. Esto se debe a que las madres y padres trabajan y no cuentan con familiares que puedan ocuparse de llevar y recoger a sus hijas e hijos al colegio. Además de las bonificaciones que presta la Junta de Andalucía para estos servicios, el colegio favorece y facilita, en casos extremos, las ayudas pertinentes para que puedan acogerse a estas actividades fuera del horario lectivo. Todo esto favorece la integración escolar y reduce el absentismo.

Hay que señalar que las relaciones que mantiene el colegio con el barrio son excelentes por las diferentes actividades conjuntas que realiza con las entidades del entorno (Ayuntamiento, Centro de Mayores, Biblioteca, Centro de Salud, ...), y por el continuo préstamo de las instalaciones escolares a asociaciones, ONGs y grupos diversos, incluso voluntariado para organizar actividades deportivas y de ocio con el alumnado del centro los fines de semana.

Según los datos ofrecidos por el centro en su plan de compensación educativa, de un total aproximado de 300 alumnos que tiene el centro, estos alumnos presentan las siguientes características socioculturales que hacen del mismo un centro de actuación educativa preferente:

- Un 52% del alumnado presenta desventaja sociocultural.
- Un 8% presenta un desfase curricular de más de dos años.
- Un 7% del alumnado presenta absentismo escolar.
- Un 20% pertenece a minorías étnicas.
- Un 14% del alumnado presenta necesidades educativas especiales por diferentes discapacidades.
- Un 32% del alumnado presenta dificultades lingüísticas.

Como podemos comprender, el alumnado del Colegio Público Salvador Fernández se caracteriza por su heterogeneidad y por la pluralidad de necesidades

INFORME DE LOS RESULTADOS DE LA INVESTIGACIÓN

educativas específicas que presenta. En este sentido, tenemos que decir que el centro atiende a 39 alumnos con necesidades educativas especiales. De manera más concreta, podemos decir que atiende a dos alumnos con espina bífida, 14 con retraso mental ligero, 9 alumnos con parálisis cerebral, 5 alumnos con trastornos generalizados del desarrollo, 5 alumnos con síndrome de Down, 2 hipoacúsicos y 2 superdotados.

Además, podemos destacar que en el curso 2005-2006 había en el centro un total de 96 alumnos de origen inmigrante, de los cuales 52 son de origen latinoamericano (sobre todo argentinos y ecuatorianos), 25 de origen magrebí (marroquíes y argelinos), 14 de países del Este (búlgaros, rusos y ucranianos), 3 alumnos chinos y 2 alumnos nigerianos.

Ciertamente, el CEIP Salvador Fernández es un centro donde la diversidad y la integración son dos conceptos absolutamente descriptivos de la realidad educativa que se respira en el mismo. Esto se vive desde el primer momento en el que se entra por la puerta del colegio. Carmen, la directora del colegio, destaca que la diversidad es un valor que impregna toda la vida del centro educativo. Éste tiene dos líneas en Educación Primaria, cuatro aulas de Educación Infantil, aula de apoyo a la integración, aula específica de educación especial, dos aulas de audición y lenguaje y un aula ATAL.

«*Entrevistador.- Mi primera pregunta sería conocer cuál es el número de alumnos que tiene el centro...*

Carmen.- Trescientos.

Entrevistador.- En torno a 300, ¿no?

Carmen.- Cinco arriba, cinco abajo...

Entrevistador.- ¿Cuántas líneas hay en el centro?

Carmen.- Tenemos dos líneas en 6º, 5º... Hay un solo 5º. Todo lo demás son dos líneas. Cuatro de Infantil, una de tres, una de cuatro, una de cinco, y una mixta... Cuatro.

Entrevistador.- Y también tenéis un aula de Educación Especial...

Carmen.- Un aula de Educación Especial, o Aula Específica, con seis alumnos con purideficiencias; con rasgos autistas, la mayoría de ellos, casi todos.

Entrevistador.- Y un Aula de Apoyo Lingüístico... Vaya, el aula ATAL...

Carmen.- Hay un Aula de Adaptación Lingüística, hay tres... perdón, cuatro, de Apoyo a la Integración [UAI], dos de Audición y Lenguaje, y, bueno, está el personal laboral, que tiene, también te lo comento, seis monitores en total, de ellos una monitora de Educación Infantil, una monitora escolar, un monitor de Atención Temprana, una monitora de Educación Especial, y dos educadores de disminuidos.

Entrevistador.- En un centro tan grande y con tanta diversidad, ¿cómo eres capaz de torear tantas cosas? Es tremendo...

EDUCACIÓN INTERCULTURAL Y CONVIVENCIA EN LA ESCUELA INCLUSIVA

Carmen.- Bueno... La verdad, tengo bastante capacidad de... almacenamiento, ¿no?

Entrevistador.- Estamos hablando de un centro de Primaria grande.

Carmen.- Es un centro de Primaria, y es un centro muy diverso...

Entrevistador.- Lingüística, de personas...

Carmen.- De lingüística, de deficiencias...

Entrevistador.- De competencias...

Carmen.- Porque hablamos de 44 alumnos con diferentes discapacidades. Este año creo que los únicos que nos faltan son los deficientes visuales, que no tenemos ni uno, pero, por lo demás, tenemos todo: hipoacúsicos, paralíticos, síndromes muy raros, muy raros... Pero muy bien. Como sabes, están todos integrados, excepto los seis alumnos del Aula Específica....».

(Ep.Carmen. 6-40, 1904)

Por otro lado, el incremento de la matriculación de alumnos inmigrantes en el centro es una realidad cada vez más emergente, y es que, según Carmen, la matrícula fluctúa a lo largo del curso escolar, debido sobre todo a la incorporación tardía de alumnos inmigrantes. También, hay que reseñar que prácticamente este alumnado se sitúa ya en torno al 30 % del total del alumnado del centro, lo que a su juicio va a cambiar progresivamente porque la matrícula del alumnado inmigrante va a más. En este punto, es necesario destacar que son los marroquíes, por nacionalidad, los alumnos inmigrantes más numerosos en el colegio, aunque de manera más global -agrupados por regiones- el alumnado de origen latinoamericano es mayoritario.

«*Entrevistador.- Te voy a preguntar yo ahora... Respecto al alumnado inmigrante, ¿de qué tanto por ciento estamos hablando de diferentes nacionalidades? ¿Me has dicho 16?*

Carmen.- Hay 16 nacionalidades, y un 30-31 % del total del colegio.

Entrevistador.- Y... Tú estás hablando de 70 alumnos, más o menos, o 60, 70...

Carmen.- Eeeeh... Pues hablamos del 30%... Si tenemos 300, pues son [alrededor de...] eso.

Entrevistador.- ¿Y qué nacionalidad es la que más predomina, o qué grupo cultural es el que más predomina?

Carmen.- Como país, Marruecos. Luego, si aglutinamos a los de Sudamérica, pues creo que son más numerosos; pero, el más numeroso hoy, es Marruecos. Argentina, Ecuador...

Entrevistador.- ¿Desde cuándo es este incremento tan significativo en el alumnado inmigrante?

Carmen.- Bueno, llevamos muchos años; te hablo de hace cuatro, cinco años, que ya empezó el flujo de inmigrantes... Pero bueno, en los dos últimos años, se ha disparado...

INFORME DE LOS RESULTADOS DE LA INVESTIGACIÓN

> *Entrevistador.- Exponencial, ¿no?*
>
> *Carmen.- Pero, bueno, en un 100%. Y además, es que se continúa...*
>
> *Entrevistador.- Continua...*
>
> *Carmen.- Continua; sí, es continua, la matriculación de alumnos aquí es continua. Me acuerdo, en esta primera semana después de Navidad, matriculamos a ocho».*
>
> (Ep.Carmen. 50-72, 2891)

En la valoración del número de alumnos inmigrantes y sobre su procedencia, Elena coincide con Carmen en que los alumnos de origen latinoamericano son mayoría en el centro; aunque por nacionalidad los marroquíes son más numerosos. Hay que decir que los alumnos de origen latinoamericano son muy diversos desde el punto de vista de su procedencia: argentinos, ecuatorianos, colombianos, bolivianos, brasileños y venezolanos.

Existe un aspecto curioso respecto al origen social de las familias y alumnos del centro. Carmen considera que, en general, el alumnado proviene de una clase social baja, sobre todo los de las familias gitanas, mientras que hay familias de clase media e incluso media-alta, que son las familias de los alumnos con necesidades educativas especiales. A juicio de Carmen, estas son las familias normalizadas frente al resto de familias que presentan una problemática social compleja.

> *«Hombre, es una clase baja, una clase baja; pero porque tenemos muchísimos alumnos inmigrantes (...) Tenemos, no muchos, pero bueno, tenemos alumnos de raza gitana; y la verdad es que de las familias de clase media, media/baja, o media/alta, que también la hay, son precisamente los niños de Educación Especial. Ésas son las familias normalizadas, digamos».*
>
> (Ep.Carmen. 256, 7106)

Para Carmen está claro que las familias con hijos con discapacidad eligen su centro porque es pionero en la integración escolar de los alumnos con necesidades educativas especiales desde la década de los ochenta. En este sentido, es importante destacar que el centro se ha convertido en un foco de atracción de toda la diversidad cultural y social que existe, no sólo en el barrio donde está situado el centro, sino también de otros barrios cercanos.

> *«Entrevistador.- Sí, que vienen aquí a lo mejor por los recursos que tiene el centro...*
>
> *Carmen.- Que vienen porque el centro es un foco, en ese sentido, en el tema de la integración.*
>
> *Entrevistador.- Es un centro pionero en esa cuestión...*
>
> *Carmen.- Es un centro pionero, y bueno, la fama por ahí nos acompaña, y a veces en exceso, porque está la demanda que hay para...*
>
> *Entrevistador.- A nivel de atención a la diversidad...*
>
> *Carmen.- Sí, que a veces no podemos acogerlos a todos, porque es imposible, ¿no? Por lo demás, las familias de los barrios. Familias deses-*

EDUCACIÓN INTERCULTURAL Y CONVIVENCIA EN LA ESCUELA INCLUSIVA

tructuradas, con muchísima problemática socioeconómica, de vivienda, de padres separados, de padres con problemas de prisión...

Entrevistador.- Sí, problemas de drogadicción, delincuencia...

Carmen.- Mucha, mucha problemática. En los inmigrantes, pues hay problemas también, económicos, fundamentalmente. Muchos están sin papeles...».

(Ep.Carmen. 258-272, 1436)

Percepción sobre el alumnado inmigrante de su centro

La percepción que tiene Elena sobre el alumnado inmigrante de su centro es francamente positiva. Ella considera que el alumnado inmigrante añade más riqueza a la existente diversidad que hay en el colegio. La diversidad cultural es un elemento positivo que ya está configurando un cambio significativo en la propia filosofía del colegio. En este sentido, Elena tiene unas altas expectativas en relación al futuro trabajo o carrera académica de los alumnos inmigrantes, sobre todo en el caso de las alumnas de los países del Este. Para ella, estas alumnas, además de su inteligencia y tenacidad, se caracterizan por el interés, la motivación y el espíritu de superación que demuestran en su propia clase. Por esta razón, Elena afirma que pueden estudiar lo que ellas quieran, ya que además superan al propio alumnado autóctono en expediente escolar.

«*Pues mira, hay de todo; sobre todo, viendo un poco el tema de los alumnos mayores, porque aquí son chiquitillos (...). Pero, viendo el tema profesional desde la vertiente de mis mayores -vaya, los de Instituto (risas)-, yo veo las salidas profesionales (...). Hay un abanico muy amplio, es decir, desde niños que pueden estudiar lo que quieran, porque son muy inteligentes, sobre todo tengo varios alumnos ucranianos, rusos, que son maravillosos, terminan con sobresaliente, superan a los españoles y todo (...). Entonces, yo sé que, ésos, lo que quieran. Yo tengo una niña ucraniana, que llegó en septiembre, o sea, un trimestre conmigo, que ya está en su clase en horario total, es una maravilla. El año pasado también tuve dos búlgaras igual (...). Y esa niña puede hacer lo que quiera; su madre es doctora, y ella no sé lo que quiere hacer: Biología, le gustan mucho los animales (...)».*

(Ep.Elena. 464, 2773)

De hecho, Elena pone algunos ejemplos de niñas búlgaras o rusas que permanecen muy poco tiempo en el aula ATAL debido al rápido aprendizaje del idioma que demuestran, lo que hace que no exista necesidad de que permanezcan en el aula ATAL y puedan seguir sin problemas el ritmo de aprendizaje en sus respectivas aulas ordinarias.

«*Pero, normalmente, cuando ellos dominan un poquito el idioma, lo que quieren es estar en su clase. Por ejemplo, esta chiquita, la del Instituto, me decía: "Ay, yo hoy ese tema no me lo quiero perder"; entonces, es porque lo comprende, y porque ella se siente con capacidad de poder hacer lo que el resto de*

> sus compañeros. Digo: "No, es que no te lo tienes que aprender; tú, en cuanto que veas que ya en clase puedes hacer lo mismo que tus compañeros, más o menos, aquí ya no te hace falta estar; o puntualmente, para algo (...)". Es lo que tiene que ocurrir, es lo normal. Entonces, ya te digo: que ellos mismos... Por ejemplo, Andrea estuvo un trimestre, venía todos los días, y un amor propio, llorando: "Quiero más libros, y quiero más cosas", y se llevaba a su casa (...)».
>
> (Ep.Elena. 476, 2773)

Para Elena, la permanencia del alumno inmigrante en el aula ATAL depende de muchos factores, pero uno de los más importantes, además de la lógica mejora que experimentan estos alumnos a nivel lingüístico, es la competencia comunicativa que adquieren a nivel oral y, sobre todo, sus ganas de aprender. Ciertamente, en el momento en el que estos alumnos adquieran la suficiente competencia comunicativa y sus mejoras a nivel de lectoescritura se acerquen al nivel esperado por su edad, Elena comunica a su tutor o tutora que el alumno en cuestión ya puede seguir todas las clases sin necesidad de acudir al aula ATAL. No obstante, tenemos que decir que Elena expresa que, en ocasiones, algunos alumnos vuelven puntualmente al aula ATAL para hacer determinadas consultas lingüísticas, o bien porque requieren un poco más de apoyo con la ortografía y la gramática española.

> «Mira, por ejemplo, Rosana, al margen del apoyo, que es muy relativo, ¿no? "Que mi madre trabaja, y algunas veces me ayuda y otras veces no", ella es muy inteligente; es lo que yo te decía: que hay niños que tienen más voluntad, más hábitos de estudio, y ella lo tiene; porque lo traía de Ucrania. Entonces, esa niña, en el Segundo Trimestre, ya ahora la estoy cogiendo un día a la semana, para retocarle algunas cosas mal de gramática, de ortografía... Los Lunes. Que esta tarde me dice: "Seño, si viene el profe el Miércoles, me llamas, porque no me toca, pero me llamas", me ha dicho. Entonces, esa niña, en dos trimestres, ya sabía hablar, ya podía comunicarse, y se marchó a su clase. Yo dije: "Ya se quedan en clase, que va gente grande, y si tú ves que necesitas algo, vuelve." Entonces fue cuando ya la tutora me dijo: "Bueno, quédatela un diíta, porque todavía hay cosas que ella no acaba de coger, sobre todo ortografía y gramática"; y se lo he trabajado. Un poquito de vocabulario temático. Pues eso. Y esa niña, en dos trimestres, y a lo mejor con uno, para soltarse, ya está lista. Pero porque ella, tú te puedes imaginar, el interés, se llevaba el libro a casa, lo quiere terminar: "Seño, el siguiente." Unas ganas de trabajar. Sí lo he visto en otros niños también, sobre todo en los rusos, los ucranianos, y algunos búlgaros».
>
> (Ep.Elena. 108, 4338)

Realmente, para Elena una característica fundamental del alumnado inmigrante de su centro es la motivación con la que llegan y sobre todo la predisposición que tienen para aprender. En este punto, es muy importante el diagnóstico que se les realiza cuando estos alumnos llegan al centro. Elena realiza una evaluación de las competencias lingüísticas para establecer el nivel de aprendizaje de español a partir del cual ya se puede establecer la intervención educativa de los alumnos. Sin embargo, para ella es cada vez más importante el diagnóstico de las competencias curriculares y no solamente las lingüísticas.

EDUCACIÓN INTERCULTURAL Y CONVIVENCIA EN LA ESCUELA INCLUSIVA

>*«Entrevistador.- ¿Cuál es la motivación de estos alumnos cuando llegan de fuera? A nivel curricular, las competencias... ¿Cómo te llegan los alumnos y cuáles son los aspectos que tú [deseas que ellos trabajen]?*
>
>*Elena.- Pues depende; es decir, cuando les paso la prueba diagnóstica inicial, pues te encuentras un poco...*
>
>*Entrevistador.- ¿De lingüística el diagnóstico, o diagnóstico también curricular?*
>
>*Elena.- Yo a ellos, Lengua. Lo quiero ampliar este año, que hay un grupo de trabajo, ya he recibido evaluaciones de Granada, de Almería, he contactado con otros grupos... Me están llegando unas cosas buenísimas.*
>
>*Entrevistador.- Para...*
>
>*Elena.- Evaluación...queremos ampliarlo a todas las áreas, o por lo menos a las más significativas: Lengua, Matemáticas... Yo, en principio, lo hice pensando en Lengua; pero para el próximo curso, o incluso éste, si tengo ya las pruebas terminadas, quiero ampliarla más. Incluso, éstas que me han llegado de Granada, están con todas las áreas; es decir, tienen una [sola] evaluación para todas las áreas. Es la primera vez que me... Y en todos los idiomas.*
>
>*Entrevistador.- En todos los idiomas...*
>
>*Elena.- Es un material valioso...*
>
>*Entrevistador.- Para pasarles estas pruebas, ¿ellos lo hacen en su idioma?*
>
>*Elena.- Sí, sí, para los niños que [van] con el 1 y el 0...».*
>
>(Ep.Elena. 214-240, 1683)

Elena piensa que son los alumnos inmigrantes los que tienen que hacer el esfuerzo para integrarse en el contexto escolar, de tal manera que para ella el aspecto clave de su integración está precisamente en la superación del obstáculo o déficit lingüístico. Además, otra variable fundamental en la integración del alumno inmigrante se sitúa, según Elena, en el ámbito de las emociones y los afectos. Es decir, ella considera que el alumnado inmigrante necesita sentirse querido y acogido de manera que este sentimiento sea positivo para su efectiva integración en el centro. Estos dos aspectos, el lingüístico y el afectivo, constituyen claves de gran interés desde la percepción que tiene Elena sobre el alumnado de origen inmigrante.

>*«Ten en cuenta que los niños, sobre todo, se tienen que integrar; entonces está lo que es la inmersión lingüística y lo que es la relación con sus compañeros, que es fundamental; al margen de que el idioma también sea muy importante, pero lo vamos combinando, es decir, yo le explico al niño, y ya nos reunimos para ver en qué hora puede estar aquí, y lo demás, pues tiene que estar con sus compañeros, sobre todo en la primera fase, es muy importante el tema afectivo; también el aprendizaje, pero sobre todo que él se sienta acogido».*
>
>(Ep.Elena. 284, 2598)

El alumnado inmigrante también percibe que la cuestión de la lengua es clave para su propia integración escolar a pesar que consideran que les cuesta aprender la lengua española, es muy importante destacar que tienen un alto grado de motivación por aprenderla, lo cual coincide con la valoración expresada por Elena. Así se expresa Christina, una alumna búlgara:

> «*Entrevistador.- Pequeña. Cuéntame, el otro día estuve yo con tus compañeros hablando de cómo viniste... ¿Tú desde cuándo estás aquí en Málaga?*
>
> *Christina.- No sé... Ocho...*
>
> *Entrevistador.- ¿Meses?*
>
> *Christina.- Sí.*
>
> *Entrevistador.- ¿Y a que tú hablas mucho mejor el español ahora, verdad?*
>
> *Christina.- Sí...*
>
> *Entrevistador.- ¿Te está costando mucho aprenderlo, o ya la cosa va mejor?*
>
> *Christina.- A mí sí, me gusta aprender...*
>
> *Entrevistador.- Pero te cuesta...*
>
> *Christina.- Sí, un poco difícil...*
>
> *Entrevistador.- ¿Es difícil?*
>
> *Christina.- Sí*».
>
> (E.alumnos. 145-167, 1340)

La comunicación es algo muy importante para el alumnado inmigrante. Conocer y manejar la lengua española les permite comunicarse con el resto de compañeros de clase, y también fuera de la misma, en la calle, con el resto del mundo. En realidad, cuando llegan al colegio, sienten vergüenza por no comprender muchos de los aspectos que ocurren en la vida escolar, e incluso su mejor apoyo son otros alumnos con los que pueden comunicarse en su lengua de origen. Sin embargo, el problema de la comunicación es superado, generalmente, con mucha facilidad por parte del alumnado inmigrante, y es que su interés por aprender y sus ganas por salir, en determinados casos, de su aislamiento comunicativo, hacen que se incremente su voluntad y su aprendizaje sea muy rápido.

La convivencia y el clima escolar

El clima de convivencia que actualmente existe en el centro es satisfactorio y positivo desde el punto de vista de Elena. Según ella, la diversidad cultural es un elemento enriquecedor en la dinámica educativa del centro, y no percibe ningún tipo de conflictividad ni de actitudes racistas hacia el alumnado de origen inmigrante.

EDUCACIÓN INTERCULTURAL Y CONVIVENCIA EN LA ESCUELA INCLUSIVA

«*Entrevistador.- ¿Cuál es el clima de convivencia que hay en el centro actualmente?*

Elena.- Yo lo veo satisfactorio.

Entrevistador.- Es positivo...

Elena.- Sí, es positivo...

Entrevistador.- ¿No hay conflictos de [tipo] intercultural? Si tú ves elementos de racismo, o algo.

Elena.- Aquí no.

Entrevistador.- No has visto nada. Entonces, para ti, el clima de convivencia no es conflictivo, es enriquecedor.

Elena.- Sí, totalmente»

(Ep.Elena. 174-188, 2057)

Sin embargo, Elena considera que no se puede negar que puedan existir choques culturales o conflictos en la propia integración del alumnado inmigrante, aunque no considera que estos conflictos sean ni positivos ni negativos, simplemente se dan y es el profesorado el que tiene que tener la competencia necesaria para afrontarlos con garantías de éxito.

«*Entrevistador.- En ese sentido, para tener claro tu concepto de "conflicto", ¿"conflicto" para ti es algo positivo, o es perturbador del clima de clase, del centro?*

Elena.- No, yo creo que es algo que existe, y que no se puede negar, porque el choque está ahí, y que tiene un seguimiento y tiene una evolución...

Entrevistador.- O sea, ¿no es ni positivo ni negativo, o es, sencillamente, que existe?

Elena.- Simplemente, que se da; es decir, que tú tienes que ser consciente de que un alumno, una alumna, que llega de otro país, va a tener ese primer choque, y lo que sí tienen que estar es preparado el Centro de Profesorado para poder atender; pero vamos, negarlo... ¿Que es positivo o negativo? Pues yo es que no le pondría la tilde de positivo ni negativo; sencillamente, está ahí, es una evidencia, y tenemos que trabajarlo lo mejor posible».

(Ep.Elena. 507-513, 3589)

Hay que señalar que Elena se muestra un poco ambigua y difusa en su percepción sobre el conflicto en su escuela, y es que a pesar de que considere que no existen problemas significativos de convivencia, sí detecta la posible existencia de choques culturales que ella interpreta desde la perspectiva de la ignorancia. Es decir, para ella el conflicto puede situarse en el plano de la ignorancia de conocer las culturas de los alumnos inmigrantes como elemento importante en el tratamiento educativo de la diversidad cultural. Además, esta ignorancia la percibe en los distintos agentes de la comunidad educativa, tanto en el profesorado como en el alumnado y sus familias.

«Elena.- Más que choques, yo veo ignorancia.

Entrevistador.- ¿En qué sentido lo dices?

Elena.- Pues en el sentido de conocer las culturas y conocer las diferencias. Y, si se puede producir algún choque, que tampoco lo veo así, como un choque conflictivo, es porque se ignora; tanto por los padres como por los alumnos y por el profesorado, por el centro. Por los padres, porque ignoran cómo va su Sistema Educativo...».

(Ep.Elena. 352-356, 2293)

Un aspecto importante de la concepción educativa del conflicto por parte de Elena es, sin lugar a dudas, el conflicto intercultural entendido como choque de culturas. En efecto, ella sitúa este conflicto en el alumnado inmigrante y en sus familias, esto es, en las dificultades que tienen para integrarse de manera efectiva en la vida escolar, en los problemas de comunicación por desconocimiento del idioma, así como aquellos que tienen que ver con desenvolverse en un nuevo espacio social y cultural de relaciones humanas. En definitiva, un conflicto intercultural sería un conflicto de integración centrado especialmente en el alumnado inmigrante.

«Entrevistador.- ¿Tú, básicamente, identificas un poco el concepto de "conflicto intercultural" con conductas, o pensamientos racistas, o una conducta racista o...?

Elena.- No, es mucho más amplio; es decir, "conflicto"... Quizás el primer conflicto es el choque de culturas para el alumno...

Entrevistador.- Sobre todo para el alumno cuando viene...

Elena.- Todo aquí... Su bagaje de costumbres es... Todo, ¿no? Desde su entorno familiar, el colegio, se tienen que adaptar a una nueva ciudad, lenguaje. Para él, como ser humano, es eso; luego, ya está el conflicto de integrarse; que ese conflicto lo podríamos dividir en diferentes etapas».

(Ep.Elena. 461-473, 2954)

Hemos visto que Elena tiene una concepción ciertamente restringida del conflicto intercultural, ya que lo sitúa exclusivamente en el alumnado inmigrante y en sus familias, y no se plantea la influencia social y el marco educativo como claves fundamentales para la integración escolar de estos alumnos y sus familias en la comunidad educativa. Sin embargo, hemos de destacar que Elena percibe que no existen en el CEIP Salvador Fernández actitudes y prejuicios racistas hacia este alumnado, algo que sí ha percibido en otros entornos educativos. Para ella, atajar estas actitudes racistas requiere el fortalecimiento de la educación en valores y, por tanto, de la transversalidad como herramienta de gran importancia educativa para prevenir y combatir las actitudes racistas que puedan darse en el escenario escolar.

En todo caso, Elena percibe que el alumnado inmigrante es un buen alumnado para su centro, muestran una positiva actitud hacia el aprendizaje y en la convivencia. Solamente, y en determinados casos, tienen un comportamiento conflictivo que responde a situaciones familiares difíciles y a problemas de identidad. Es el caso, de una niña marroquí que tiene un comportamiento impulsivo en clase, que vive sola con su madre y que ha pasado por diferentes centros educativos por cuestiones laborales de su madre. Esta niña ha tenido problemas con sus compañeros de clase porque la descubrieron hurtando algunos materiales escolares. Para Elena, este es un ejemplo de alumna inmigrante que está teniendo dificultades de integración escolar, que requiere del apoyo constante del profesorado y de sus compañeros de clase.

> «Elena.- Problemas de identidad y de núcleo familiar...
>
> Entrevistador.- Lo que sí parece ser... Bueno, en el caso de la niña que hemos visto, que tenía el problema de piojos, que a lo mejor ha sufrido...
>
> Elena.- Vive sola, con la madre...
>
> Entrevistador.- Ha tenido problemas en el sentido de controlar... Que no tiene seguridad en la vivienda, y vale cualquier colegio; y en otros casos no; por ejemplo, en el caso de... O sea, que hay casos y casos, que hay casos en los que pasan por muchos colegios, ¿no?
>
> Elena.- Sí, esa niña venía de otro colegio, llegó aquí el año pasado, creo... Pero es muy inestable en su forma de ser: ella no se centra...
>
> Entrevistador.- Pero eso lo tiene que tener ella, ¿no? El hecho de ir a un sitio a vivir, y darte a conocer...
>
> Elena.- Y luego, está siempre a la defensiva; incluso el año pasado, en su clase, la denunciaron, porque robaba cosas. Unos rotuladores muy bonitos de brillantina, y cosas de esta niña, bonitas. Y ella, vamos, que la veíamos, cogía el compañero y decía: "Vamos a hacer como que no... Como que estamos haciendo otra cosa, vamos a coger los rotuladores." Y los cogía y se los llevaba... Entonces, todas esas cosillas, también, los compañeros no... A pesar de que su tutora dijo: "Bueno, vamos a perdonarla, hay que darle otra oportunidad...".
>
> (Ep.Elena. 64-76, 3627)

De todas maneras, hay que reafirmar el clima positivo que se vive en este centro, y prueba de ello es que la diferencia cultural no crea rechazo entre el alumnado, es más, Elena valora el hecho de que toda la comunidad educativa se haya acostumbrado a vivir en la diversidad y en la diferencia como un aspecto enriquecedor de la convivencia escolar. En el caso de los niños, ella no percibe la existencia de un rechazo a los alumnos de otras culturas, más bien sorpresa e interés por conocer rasgos culturales de sus compañeros de clase.

> «Hombre, así como rechazo... Ellos se ven algunos diferentes a otros, porque es lógico, son diferentes (risas). Pero así como un rechazo muy evidente... Yo veo que están habituados a estar juntos, y alguna vez sí se sorprenden, cuando escuchan hablar en otros idiomas, cuando cuentan cosas de sus fiestas y eso... Yo veo que los demás se quedan un poco sorprendidos. Ahora, por ejemplo, con el tema del Año Nuevo chino: "¿Y eso se pone en las puertas...?" Yo veo sorpresa, o a lo mejor un poco así como

> *de incredulidad; pero lo mismo ocurre cuando ellos cuentan cualquier otra cosa. Yo veo esa sorpresa; y, alguna vez, si están hablando juntos en su idioma, los otros les dicen: "¡Ay, cállate...!».*
>
> *(Ep.Elena. 8, 1119)*

En efecto, la diferencia cultural y personal es una barrera que, en ocasiones, puede suponer que los alumnos no quieran mantener relaciones de compañerismo con alumnos de origen inmigrante. Esta idea, planteada por Luisa, la monitora de actividades extraescolares del centro, es observada por ella al comprobar que, en algunos casos, hay niños que no quieren sentarse junto a otros niños inmigrantes o incluso entre ellos mismos en los talleres educativos de la tarde.

> *«Luisa.- Es marroquí, es de Marruecos. Entonces, entre ellas dos no se quieren relacionar. Pero tú ves que es una cosa como de estereotipo inicial, como de idea previa y fija; incluso te dicen: "No, es que me da asco", y te lo dice delante de ella y tal. Pero después, en cuanto empiezan a conocerse, a tratarse, a hablar y tal... El otro día estaban bailando juntas, y sin problema. Hombre, tú siempre te las tienes que ingeniar...*
>
> *Entrevistador.- O sea, que hay que intentar que estas barreras iniciales de miedo... Pero existen, entonces, entre el alumnado, estereotipo, o sea que tú ves que unas veces...*
>
> *Luisa.- Verás, también, esta niña de que te hablo está en 4º ó 5º, me parece; que ya, más o menos, sí que ha podido interiorizar el tema de los estereotipos, pero niños pequeños, no. Bueno, en niños pequeños sí que hay un poco de rechazo como nosotros: "Este niño huele mal", o cuando se da otro supuesto, que se haya hecho pipí en clase, y... Cuando son pequeños, no; cuando van avanzando en edad, sí. Y ellos sí aprenden -porque además lo aprenden de los mayores- que "moro" es un insulto, y ellos te dicen: "moro". El otro día, por ejemplo, una de las niñas vino llorando porque le habían dicho "mora"».*
>
> *(Emo.Luisa. 74-84, 1607)*

Sin lugar a dudas, las palabras de Luisa nos indican que los alumnos inmigrantes suelen tener iniciales problemas de relación con sus compañeros hasta transcurrido un cierto tiempo en el que, pasado el miedo a la diferencia cultural o social, se ven sencillamente como lo que son: niños que son compañeros de aula e incluso amigos... niños cuyo origen cultural no es un impedimento para establecer vínculos afectivos y de amistad, al revés, son compañeros con los que bailan y cantan, con los que aprenden y viven experiencias de amistad y compañerismo en la escuela, como lugar lleno de vida.

Ahora bien, es muy importante destacar que muchas veces los niños aprenden prejuicios y estereotipos a partir de la utilización -y escucha- de un lenguaje en el que la palabra "moro" se considera un insulto. Y esto lo aprenden desde muy pequeños en el contexto escolar, sobre todo si lo escuchan desde otras instancias importantes de socialización (el barrio, la calle, los vecinos...). Probablemente, en estas edades, el hecho de emplear insultos como éste consiste más en propagar un aprendizaje negativo de una etiqueta o un código verbal, que ser consciente de la importancia de estar difundiendo un lenguaje que alienta el racismo y visibiliza la diferencia cultural como algo negativo.

Hay que decir que, generalmente, los alumnos de origen magrebí son los que más perciben un cierto rechazo de su origen cultural, aunque tenemos que señalar que esto lo aprecian sobre todo en el contexto social, y no tanto en el centro escolar. En este punto, Mustafá, un alumno marroquí de doce años, intenta explicar y comprender el por qué de los insultos o desprecios que alguna vez ha escuchado en la calle.

> *«Entrevistador.- ¿Y qué te han dicho?*
>
> *Mustafá.- Me han dicho: "¡Vete a tu país, que eres un moro de...!"*
>
> *Entrevistador.- Sí, la palabrota ésa fea... Pero escúchame: ¿por qué crees tú que la gente se porta así?*
>
> *Mustafá.- No sé.*
>
> *Entrevistador.- ¿Tienen miedo, o cómo es?*
>
> *Mustafá.- Porque tienen mucha envidia, ¿no?*
>
> *Entrevistador.- Tienen envidia. ¿Tú crees que es envidia lo que tienen?*
>
> *Mustafá.- Sí.*
>
> *Entrevistador.- Sí.*
>
> *Mustafá.- Porque nosotros tenemos unas cosas, y ellos no tienen.*
>
> *Entrevistador.- ¿Tú qué cosas crees que tienes que a lo mejor...?*
>
> *Mustafá.- Pero, por ejemplo, hay unas cuantas que ellos no tienen, y después se envidian, y dicen: "¡Vete a tu país!"».*
>
> (E.alumnos. 467-497, 1536)

En verdad, tal y como venimos exponiendo, son los alumnos marroquíes los que más dificultades de integración están teniendo en el contexto social y educativo. Si en el caso de Mustafá, observamos cómo percibe con claridad cierto rechazo a su origen cultural, Obaida, una alumna de la misma nacionalidad, expresa que también ha recibido desprecios e insultos en el contexto escolar. En este sentido, ella reconoce la dificultad que ha tenido para tener amigos en el colegio; algo que, en su opinión, puede estar relacionado con el hecho de ser marroquí. Esta situación, qué duda cabe, le supone un malestar emocional que todavía no es capaz de asimilar ni de comprender.

> *«Entrevistador.- ¿Pero por qué, porque te ven a lo mejor...? ¿Dicen que: "Ea, pues ésta es de Marruecos, y yo no quiero ser amiga suya"? ¿Eso ocurre...?*
>
> *Mustafa.- Pero yo soy de Marruecos, a mí no me dicen nada.*
>
> *Obaida.- Pero tú has nacido aquí.*

INFORME DE LOS RESULTADOS DE LA INVESTIGACIÓN

Angelina.- A mí también algunas veces me insultan y todo.

Entrevistador.- ¿Quién te insulta? ¿Entonces, quién, quién te dice algo?

Angelina.- Por ejemplo, Salma., la que me insulta en marroquí...

Entrevistador.- Estamos hablando de por qué, de que a lo mejor hay niños que no quieren hacer amistad contigo, porque te ven diferente, o por...

Angelina.- A mí, porque me dicen cosas, no sé...

Entrevistador.- ¿Qué cosas te pueden decir? Aquí en el colegio no creo, ¿no?

Angelina.- Aquí sí.

Entrevistador.- Sí, que un niño a lo mejor te dice algo...

Obaida.- A mí me dicen [cosas] los niños y todo, de otras clases... Que soy mora, y todo eso».

(E.alumnos. 286-320, 1847)

Como podemos observar, al alumno inmigrante le cuesta comprender el motivo del rechazo que, de manera más o menos explícita, ocurre en determinados momentos en su experiencia escolar. En efecto, tanto el lenguaje, a veces discriminatorio, como algunas conductas de rechazo, pueden formar parte de unos valores negativos que se dan en el centro, y que son difíciles de entender y asimilar por un alumnado que quiere integrarse en igualdad de condiciones y oportunidades con el resto. De esta manera, sí podemos señalar que existe cierta disonancia entre el pensamiento que nos ofrece Elena y el profesorado del centro, y algunos alumnos marroquíes que nos hacen pensar que es posible todavía la persistencia de ciertas actitudes de rechazo claramente perjudiciales para la construcción de una convivencia intercultural en el centro educativo.

Sin embargo, hay que mencionar que todo el alumnado participa con interés y alegría en todas aquellas actividades educativas que tienen como telón de fondo la interculturalidad y la paz, y es que la preocupación por la convivencia es un elemento fundamental para el profesorado del CEIP Salvador Fernández. En este sentido, nos resulta interesante comprobar que Obaida, alumna marroquí anteriormente mencionada, considera que la paz es un valor de extraordinaria importancia, para ella, para su propia vida y por supuesto, para la vida escolar.

«*Entrevistador.-* Cuéntame, Obaida, cuéntame algo del Día de la Paz. ¿Cómo has sentido el Día de la Paz? ¿Qué has hecho?

Obaida.- Pues...

Entrevistador.- Para ti, ¿qué significa el Día de la Paz?

Obaida.- Para mí significa, el Día de la Paz, que nunca haga más peleas, y tampoco yo quiero que haya una guerra en mi país, que todos tengan casas, y familias... Y también, que los niños no se peleen, y que se lleven bien».

(E.alumnos. 81-87, 4293)

EDUCACIÓN INTERCULTURAL Y CONVIVENCIA EN LA ESCUELA INCLUSIVA

Otro aspecto que consideramos importante resaltar en la configuración del clima de convivencia existente en este centro educativo, es la percepción que tienen las familias respecto al profesorado. En este punto, Rosana valora muy positivamente las relaciones existentes entre familias y profesorado, y dentro del mismo, considera que existe una buena sintonía entre todos que le hace valorar que el centro educativo tiene un camino educativo orientado y seguido de manera consensuada por todos.

>*«Rosana.- Con respecto al profesorado en sí, hay muy buen clima, se nota que hay un buen clima.*
>
>*Entrevistador.- Los profesores se llevan bien entre ellos...*
>
>*Rosana.- Sí; por lo menos, yo jamás he visto un cambio de opiniones... Jamás, ¿eh? No sé si lo harán de forma interna, pero... Después, hay también una buena relación de los profesores y los alumnos, pero están siempre diciéndote: «Te doy si me das»; que si hay un niño-problema, bueno, lo conversamos».*
>
>*(Ema.Rosana. 300-304, 2238)*

Finalmente, y adelantando algunas de las ideas que veremos más adelante, tenemos que decir que Carmen valora como negativa la escasa participación de las familias en la dinámica de la escuela. De hecho, expresa que la participación de las familias ha estado muerta durante muchos años, y que es ahora, con la llegada de familias inmigrantes, cuando la participación parece levantar un poco el vuelo. Desde luego, es digno de destacar el interés de Carmen por motivar a los padres para que participen en la vida escolar. Últimamente, ella percibe que sólo acuden al centro cuando su hijo tiene algún problema escolar grave. Esto lo achaca a una falta de motivación, aunque hay que señalar que no indaga en el por qué de este déficit de motivación en la participación de los padres en la vida del centro.

>*«Entrevistador.- ¿Las relaciones entre el centro y la AMPA, que estaban un poco "muertas", ahora...?*
>
>*Carmen.- Estaban muertas, estaban muertas...*
>
>*Entrevistador.- Pero que en un centro con esta magnitud de alumnado, ¿cómo es posible una AMPA con tres padres que participasen...? ¿Cómo es posible eso?*
>
>*Carmen.- Pues te puedo decir... Bueno, a mí me nombró el Delegado hace tres años. Yo estaba antes de secretaria... En ese momento la AMPA era nada, o sea, había AMPA, pero no había nada, nada, absolutamente. Ese año, cuando en septiembre empezamos el nuevo Equipo Directivo, reunimos a los padres, y la verdad es que también me sorprendió porque hubo, a la demanda que hacíamos, una reunión que hacíamos para presentarnos y demás...*
>
>*Entrevistador.- ¿Vinieron poca gente?*
>
>*Carmen.- ¡Vino mucha gente!*
>
>*Entrevistador.- Vino mucha gente...*

> *Carmen.- Mucha gente. Vino casi un 40%, que eso aquí, ya... Bueno, aquí no; esa misma palabra se la dije al inspector, y me dijo: "No, no, ahí no, en cualquier colegio..." Porque los padres, no sé...*
>
> *Entrevistador.- ¿Están desmotivados...?*
>
> *Carmen.- Están totalmente desmotivados; o sea, no acuden al colegio [a no ser] que los llamen ya por un problema gordísimo con el hijo..».*
>
> (Ep.Carmen. 190-208, 7106)

1.4. Contexto educativo de diversidad cultural. Características del Colegio Público Santo Domingo: el caso de Alicia

El CEIP Santo Domingo se encuentra ubicado en la zona oeste de Málaga, aunque su zona de influencia, en cuanto a su alumnado, se encuentra en un espacio de escolarización compartido entre el distrito centro y el distrito oeste de la ciudad.

Alicia lleva trabajando en este mismo centro 24 años, ahora bien, hay que señalar que la peculiaridad de este centro es que ha pasado por diferentes espacios físicos, es más, algunas de las instalaciones antiguas han desaparecido, e incluso las aulas de Educación Infantil del centro eran prefabricadas y alejadas del edificio principal, que es hoy, tras diferentes reformas, el Colegio Público Santo Domingo.

> *«Entrevistador.- ¿Y desde cuándo llevas en este centro?*
>
> *Alicia.- En este centro llevo veintitantos años. Yo llevo treinta años en Málaga, de los cuales estuve en los colegios. Pues 24 años llevo en este colegio. Este centro, lo que ocurre, es que antes veníamos, estaba ubicado en la Estación. Este colegio estaba, desde 4º en adelante, allí, y los pequeños estaban, 1º, en una antigua calle, que desapareció. Entonces, ampliaron el centro, dándole allí las clases que hay actualmente de adultos, y después, cuando echaron abajo el colegio, las clases pasaron a prefabricadas».*
>
> (Ep.Alicia. 22-24, 781)

Desde un punto de vista histórico, Alicia nos señala que el centro ha pasado por diferentes etapas y momentos. Hay que destacar que ha habido periodos de tiempo en los que las aulas de este colegio estaban prácticamente vacías, debido a que el entorno de la escuela estaba siendo derruido y las casas fueron abandonadas en los años ochenta y noventa. De hecho, el mejor ejemplo de esos cambios que ha sufrido el centro es precisamente la evolución del alumnado que ha acogido en los últimos años. En este punto, Alicia apunta que el CEIP Santo Domingo, de tener un alumnado de clase media y homogéneo, pasó a tener una población escolar de clase baja, procedente de las viviendas que todavía quedaban en pie en el barrio, de tal manera que la población escolar se redujo de manera drástica, aumentando la heterogeneidad de la misma. Curiosamente, este aspecto, la heterogeneidad del alumnado del centro es concebido de manera negativa por Alicia, es más, sus palabras parecen indicarnos una percepción negativa de la diversidad social y cultural del alumnado.

> *«Este centro, debido a esa evolución de alumnado, de que de pronto abrieron otros centros, nos quedamos con pocos alumnos, el barrio está en una reestructuración continua y constante. Este colegio ha pasado por montones de etapas y de momentos. Hombre, últimamente hemos subido un poquito el nivel de alumnado; anteriormente, admitíamos y teníamos aquí a alumnado de [otros barrios]; entonces, teníamos, podríamos decir, "mejor fama". El tipo de alumno era de clase media, trabajadora, pero con aspiraciones, y con padres que colaboraban, que ayudaban, estaban muy involucrados, y que tenían mucho interés en que sus hijos aprendieran. Después, cuando ya tuvimos el problema de reestructuración, cuando abrieron [otros colegios], ya el alumnado bajó, porque vinieron muchos alumnos de [otros colegios], había también gente que se habían refugiado, que habían dado la patada en la puerta y se habían metido en casas viejas. Entonces, nos vino un alumnado peor. Pero ahora parece que la cosa está más tranquila, pero nunca es homogénea, hay cursos que te vienen (...)».*
>
> *(Ep.Alicia. 64, 1438)*

Ciertamente, para comprender el contexto educativo del Santo Domingo, tenemos que tener en cuenta que el alumnado era muy abundante en los primeros años de apertura del centro, en los años setenta. Alicia señala que el centro, prácticamente desde el principio, tenía carencias de espacio porque albergaba a un número muy importante de alumnos que procedían de distintos barrios de la zona oeste de la ciudad.

> *«Aquí, este centro, primero se inició... O sea, un centro con carencias, carencias de espacio, porque, en un principio, el número, el alumnado, era muy abundante, porque nosotros no solamente nos nutríamos de niños de la zona, sino que también venían de la Cruz y otros barrios. Cuando ya crearon en [esa otra zona] otro colegio, empezamos a tener menos alumnos....».*
>
> *(Ep.Alicia. 72, 933)*

Alicia expresa que el centro estuvo a punto de desaparecer porque el número bajó a mínimos francamente preocupantes. Como ella reconoce, esta situación se debía no a la mala fama del centro, sino a las tremendas transformaciones urbanísticas del barrio. No obstante, en los últimos años el centro ha estado experimentando un crecimiento significativo en número de alumnos, y esto se debe, según Alicia, a la incesante llegada de alumnos inmigrantes al centro. Para ella, esto tiene que ver con el precio de la vivienda, y es que todavía quedan restos del antiguo barrio -su fisonomía ha cambiado de manera radical- donde existen bloques de pisos de renta antigua que son ocupados, sobre todo, por familias de origen inmigrante, que solamente pueden costearse alquileres asequibles.

> *Entrevistador.- ¿Y esos niños inmigrantes viven por aquí, o también vienen de otros sitios?*
>
> *Alicia.- No, normalmente viven por aquí, por esta zona, porque ya las casas que incluso han quedado vacías...*
>
> *Entrevistador.- A lo mejor lo ocupan ellos.*
>
> *Alicia.- Lo están ocupando ellos.*

INFORME DE LOS RESULTADOS DE LA INVESTIGACIÓN

> *Entrevistador.- Porque el alquiler es más barato...*
>
> *Alicia.- El alquiler es más barato, e incluso le han dado una patada a la puerta y se han metido, porque allí hay familias, en calle..., que está la casa, y hay unos cuantos en plan okupa».*
>
> (Ep.Alicia. 82-100, 764)

En la actualidad, hay que decir que la población escolar que acude al CEIP Santo Domingo es de clase media-baja. La mayoría del alumnado del centro procede de la zona antigua del barrio, y son pocos los que proceden de la zona nueva del barrio (urbanizaciones cerradas cercanas a un gran centro comercial).

> *«Clase media-baja, porque los niños son de aquí de los alrededores, y sobre todo de la zona nueva, de los nuevos edificios, tendremos un porcentaje mínimo».*
>
> (Ep.Alicia. 148, 444)

En los últimos años, debido a los cambios políticos y económicos producidos en la sociedad malagueña, se ha escolarizado un gran número de alumnos de origen inmigrante, sobre todo de origen magrebí. No obstante, hay que decir que también hay en el centro alumnado de los países del Este Europeo así como de América Latina, lo cual, en términos globales, hace que la presencia de alumnado inmigrante, en torno al 20% del total de la población escolar, sea ciertamente equilibrada, es decir, no hay un grupo cultural más significativo que otros en el centro.

En este punto, hay que destacar que el jefe de estudios del colegio, Pedro, considera que el centro ha cambiado radicalmente en los últimos años, y que tiene, en la actualidad, un carácter netamente asistencialista. Asimismo, destaca que una característica significativa de la creciente llegada de alumnado inmigrante es la incorporación tardía, y es que, como jefe de estudios, aprecia cómo la matrícula fluctúa permanentemente, casi durante todo el curso. Para él, desde una perspectiva claramente conservadora, cree que el alumnado inmigrante se "adapta" bien al centro escolar. Además, en el siguiente fragmento de entrevista, añade su peculiar visión sobre la complejidad de educar en la escuela pública frente a la escuela privada concertada[7].

> *«Pedro.- La Administración no registra la figura del moroso, el niño que no paga va a cuenta del centro; entonces, no te puedes equivocar en las cuentas, porque como te equivoques lo más mínimo...*
>
> *Entrevistador.- Lo paga el centro.*
>
> *Pedro.- Lo paga no, que te quedas sin presupuesto......Yo veo que dar clase en la concertada es mucho más fácil.*

---

7. Permítanme que valore como conservadora la perspectiva de este docente, algo que, por otro lado, y como veremos más adelante, no constituye una referencia aislada del profesorado de este centro. En este punto, pudiera parecer que el profesorado del CEIP Santo Domingo añora un alumnado que no existe en la actualidad, el homogéneo y de clase media, y ahora tiene que atender a un alumnado de clase media-baja, y un número creciente de alumnos de origen inmigrante. Asimismo, y como veremos más adelante, tenemos que señalar que el profesorado de este centro no quiere que éste sea reconocido como centro de educación compensatoria.

EDUCACIÓN INTERCULTURAL Y CONVIVENCIA EN LA ESCUELA INCLUSIVA

> *Entrevistador.- Es que yo creo que la diferencia es que nos estamos encontrando con una escuela pública que [hay] una variedad tremenda, y tienes que hacer múltiples funciones: maestro, educador, psicólogo... Haces de todo, porque tienes que estar...y después, la concertada es como antes aquí...*
>
> *Pedro.- Este colegio es muy asistencial, ¿eh? Debemos 82 becas de libros.*
>
> *Entrevistador.- Y ahora me gustaría saber el número de alumnos inmigrantes que hay en el centro: me has dicho que está en torno a un 20%, 30%...*
>
> *Pedro.- Un 20%.*
>
> *Entrevistador.- 20%.*
>
> *Pedro - Yo tenía listados a principio de curso, pero como se van y vienen... (Risas) Yo estoy todo el día haciendo listas y tirando listas... Pero por regla general, se adaptan bien, oye, no es...».*
>
> *(Ep.Jefe de estudios-Alicia. 614-630, 1438)*

Como podemos observar, la percepción que se tiene sobre la diversidad del alumnado no es precisamente muy positiva. Alicia valora que los alumnos que tienen más problemas escolares son los alumnos inmigrantes, y esto lo atribuye a diferentes factores. Por un lado, sus familias no pueden proporcionarle todo el apoyo educativo que requieren debido a cuestiones de trabajo y, por otro, cree que los problemas económicos en las familias inmigrantes pueden suponer una merma para la estabilidad personal del niño que puede acusar la falta de ayuda en el contexto escolar.

> *«No, yo tengo alumnos con problemas, tengo a algunos que van a apoyo, pero no son niños... Hay algunos que yo diría... y precisamente extranjeros, y no españoles, que tienen problemas de aprendizaje, que yo he hablado con los padres, y los padres, precisamente, querían que el niño repitiese, por una serie de circunstancias que me mostraron, que podían ser más negativas para el niño: como que venía una hermana, que repetir con la hermana le suponía que él, siendo mayor, lo iba a acomplejar más... Que ellos me prometieron que iban a ayudar al niño, cosa que no están resolviendo bien, por sus problemas económicos, por las incidencias que han tenido ellos, por problemas laborales y demás que han tenido, y yo veo que el niño acusa mucho la falta de ayuda».*
>
> *(Ep.Alicia. 180, 1167)*

Por otra parte, tenemos que señalar que este centro se ha acogido al Plan Andaluz para la Atención del Alumnado Inmigrante, a través de un proyecto de educación compensatoria donde un aspecto clave es poder contar con un apoyo lingüístico que permita afrontar las dificultades de comunicación de los alumnos inmigrantes no hispanoparlantes. En este punto, nos resulta de gran interés conocer que este centro solicitó ese proyecto debido a que la Delegación Provincial de Educación de Málaga sólo permite la adscripción de un aula ATAL en el mismo si elabora un proyecto educativo de compensatoria.

INFORME DE LOS RESULTADOS DE LA INVESTIGACIÓN

Percepción sobre el alumnado inmigrante de su centro

En general, podemos afirmar que el profesorado del centro tiene una perspectiva reduccionista -y un tanto simplista- de la diversidad cultural, ya que la asume porque no hay más remedio, y además se añade como un valor poco significativo en lo que sería la dinámica educativa del centro. Además, se considera que el alumnado de origen inmigrante es un alumnado conflictivo o problemático, debido, sobre todo, a las dificultades que presentan a nivel lingüístico.

Así pues, para Alicia el grupo más numeroso de alumnos inmigrantes lo conforma el alumnado marroquí, que a su juicio muestra poco interés académico, no tanto por ellos mismos sino por sus familias, que no suelen prestarles ayuda o apoyos educativos por motivos laborales. La mayoría procede de contextos familiares con problemas económicos, y en el caso de las familias con mayor poder adquisitivo, según Alicia, tampoco muestran un gran interés por los aspectos de formación de sus hijos.

«Entrevistador.- El grupo más numeroso, es lo que tú querías decir: el grupo más numeroso de alumnos minoritarios...

Alicia.- El marroquí.

Entrevistador.- El marroquí. ¿Y el nivel socioeconómico de estos alumnos también es medio-bajo, o más bajo que los autóctonos? ¿O depende?

Alicia.- Más bajo.

Entrevistador.- Más bajo, ¿no?

Alicia.- Normalmente son más bajos, exceptuando a algunos; por ejemplo, yo tengo a Zahed, que tiene un nivel económico alto, porque son comerciantes, y tienen tres tiendas inmensas de veinte duros. Pero no por eso tienen más interés; o sea, que ellos tienen un interés comercial muy marcado; o sea, que, a los niños, ellos los utilizan mucho, para que por las tardes les vigilen tiendas...».

(Ep.Alicia. 222-232, 2009)

Lucía no entra a valorar si estos alumnos reciben o no apoyos suficientes por parte de sus familias. Ahora bien, ella considera que estos alumnos no tienen problemas graves de integración escolar, ya que, desde su punto de vista, el único problema que tienen es el lingüístico. Sin embargo, sí reconoce que este déficit también puede tener implicaciones emocionales que pueden suponerles algún tipo de conflicto afectivo.

Sin embargo, hay que señalar que ella valora que el aprendizaje de la lengua española es una barrera que superan con facilidad gracias al apoyo lingüístico que reciben en el aula ATAL.

«Lucía.- La mayoría no tienen problema, y ahora ya, prácticamente, este curso, [un niño concreto], que era el que tenía el problema del idioma, ya lo tiene resuelto.

Entrevistador.- Los niños pequeños lo absorben todo rápidamente, ¿no?

> *Lucía.-* Y eso que él se incorporó el año pasado, en 2º.
>
> *Entrevistador.-* ¿[Este niño], aparte del apoyo lingüístico, la profesora de apoyo tiene ese apoyo también curricular o no, en su caso no?
>
> *Lucía.-* Sí, también.
>
> *Entrevistador.-* También tiene apoyo...
>
> *Lucía.-* Sí, pero vamos, que sí las implica, las implica desde el momento en que un niño que no puede comunicarse tiene un handicap emocional impresionante».
>
> (Ep.Lucía. 432, 891)

Alicia también coincide con Lucía en que el principal problema con el que se enfrentan los alumnos inmigrantes es el idioma, y decimos enfrentar, porque estas dos docentes centran la problemática en el alumno y no en el contexto escolar o en el sistema educativo. Asimismo, considera que los alumnos latinoamericanos, aunque no presenten un déficit lingüístico, tienen otros problemas escolares relacionados con la situación familiar en la que viven (desarraigo, desestructuración familiar, contextos socioculturales bajos....).

> «Los que son sudamericanos no tienen el problema del idioma, que es la principal barrera, que son gente de un nivel sociocultural bajo, están desarraigados, porque viven fuera de su familia, tienen mucha problemática los que tienen hijos (...)».
>
> (Ep.Alicia. 8, 693)

Resulta de interés para nuestro estudio destacar que, para Alicia, los alumnos marroquíes son los que más dificultades tienen para su total integración escolar. De hecho, ella tiene la percepción de que algunos alumnos marroquíes tienen un comportamiento inquieto e incluso hiperactivo, lo cual implica que tengan dificultades en las relaciones que establecen con los otros niños del colegio.

> «*Alicia.-* Sobre todo en niños normales, en los que no tienen dificultades de comportamiento, porque hay otros niños, sobre todo en el caso de los niños inmigrantes, y sobre todo los marroquíes, en concreto, tienen un comportamiento más anormal y tienen hiperactividad, tienen... y eso afecta bastante... Yo creo que muchos de ellos es que son así, pero...
>
> *Entrevistador.-* Sí, que tienen un comportamiento a veces muy inquieto, y se portan mal...
>
> *Alicia.-* Y, sobre todo, que no terminan de encajar con los niños, no se terminan de acoplar...
>
> *Entrevistador.-* Pero se relacionan entre ellos, todos, ¿no? Si los niños tienen interés y ganas de relacionarse... O tú ves...
>
> *Alicia.-* Sí, pero cuando ya son mayores, la relación, y sobre todo, si entran en cursos superiores; ya, en 3º, a partir de 4º, ya la integración es un poquito más difícil con los demás compañeros».
>
> (Ep.Alicia. 56-64, 812)

Asimismo, Alicia observa diferencias significativas de género dentro del colectivo de alumnos marroquíes, el mayoritario en el centro. Para ella, las niñas tienen un mejor comportamiento en clase y son más obedientes, mientras que los niños se muestran más inquietos y con peor comportamiento. Esto es debido, según Alicia, a que los niños aprenden patrones culturales de comportamiento claramente diferenciados por el género en el seno de sus familias. Es más, afirma que las niñas marroquíes son más dóciles y se prestan más a la autoridad, mientras que los niños se muestran menos obedientes debido a la permisividad con la que son educados. En definitiva, tal y como podemos leer a continuación, Alicia argumenta que la cultura constituye una variable fundamental en el comportamiento que tienen los niños y niñas marroquíes en la escuela.

«*Entrevistador.- ¿Pero tú crees que hay diferencia, que las niñas sí parece que se comportan mejor?*

Alicia.- Se adaptan mejor, y tienen más interés. Es verdad que eso es así.

Entrevistador.- Sí, pero bueno, generalmente siempre ha pasado también con los de aquí, ¿no? Que siempre las niñas eran más buenas que los niños, ¿no?

Alicia.- Y por su cultura, porque yo creo que con los niños son más permisivos que con las niñas.

Entrevistador.- Ésa es una buena opinión tuya de...

Alicia.- El sentido de sometimiento que tiene la mujer, y la niña, pues es más dócil, se presta más a... Y el niño, sin embargo... Hombre, yo, en concreto, sé de mi marido, que ha trabajado de profesor, ya está jubilado, pero ha trabajado en otros centros, entonces, que ellos han tenido problemas de conducta con ciertos niños, porque incluso la figura de la madre, cuando el padre desaparecía, iba a Marruecos o algo, el niño tenía más autoridad que la propia madre. Niños ya de doce o trece años».

(Ep.Alicia. 262-272, 928)

La convivencia y el clima escolar

Un aspecto fundamental de la convivencia que se vive en el centro es que todos los alumnos se relacionan con todos, es decir, que no existe ningún atisbo de racismo ni actitud de rechazo hacia los alumnos de origen inmigrante. Es más, tal y como afirma Lucía, los niños se relacionan con normalidad y esto es un elemento de gran riqueza que pone en valor el respeto a la diversidad cultural. Sin embargo, sí existe la idea por parte del profesorado de que los alumnos inmigrantes, sobre todo en el caso de los niños -y no así las niñas-, son los que muestran un mayor comportamiento y carácter conflictivo. Es el caso de dos alumnos marroquíes, aunque según Lucía, esto no significa nada especial, simplemente coincide que son inmigrantes los alumnos más conflictivos del centro.

> «Entrevistador.- ¿Y tú crees que los niños de diferentes culturas se relacionan entre ellos con los autóctonos? ¿Tú crees que en los pasillos el marroquí se relaciona como éstos, o va a otro grupo?
>
> Lucía.- En este centro concretamente.
>
> Entrevistador.- En este centro, sí.
>
> Lucía.- En este centro se relacionan todos con todos.
>
> Entrevistador.- ¿No hay ningún tipo de...?
>
> Lucía.- Lo que yo veo, porque ya te digo, yo vengo dos días a la semana, y no tengo mucho tiempo de convivencia con el Claustro; de cinco horas no tengo ninguna hora libre. Entonces, yo, lo que veo por los pasillos, lo que estoy viendo en el recreo... Entonces, pues están los niños conflictivos, que lo mismo coincide que son dos de Marruecos, pero no es porque son de Marruecos; simplemente ha coincidido que son conflictivos, pero vamos, que...».
>
> (Ep.Lucía. 98-108, 771)

Hay que decir que Alicia también coincide con esta percepción de Lucía, y es que, entre el profesorado, está extendida la idea de que los alumnos más conflictivos del centro son precisamente dos alumnos marroquíes. Para ella, es posible que exista cierto rechazo, pero no tanto al hecho de que sean alumnos inmigrantes, sino porque los profesores del centro son recelosos a todos aquellos alumnos que presentan alguna conducta conflictiva o resultan difíciles. Resulta, no obstante, curioso que Alicia justifique tal actitud, porque parece que ve normal o lógico que exista cierto rechazo a aquellos alumnos, que desde nuestra perspectiva, son los que más necesitan el apoyo y la atención del profesorado del centro.

> «Entrevistador.- Sí, pero tú me comentaste una vez que... "Es que la problemática del alumnado inmigrante, cuando ven a ese alumno, el profesor no solamente piensa en que es un handicap la cultura, o que es un handicap el lenguaje, sino que dicen: "¡Uf, un inmigrante! Una problemática más que tengo que añadir ya a la diversidad de alumnado... Porque tengo aquí uno de integración, o tengo..." Más o menos, ésa es la perspectiva.
>
> Alicia.- Hombre, habrá de todo, pero que en la medida en que el inmigrante a lo mejor molesta, es porque, quieras que no, muchas veces el conflicto de comportamiento que crea... Entonces, es porque los alumnos conflictivos lo acerquen... tendemos a...
>
> Entrevistador.- Sí, a tenerlo más...
>
> Alicia.- A marcarlo más... Y que sabemos que es sobreesfuerzo para nosotros, el tenerlo. Pero yo pienso que los que hacen eso en la medida en que rechazan a cualquier alumno con conflictos, no por el hecho de ser inmigrantes».
>
> (Ep.Alicia. 166-176, 1252)

En este sentido, Alicia coincide en que los alumnos más conflictivos del centro son precisamente dos alumnos marroquíes, y este aspecto lo relaciona con el aspecto cultural. En efecto, para ella, los alumnos árabes son los más conflictivos

INFORME DE LOS RESULTADOS DE LA INVESTIGACIÓN

porque tienen arraigados unos valores (p. e. el machismo) que no son compartidos ni bien aceptados en el contexto escolar. De hecho, algún alumno marroquí del centro prefiere permanecer en clase con un profesor en vez de con una profesora, y esta situación, a juicio de Alicia, constituye un claro ejemplo de diferencia de género dentro del colectivo de alumnos marroquíes. En el resto de alumnos inmigrantes, Alicia considera que aceptan bien las normas escolares y su comportamiento es positivo.

> «*Alicia.- Yo, las diferencias de género... Claro, es que aquí los niños... En concreto, estamos teniendo más niñas inmigrantes que niños. Los niños que yo he tenido, exceptuando los árabes, los musulmanes, yo creo que los demás, bien; aceptan bien las cosas; y los que son más conflictivos son los musulmanes; y es porque ellos tienen también muy arraigado el machismo. A mí me han comentado que la profesora de apoyo, que están ella y su marido, me dijo que le gustaba más ir con su marido, porque era hombre, que con ella.*
>
> *Entrevistador.- ¿Quién decía eso?*
>
> *Alicia.- Nordin. Los otros, no lo sé. Yo, de los otros, no... Pero Nordin le dijo: "No, yo es que prefiero ir con don Filadelfo., porque es hombre, a ir con usted." Y por lo visto, los comentarios que yo he oído, a él le gusta más irse a Marruecos porque allí las mujeres. O sea, que él lo tiene muy arraigado. Puede ser porque su carácter y el niño, también...*».
>
> *(Ep.Alicia. 304-308, 899)*

Alicia percibe que el alumnado marroquí, a pesar de su capacidad de adaptación y de su interés por integrarse en el centro, tiene todavía problemas de aceptación entre el resto del alumnado. Para ella, el "ser moro" constituye una etiqueta difícil de eliminar en el trato que al principio tienen el resto de alumnos con el alumnado marroquí.

> «*Entrevistador.- ¿Y ese rechazo al principio por qué puede ser, por ser distinto?*
>
> *Alicia.- Por "ser moro", que es lo que ellos decían; ese niño entró en 2º, tenía el problema del idioma, que no hablaba el idioma, yo lo senté al lado de otra niña marroquí, ella lo ayudó mucho. Ella no ha tenido necesidad de... está totalmente integrada. Esta niña vino en Infantil, o sea, que ella ha venido desde pequeñita; entonces, ella no ha tenido problemas de integración en ningún momento*».
>
> *(Ep.Alicia.388-392, 821)*

Por tanto, vemos como a los problemas lingüísticos que tiene este alumnado, muchas veces se añade el problema del inicial rechazo que sufren estos alumnos marroquíes, sobre todo en el caso de los niños y no en las niñas. Además, este rechazo o actitud racista es percibido por los alumnos marroquíes. Jamir y Nordin son conscientes de esta actitud y parece que asumen con resignación que a muchos compañeros suyos no les guste que estén en este colegio y en este país.

> «*Entrevistador.- ¿Es una palabrota en marroquí? ¿Qué significa? [Silencio] No me lo puedes decir, ¿no? Es muy fuerte. Bueno... la pregunta es, [esa niña] te dice eso; ¿y por qué dice esa palabra tan fea?*

EDUCACIÓN INTERCULTURAL Y CONVIVENCIA EN LA ESCUELA INCLUSIVA

Jamir.- No sé.

Nordin.- Es que a ella no le gusta que estemos aquí, en este país.

Entrevistador.- ¿Pero por qué no le gusta?

Nordin.- Porque no le gustan los marroquíes.

Entrevistador.- ¿Y tú crees que si fuera al contrario, si fuera la española la que se fuera a Marruecos, también tú crees que allí habría gente que le diría "española"?

Nordin.- No».

(E.alumnos. 790-802, 1981)

Resulta de enorme interés conocer cómo los alumnos marroquíes, no sólo son conscientes del rechazo que a veces sufren en el centro escolar, sino que perciben a través del lenguaje si el rechazo es real o no, es decir, que el lenguaje se convierte en una herramienta fundamental en su percepción de rechazo o discriminación que pueda existir sobre ellos. En este sentido, Nordin cree que existe racismo cuando algunos niños le llaman "moro", y diferencia a aquellos que les llama así sólo de broma o como apelativo sin intención de hacerle daño, y aquellos niños que lo hacen de una manera intencionada para rechazarle. En este caso, las palabras de Nordin hablan por sí solas.

«Entrevistador.- Nordin, me ha parecido muy interesante toda [la] intervención de Jamir, sobre el tema del racismo. ¿En tu caso, Nordin, te ha pasado lo mismo, con tu hermano, le han dicho alguna vez eso, o tú no has tenido ningún problema de que te digan tal cosa por ser marroquí?

Nordin.- Si son mis amigos, les dejo decir "moro" y lo que les apetezca, pero sólo de broma; pero hay algunos que no me gusta que me llamen así».

(E.alumnos. 834-836, 1981)

Sin embargo, hay que decir que a estos alumnos lo que más les gusta del colegio es precisamente la relación que tienen con sus amigos y profesores, y en el caso concreto de los profesores, Nordin destaca especialmente a Lucía, profesora ATAL, a Alicia y a Julio (profesor de educación física).

«Entrevistador.- ¿Y qué es lo que más te gusta del colegio en general?

Nordin.- ¿Del colegio? Pues los amigos, los profesores...

Entrevistador.- ¿Sí?

Nordin.- Sí. Los profesores que me gustan a mí son la señorita Lucía, tú, Don Julio, y la señorita Alicia».

(E.alumnos. 112-118, 246)

En concreto, Jamir nos cuenta que su mejor amigo es Mauro, un niño argentino de doce años con el que se lleva estupendamente y con quien comparte sus juegos, e incluso le presta sus juguetes.

«Jamir.- ¿Mi mejor amigo? Mauro. Es de Argentina.

Entrevistador.- ¿Mauro es argentino?

Jamir.- Sí.

INFORME DE LOS RESULTADOS DE LA INVESTIGACIÓN

> *Entrevistador.- ¿Y te llevas bien con él?*
>
> *Jamir.- Sí, mucho.*
>
> *Entrevistador.- ¿Y de qué habláis? ¿Habláis de todo, jugáis a todo tipo de juegos...?*
>
> *Jamir.- Sí. Y a veces le dejo la Game Boy».*
>
> (E.alumnos. 512-524, 474)

Aunque parezca una cuestión menor lo que venimos describiendo, está claro que los alumnos marroquíes sí se relacionan con el resto de alumnos del centro con independencia de su nacionalidad u origen cultural, y tienen una actitud y voluntad positiva respecto a su integración en la escuela. Decimos esto porque en el centro sí percibimos un sentimiento generalizado de que son alumnos conflictivos, y que son ellos los que perturban el clima de convivencia escolar.

En esta misma línea se expresa Lucía. Para ella, los alumnos marroquíes -los niños y no así las niñas- son los que tienen menos interés por las tareas escolares y muestran un peor rendimiento académico. Por el contrario, esta docente valora el interés y el rendimiento de los alumnos que provienen de los países de centroeuropa (rusos, búlgaros, ucranianos), a los que contrapone a los marroquíes, aunque la diferencia de género es una variable que se nota más en ambos casos.

> *«Alicia.- La lengua es fundamental, porque ellos tienen... Bueno, los sudamericanos no; pero son niños que tienen eso, que la lengua es fundamental. Entonces, en todos los casos, estos niños habrían tenido muchísimas más...*
>
> *Entrevistador.- ¿Oportunidades?*
>
> *Alicia.- Claro, y además, que habrían avanzado mucho más y su rendimiento habrá sido mejor, si hubiesen recibido un apoyo más fuerte en Lengua... Aunque son normalmente, y sobre todo los de centroeuropa, tienen mucho interés en aprender, sí. Más que los marroquíes. Claro, también estamos hablando de casos de niñas, que en las niñas se notan, hay una diferencia con respecto a los niños.*
>
> *Entrevistador.- O sea, que aprenden más rápido...*
>
> *Alicia.- En interés y en rendimiento».*
>
> (Ep.Alicia. 416-424, 2305)

Centrándonos en la concepción que tiene Alicia sobre los conflictos que acontecen en su centro, hay que señalar que observa diferencias significativas entre el alumnado inmigrante que se incorpora tardíamente y el que no. En este sentido, Alicia afirma que los alumnos de origen inmigrante que presentan más conflictos de comportamiento son aquellos que se incorporan tardíamente al centro.

> *«Entrevistador.- Que tú ves diferencias entre alumnos que llevan desde un principio, y los que se incorporan tardíamente.*
>
> *Alicia.- Claro, quienes se incorporan tardíamente son los que presentan más conflictos de comportamiento».*
>
> (Ep.Alicia. 74-76, 1083)

EDUCACIÓN INTERCULTURAL Y CONVIVENCIA EN LA ESCUELA INCLUSIVA

Para Alicia, los conflictos escolares no son oportunidades para el aprendizaje, más bien al contrario, son perturbaciones o dificultades que implican perder el tiempo en resolverlos. Para ella, la clave en gestionar estos conflictos escolares se sitúa en el plano de la repetición, y es que ella misma se considera una maestra tradicional que emplea métodos tradicionales que tiene asumidos.

«Entrevistador.- Una pregunta, Alicia: ¿Tú crees que los conflictos, las situaciones problemáticas que se dan en la clase, los [problemas] de comportamiento, incluso los problemas lingüísticos, son negativos para el desarrollo de tu trabajo en el aula, o suponen un acicate para...?

Alicia.- Es negativo...

Entrevistador.- ¿Es negativo?

Alicia.- Claro; normalmente es negativo, porque se pierde mucho tiempo en resolverlos. Y además, bien está que una vez, cuando surgen al principio, pues tú lo atajes; pero es que después son reiterativos, y claro, ya ellos lo saben; y entonces actúan así, y hay que estar resolviendo y perdiendo el tiempo en repetir lo mismo. Pero bueno, eso es una labor machacona que tenemos que realizar, y que los maestros tradicionales yo creo que lo tenemos asumido».

(Ep.Alicia. 47-53, 761)

Como podemos observar, Alicia se sitúa dentro del colectivo de profesores tradicionales, lo cual es un indicador de su perspectiva educativa sobre la gestión y regulación de los conflictos escolares. Resulta obvio decir que no contempla el conflicto como una oportunidad para el aprendizaje, ni tampoco la idea de la gestión o la regulación positiva de los conflictos escolares como claves educativas que puedan promover actitudes y competencias sociales y emocionales para la mejora del clima escolar. Eso sí, Alicia no considera que los símbolos religiosos constituyan un problema o conflicto educativo. Es más, cree que los símbolos religiosos son elementos de identidad cultural respetables siempre y cuando no violenten ni se impongan al resto. No obstante, considera que estos símbolos religiosos (p.e. una vestimenta determinada) no pueden ser un hándicap que entorpezca el normal desarrollo de las actividades contempladas en el currículo escolar.

«Entrevistador.- Una pregunta, Alicia: ¿tú consideras que es un conflicto llevar símbolos religiosos a las escuelas públicas? Como ha pasado en Francia, el debate éste de que las niñas lleven el velo islámico, o no lo lleven...

Alicia.- Yo pienso que no.

Entrevistador.- Es como si tú llevas una cruz así, yo qué sé.

Alicia.- Yo pienso que un símbolo externo, siempre que a ti no te sirva para violentar ni imponérselo a los demás, es muy respetable; lo que sí me parece es que sí hay que dar una educación física, o hay que hacer, dentro del currículum, una serie de cosas, pues que vengan con una indumentaria adecuada, por lo menos ese día».

(Ep.Alicia. 218-224, 1720)

CAPÍTULO 8: EL CONFLICTO COMO HERRAMIENTA DE APRENDIZAJE EN LOS CENTROS EDUCATIVOS

El conflicto es un concepto complejo y lleno de significados en el contexto educativo. Es más, el conflicto escolar está impregnado de significados éticos, emocionales, sociales y culturales, lo que implica aún una mayor complejidad cuando se plantea el concepto de conflicto intercultural.

En nuestro estudio hemos descubierto que no existen significativos conflictos interculturales, sino que éstos son entendidos para el conjunto de la comunidad educativa como aquellos conflictos que se desarrollan en contextos escolares de diversidad cultural. Estos conflictos pueden ser problemas específicos (de comportamiento, de índole curricular, lingüísticos...), o bien pueden ser dificultades singulares entre alumnos y familias de origen inmigrantes y autóctonas, o un déficit de recursos para atender la diversidad cultural existente en los centros educativos.

Ciertamente, el conflicto desde un punto de vista pedagógico tiene una enorme potencialidad para todos los agentes del sistema educativo. Ahora bien, en nuestro estudio hemos constatado que existen distintas dimensiones del conflicto que hacen que podamos denotar diferentes concepciones pedagógicas sobre el conflicto escolar en contextos de Educación Intercultural. Nos vamos a centrar ahora en el pensamiento pedagógico de los docentes.

En primer lugar, hemos constatado la existencia de una dimensión macro o de índole filosófica y ética, donde el profesorado concibe como francamente positivo e inherente a la vida escolar la idea de conflicto. El conflicto es, para el profesorado, una oportunidad para el aprendizaje. Es decir, la concepción pedagógica que tienen los profesores respecto a la idea de conflicto escolar modula entre la dificultad que entraña el conflicto y la potencialidad del mismo para la mejora de la convivencia escolar.

En segundo lugar, hemos observado la existencia de una dimensión micro o de índole práctica y procedimental, donde el profesorado, a pesar de ser consciente de la finalidad positiva del conflicto escolar, percibe que los conflictos escolares son dificultades y problemas en la práctica cotidiana, y gestionar y regular esos conflictos les implica sortear, en ocasiones, carencias y limitaciones que no les son propias; esto es, que son dificultades del propio sistema educativo para poder afrontar con garantías de éxito la situación de conflicto en contextos escolares de diversidad cultural.

En este marco de análisis y de aparente incoherencia entre el pensamiento pedagógico y práctico de los profesores, hemos descubierto que los profesores, en la práctica cotidiana, tienen recursos didácticos básicos para afrontar los conflictos escolares que acontecen en los espacios escolares multiculturales. Ahora bien, los docentes requieren una mayor formación en esta materia para afrontar mejor estos conflictos escolares. Ellos plantean que necesitan más recursos específicos de apoyo, no sólo materiales sino fundamentalmente recursos humanos que les asesoren y les ayuden para gestionar la situación de convivencia intercultural que aspiran a consolidar progresivamente.

En efecto, de nuestra investigación podemos afirmar que la convivencia escolar se concibe y presenta como una construcción social que implica por parte de los diferentes agentes de la comunidad educativa (profesores, padres, alumnado) un conjunto de claves fundamentales tales como aprendizaje, respeto, paz, tolerancia, normas y bases comunes para la gestión positiva del conflicto escolar. La convivencia implica a dos o más personas o grupos que son diferentes en el marco de una relación en la que siempre intervienen otros y que está sujeta a cambios. Así pues, podemos afirmar que en el contexto escolar la convivencia no es algo ajeno al conflicto, sino que más bien el conflicto es algo intrínseco a la misma. De hecho, los conflictos escolares son hechos permanentes de la vida escolar y son necesarios en el desarrollo y crecimiento personal y colectivo de alumnos, profesores y también del propio contexto educativo.

Asimismo, tenemos que decir que las múltiples manifestaciones conflictivas detectadas (lingüísticas, curriculares, sociales, institucionales, culturales, personales, metodológicas...) de la realidad escolar nos permiten entender la escuela como un espacio ecológico impregnado de influencias y confluencias diversas, conectadas con los significados cada vez más cambiantes y polisémicos de la sociedad.

Además, en el caso de grupos culturales diversos que comparten espacios sociales y educativos comunes, es necesario priorizar de manera intencionada procesos educativos por los que sea posible la puesta en práctica de habilidades de manejo del conflicto. Y este aspecto implica una propuesta práctica de enorme magnitud: la formación para la convivencia intercultural debe ser para todos los agentes de la comunidad educativa. Es decir, planteamos la necesidad de formar en habilidades para la gestión positiva de los conflictos interculturales no solamente al profesorado, agente clave y fundamental en esta cuestión; sino que también apostamos por la necesidad formativa de las familias y del propio alumnado. Para ello, es imprescindible el desarrollo de competencias interculturales y de comunicación y mediación intercultural, así como la formación específica en estrategias de dinamización de la participación comunitaria en el ámbito escolar.

Estas son las respuestas a los interrogantes que han surgido a lo largo de todo el proceso investigador. En verdad, hemos descubierto que la integración del alumnado inmigrante, no exenta de dificultades y conflictos, se está desarrollando mucho mejor de lo que en ocasiones los medios de comunicación difunden sin mucho fundamento. Es más, está siendo un logro y un éxito social la integración de un numeroso grupo de alumnos inmigrantes que están plenamente incorporados a la dinámica educativa de los centros escolares.

A pesar de ello, el reto de la escuela de hoy no es la solamente la integración o la inclusión de este alumnado culturalmente minoritario en el escenario escolar; es necesario dar un empuje, tomar un nuevo impulso para la mejora de la convivencia escolar en la senda de la interculturalidad. Es decir, la Educación Intercultural como propuesta inclusiva y crítica para la mejora de la convivencia escolar.

Los conflictos se pueden definir como situaciones o hechos donde dos o más personas o grupos de personas se muestran en desacuerdo en un determinado asunto. Pueden originarse en la percepción de divergencia de necesidades o intereses, que no se satisfacen simultáneamente o de forma conjunta, debido a incompatibilidades o diferencias en los valores o en la definición de la situación. Básicamente, sería un desacuerdo entre dos o más partes implicadas en un contexto y una cuestión común. En el ámbito de la educación también podemos aplicar esta definición, esto es, una situación problemática en un contexto educativo donde algunos de los protagonistas del escenario escolar (docentes, alumnos, madres y padres) muestran sus divergencias o desacuerdos ante cuestiones o temas de interés común. No obstante, en nuestro estudio hemos descubierto que existe una gran multiplicidad de significados del conflicto desde la perspectiva docente, y en el caso del conflicto intercultural podemos afirmar que no existe una concepción unívoca de esta idea. Más bien al contrario, nos encontramos con una diversidad de concepciones sobre el conflicto intercultural, que determina de una manera muy importante las estrategias educativas que pueden ponerse en práctica en los contextos educativos de diversidad cultural.

Los centros educativos públicos de nuestro país reciben cada vez más alumnado de otras nacionalidades y culturas. Esto es un hecho objetivo indiscutible. Es más, el crecimiento de la presencia de un tipo de alumnado de origen inmigrante ha sido bastante acelerado e intenso en los últimos años y la tendencia nos indica que el fenómeno de la inmigración va a seguir haciendo del contexto educativo un espacio cada vez más plural y heterogéneo desde el punto de vista cultural y social.

«*Entrevistador.- ¿Desde cuándo es este incremento tan significativo en el alumnado inmigrante?*

Carmen.- Bueno, llevamos muchos años; te hablo de hace cuatro, cinco años, que ya empezó el flujo de inmigrantes... Pero bueno, en los dos últimos años, se ha disparado...

Entrevistador.- Exponencial, ¿no?

Carmen.- Pero, bueno, en un 100%. Y además, es que se continúa....».

(Ep.Carmen. 50-72, 2891)

En nuestro estudio, hemos comprobado que el profesorado de la escuela pública es consciente de que la diversidad en sus centros se define fundamentalmente desde los parámetros sociales, culturales, emocionales y lingüísticos; cuya conjunción sitúa al profesorado ante el reto de repensar sus funciones docentes en el marco de una escuela diversa fruto del permanente cambio social.

Decimos esto porque hay que señalar que el incremento del alumnado de otras nacionalidades y procedencias culturales se ha concentrado especialmente en los centros educativos públicos, por lo que tenemos que ser conscientes de este hecho de crucial importancia. Este alumnado, sobre todo el que procede de una inmigración de índole económica, esto es, de las familias magrebíes, latinoamericanas y de los países del Este, acude predominantemente a los colegios e institutos de titularidad pública.

«Entrevistador.- Pregunta: ¿por qué estos niños no echan la matrícula ahí? ¿Pueden echarla?

Ana.- Porque no los admiten. Y porque ni siquiera se acercan. Porque Los Limoneros son muy selectivos, no admiten ni a los niños... ¿Cómo que no? Los Limoneros no admiten ni a los niños que tienen otras posibilidades económicas.

Entrevistador.- Pero es concertado, ¿no?

Ana.- Es concertado, pero la política... Es que el colegio privado es cubierto, es que es muy fuerte, ése es otro tema muy fuerte. No los admiten; además, si los admitieran, y ellos fueran, ellos no pueden pagar 18'89 euros, como yo pago para material de mi hijo. ¿De dónde? Es decir, lo de la Universidad, que es pública y para todos... ¡mentira! La madre de las Torres no le puede comprar a su hijo un ordenador de 1.300 como yo le compré a mi hija cuando entró a la Universidad. Claro, una cosa es lo que se dice, y otra lo que funciona de verdad. Yo esta escuela la quitaría, porque estos niños en otra escuela tendrían otro referente; aquí están todos juntos».

(Ep.Ana. 617-625, 1275)

Pero hay otro aspecto, aún más importante, que nos puede ayudar a comprender que sean determinados centros educativos los que tengan mayores conflictos de índole intercultural. En nuestro estudio, tal y como plantean Loli y Ana, los inmigrantes viven en las viviendas más asequibles, concentradas en aquellas zonas de la ciudad de Málaga caracterizadas por la exclusión social y la pobreza. Mediante un sistema de admisión de alumnado basado especialmente en la cercanía al domicilio de sus familias, los alumnos inmigrantes acuden a centros educativos públicos donde la mayoría de su población escolar muestra una amplia gama de dificultades escolares y conductuales, derivada precisamente de las problemáticas familiares, laborales y económicas que viven en sus contextos sociales.

Por todo ello, podemos afirmar que estos niños de origen inmigrante acuden a los centros con más dificultades y conflictos, ya que conviven con un tipo de población escolar caracterizada por un déficit de autoestima, carentes de habilidades y competencias sociales, y con dificultades en el aprendizaje de normas y referentes de comportamiento en sus contextos más cercanos, principalmente el familiar y el de su entorno social.

> «Entrevistador.- ¿Y qué es lo que más te preocupa, precisamente de eso? De las relaciones, de la integración del alumnado inmigrante, ¿cuál es el aspecto que más te preocupa a ti? Lo que más te preocupa, respecto al clima...
>
> Alicia.- El aspecto humano me preocupa muchísimo, porque la verdad es que estos niños están sufriendo muchas circunstancias muy adversas, y entonces, [respecto a] ese aspecto, a mí me parece que todas las personas tenemos que ayudar; los seres humanos en primer lugar; después, claro, en segundo lugar, su rendimiento, porque después de salir de su tierra, que estos niños no consigan mejorar culturalmente, también es muy triste, pero vamos...».
>
> (Ep.Alicia. 142-152, 1352)

Esto puede significar que, además de las problemáticas lingüísticas y curriculares de cada alumno de origen inmigrante, la cuestión familiar y social se nos antoja fundamental para comprender los conflictos que se dan en estos centros educativos. Y es que, los conflictos, tal y como hemos venido exponiendo, tienen una doble dimensión desde la perspectiva docente. Por un lado, el profesorado tiende a identificar conflicto a las propias problemáticas -lingüísticas, curriculares, emocionales, identitarias- del alumnado inmigrante y, por otro, es consciente de las propias deficiencias del contexto educativo -metodológicas, actitudinales, institucionales- para afrontar la diversidad cultural, lo que también es visto como un conflicto.

> «Bueno, para mí una clave fundamental para la integración es la lengua. Por ejemplo ahora nos ha venido una niña de Marruecos que no sabía absolutamente nada de castellano, entonces eso es un elemento fundamental, que nos entienda. Pero, otro elemento fundamental es que estos alumnos sientan valorada su cultura, o sea, que el currículum que se diseñe en cualquier tipo de centro tiene que responder a la diversidad cultural, y la diversidad cultural significa responder a los valores culturales y a las características de cada uno de ellos. Lo que pasa es que muchas veces esto no se da, y entonces, estos niños se integran en un currículum homogéneo, en el currículum que existe que es el currículum de los libros de texto, es el currículum real ¿no?, y evidentemente, si los niños que son de aquí ya tienen dificultades para trabajar con un currículum que no responde para nada a sus necesidades porque no es pertinente, porque no es funcional (...)».
>
> (Ep.Ana. 32, 1751)

Como hemos podido descubrir, las problemáticas que se dan en estas escuelas no se derivan simplemente por la presencia de estos alumnos de otras culturas, sino que esta circunstancia se une a la propia problemática social, familiar y emocional que hoy podemos observar en muchas de estas escuelas. Precisamente escuelas que actualmente desarrollan muchas de sus actuaciones y proyectos en el ámbito de la Educación Intercultural. Escuelas interculturales que, como plantea Loli, están haciendo esfuerzos para vertebrar sus prácticas pedagógicas desde el cuestionamiento continuo de qué es interculturalidad, para qué y cómo llevarlo a la práctica sin caer en el activismo o en el reduccionismo de adscribir el "apellido" intercultural a toda actividad educativa realizada por el simple hecho de educar en un contexto multicultural.

> *«Para mí esa calidad estaría basada en que el colegio está muy abierto..., es un colegio donde participan en él muchas asociaciones,(...), todo el mundo allí tiene cabida, y esto los niños lo ven (...), yo tengo muchos proyectos en la cabeza que quiero hacer y llevar a cabo, porque todo eso le da una categoría al colegio, y a los niños les da autoestima, porque el niño valora que su colegio sea cada vez mejor, al igual que sus padres (...)».*
>
> (Ep.Loli. 322, 464)

Estas escuelas no atienden a una problemática exclusivamente cultural o de raíces culturales, sino fundamentalmente de índole social y, ampliando un poco más nuestra comprensión, de índole sociocultural y también emocional. Siguiendo los planteamientos de Ana, tenemos que afirmar que estas escuelas interculturales están educando en la diversidad social, cultural, lingüística y emocional, y en este sentido los profesores son conscientes de la dimensión social de la escuela, de sus nuevas funciones pedagógicas. Ahora bien, no todo el profesorado está comprometido con la interculturalidad y con este análisis pedagógico-social de la institución escolar. El caso de Alicia es sumamente esclarecedor al respecto, es decir, sigue habiendo profesores que platean la educación en términos exclusivos de enseñanza, y obvian -e incluso rechazan- el nuevo carácter social y emocional de sus funciones docentes.

No obstante, una de las claves más importantes de la presente investigación radica precisamente en conocer que los docentes consideran que el origen de los conflictos escolares es social. En concreto, consideran que el origen de los conflictos que se dan en sus centros es sobre todo de carácter social, mientras que otros, y de manera minoritaria, opinan que este origen se da en el ámbito propiamente académico, matiz que podemos considerar de gran interés puesto nos marca una tendencia del profesorado a concebir que los conflictos escolares tienen cada vez más una dimensión o vertiente social frente a la puramente académica. La valoración de los profesores de que el origen de los conflictos es netamente social es una variable de gran interés, ya que confirma nuestra idea de que la escuela se encuentra afrontando retos no solamente formativos, sino fundamentalmente sociales en el contexto del permanente cambio social que estamos viviendo.

Ciertamente, muchos alumnos *«(...) proceden de ambientes muy conflictivos donde los códigos y las normas de funcionamiento que manejan son los códigos de la violencia»*, y los problemas sociales y familiares que viven estos alumnos en su vida diaria *«(...) vienen a la escuela todos los días, cotidianamente vienen todos los días, y claro, aquí estamos un poco a contracorriente por los valores (...)».* Tal y como plantea Ana, la escuela es el único espacio donde los alumnos conflictivos pueden tener la posibilidad de aprender valores y actitudes prosociales, en lógica contradicción con los valores y referentes que todos los días reciben en sus contextos sociales. De esta manera, nos encontramos ante un proceso de socialización divergente que entra de lleno en la dinámica educativa de las escuelas interculturales.

En este punto, podemos decir que se desprenden de la investigación conclusiones muy interesantes en relación a la dimensión social, familiar y emocional de los conflictos que acontecen en estos centros educativos.

En primer lugar, resulta muy relevante comprobar que muchas familias transmiten unos valores que van a contracorriente de los valores que se viven en la escuela. De esta manera, algunos docentes destacan que la imagen social de la escuela que tienen algunas familias perjudica claramente la labor educadora que realizan, y es que existe la posibilidad de que muchas familias transmitan su resentimiento hacia la escuela por la situación socioeconómica y emocional en que viven.

En segundo lugar, existe la percepción por parte del profesorado de que algunas familias -en la mayoría de los casos no son familias de origen inmigrante sino autóctonas- no reconocen la ilusión y el esfuerzo que están desarrollando para mejorar la calidad de la educación que reciben sus hijos en estas escuelas. Esta situación resulta emocionalmente compleja de asimilar, ya que los docentes de las escuelas interculturales trabajan voluntariamente en estos centros en el marco de proyectos educativos específicos de innovación educativa o de educación compensatoria. Este hecho reporta, en ocasiones, sinsabores y experiencias educativas agridulces que sólo la esperanza pedagógica de que pueden cambiar las cosas en la escuela puede resarcir los momentos de falta de apoyo de las familias o la sensación de impotencia ante la magnitud de los problemas sociales que influyen en el comportamiento y rendimiento de los alumnos. En verdad, el problema estaría en que *«(...) cuando se termina el horario de aquí, ellos vuelven otra vez a vivir los valores que ellos viven, que transmiten sus familias (...) y (hay) una distancia muy grande (...)»* (Ep.Noelia. 92-94, 2142).

En tercer lugar, hay que señalar que muchos alumnos que acuden a estos centros educativos proceden de *«(...) ambientes sociales muy primarios, viven en ambientes donde prevalece el más fuerte, que es el que sobrevive»*, es decir, viven en redes de significado donde el principal es el código de la violencia. Por esta razón, en nuestro estudio hemos podido revelar la importancia del lenguaje agresivo en la conformación de una naturalización de la violencia. En efecto, hemos visto cómo niños pequeños se insultan de manera abrupta sin ningún tipo de cortapisas, y esto emerge con fuerza en estos contextos donde las problemáticas socioculturales hunden sus raíces en unos códigos sociales de funcionamiento anclados en la violencia más absoluta. Esta idea la plantea Ana al considerar que la escuela *«(...) es como un barco en medio de una tempestad, y mientras los niños están en el barco están a salvo (...)»*, ya que lo que ven en sus casas es el *«(...) maltrato, lo que hay en sus casas es droga, prostitución, delincuencia y violencia por un tubo. Su forma de relacionarse es la violencia (...)»*.

EDUCACIÓN INTERCULTURAL Y CONVIVENCIA EN LA ESCUELA INCLUSIVA

Además, algunos alumnos de estas escuelas tienen muchas carencias en competencias sociales y en la regulación pacífica de conflictos, lo cual es un elemento claramente perjudicial para el establecimiento de un clima positivo en las relaciones de convivencia escolar. Sin embargo, tenemos que subrayar que estos dos aspectos se dan con mayor frecuencia en los alumnos autóctonos que en los de origen inmigrante, es más, tanto los alumnos marroquíes como los de origen latinoamericano están mejor ubicados que los autóctonos, y esto nos da idea de la importancia de enfocar la interculturalidad como una herramienta educativa dirigida a todos los alumnos sin ningún tipo de exclusión.

Por tanto, y a partir del análisis realizado en nuestro estudio, consideramos que hablar de conflictos interculturales en escuelas donde realmente la diversidad cultural y lingüística se une a una diversidad social, caracterizada por los peligros de la exclusión y el riesgo social, no es, en modo alguno, muy acertado. Entonces, sería posible, incluso, comenzar a hablar de conflictos intersocioculturales y no de conflictos interculturales como concepto aglutinador de la multiplicidad de significados y variables que inciden en su configuración. Esto se debe a que estos centros escolares abordan unas problemáticas y unos conflictos de naturaleza compleja y multicausal, es decir, que los conflictos interculturales[1] que se dan en estas escuelas se definen desde una conjunción interdependiente de variables muy complejas. Como más adelante veremos, a partir del análisis interpretativo de los estudios de casos, hemos creído oportuno la diferenciación entre conflictos interculturales explícitos y conflictos interculturales implícitos.

Sí que cabe decir ahora que el conflicto está culturalmente cargado de una connotación negativa y el profesorado no es ajeno a esta concepción. De hecho, hemos comprobado cómo Loli, Elena y Alicia parten de una idea similar del conflicto escolar; esto es, se considera el conflicto como un elemento perjudicial, perturbador o claramente negativo para la convivencia escolar y el proceso de enseñanza y aprendizaje. A pesar de ello, resulta relevante que de cuatro estudios de casos a docentes, solamente una (Ana) valore el conflicto escolar como una oportunidad de aprendizaje. Decimos esto porque en nuestro estudio la mayoría del profesorado entrevistado de estos centros educativos valora los conflictos como oportunidades para el aprendizaje en sus aulas y escuelas. En cierta medida, podríamos asistir a una disonancia o divergencia entre lo que piensa el docente como una teoría pedagógica y al actuar en su propia práctica pedagógica. Otro posible motivo podemos encontrarlo en la propia deseabilidad educativa que se encuentra en la aceptación del conflicto como herramienta de aprendizaje o la atracción pedagógica que puede suponer la idea de educar desde y en el conflicto. No obstante, esa divergencia también la encontramos en un dato sumamente esclarecedor, y es que solamente algunos profesores consideran que el afrontamiento de los conflictos debe hacerse desde la concepción del conflicto como instrumento de aprendizaje.

---

1. A pesar de este matiz, creemos oportuno seguir hablando de conflictos interculturales, término empleado en la mayoría de la literatura pedagógica estudiada para la realización de este trabajo. Además, no queremos ser pretenciosos en la formulación de un nuevo concepto teórico, sino enriquecer el existente a fin de abordar las sutilezas encontradas en nuestro estudio.

EL CONFLICTO COMO HERRAMIENTA DE APRENDIZAJE EN CENTROS EDUCATIVOS

En este punto, es importante subrayar que solamente Ana tiene una concepción crítica del conflicto escolar, de tal manera que considera que el tipo de vínculo que posea el grupo (la comunidad educativa), sus motivaciones (escolares y afectivas) y su comunicación (interactiva) pueden darle a la resolución del conflicto una dimensión positiva, ya que es parte integral de la escuela entendida como sistema; es decir, no es algo negativo o fruto de escenarios escolares mal cohesionados o con vínculos patológicos de rechazo, sino que es intrínseco a la vida de todos los escenarios sociales, y el educativo es un escenario de interacción social donde no es posible dejarse llevar por el determinismo de que todo va a ir a peor.

Otra conclusión fundamental que se revela con fuerza en nuestro trabajo es que la escuela, como plantea Ana, es un lugar de esperanza social, y el tipo de motivación y de actitud para afrontar los conflictos será constructiva o fatalista, dependiendo de la perspectiva pedagógica del docente, de su visión social de la escuela como facilitadora de un nuevo espacio intercultural o, de lo contrario, como expresión inerte de una realidad social inmóvil, determinista y fatalista donde el conflicto es visto como algo negativo y no se hace nada para afrontarlo, simplemente se rechaza.

> «Yo, cuando te hablo del discurso pedagógico crítico, es que me parece que habría que recuperar los espacios de... No sé cómo explicarte,... de los relatos. Yo creo que hay que recuperar la experiencia. Creo que tenemos que repensarnos, reescribir, reconstruir, recrear los encuentros de maestros en las escuelas de Verano, pero no con aquella perspectiva, sino con ésta. Creo que hay que abrir espacios para producir conocimiento pedagógico desde la práctica, o sea, para reflexionar».
>
> (Ep.Ana. 509, 2764)

Además, podemos afirmar que el conflicto tiene una doble dimensión entendida como proceso educativo interactivo, es decir, es construido desde la perspectiva del profesorado por la interacción de las problemáticas educativas del alumnado de origen inmigrante y del propio sistema educativo. Lo que queremos decir es que los docentes construyen esta idea a partir de la focalización del conflicto en las problemáticas escolares del alumnado inmigrante, así como en el cuestionamiento de las deficiencias y dificultades que tiene el propio contexto educativo para dar una respuesta intercultural a la creciente diversidad existente en sus aulas y escuelas.

Como podemos comprender, esa interacción no es del todo equilibrada, es decir, algunos docentes opinan que el conflicto intercultural es exclusivamente una consecuencia de las dificultades de integración del alumnado inmigrante en la escuela, mientras que otros valoran que las dificultades de inclusión de este alumnado se deberían a las carencias curriculares, metodológicas e incluso formativas -y actitudinales- del propio profesorado.

> «Entrevistador.- Por tanto, para ti la naturaleza de los conflictos que se pueden dar en el colegio...digamos, que hay unos conflictos implícitos y explícitos..., porque el currículum mismo puede ser en sí mismo o generar un conflicto... no sé...

> *Ana.- Sí, un conflicto general en la escuela, un conflicto general del sistema educativo. Yo ese conflicto, no lo cambia ninguna ley que venga desde arriba pensando que tenemos que aprender de memoria, como hemos aprendido nosotros, miles y miles de cosas que no te sirven para nada. O sea que yo creo que la educación tiene que ser diferente, y que tiene que dar un giro hacia aprender a ser, hacia aprender a convivir, aprender a compartir..., hacia los valores, hacia el aprender a ser».*
>
> (Ep.Ana. 106-108, 1513)

Dentro de las diferentes perspectivas que hemos analizado en los estudios de casos, creemos relevante expresar que, excepto en el caso de Ana, el resto de docentes, a pesar de sus diferencias pedagógicas, tienen una idea ciertamente negativa del conflicto como instrumento de aprendizaje. Tal y como hemos ido exponiendo, tanto Loli como Alicia y Elena se muestran reticentes a concebir el conflicto como elemento que puede ser potencialmente enriquecedor para la convivencia en sus respectivos centros educativos.

> *«Un conflicto generalmente no ayuda a que la convivencia sea buena, fíjate, un conflicto, cuando hablamos de conflicto hablamos de que hay que corregir conductas, hay que educar en valores, esa es nuestra labor, nuestra profesión, cosa diferente es cuando hablamos de conductas agresivas, de conductas violentas que dañan a los demás, entonces evidentemente esto es desagradable (...)».*
>
> (Ep.Loli. 86, 392)

Por esta razón, creemos necesario destacar que hay una perspectiva del conflicto que nos parece singularmente valiosa, que es la perspectiva crítica, asumida por Ana. En esta visión, el conflicto es necesario para la transformación de la metodología escolar, las prácticas pedagógicas y los valores educativos, promoviendo la resolución pacífica y constructiva de conflictos. Así pues, podemos afirmar que Ana es un ejemplo de docente que reconoce la dimensión educativa del conflicto escolar (intercultural) y, por tanto, desde esta perspectiva, indaga en los beneficios educativos tanto a nivel de mejora del clima de convivencia escolar como en el desarrollo de habilidades y competencias socioemocionales que promuevan en todos los alumnos el diálogo, la empatía, la autonomía y el pensamiento crítico.

> *«(...) Intentar poner al niño en el lugar del otro ¿no? es decir, esa persona no es capaz en ese momento, pero eso lleva acompañado de hablar, porque aquí el conflicto se trata hablando. El conflicto está en el centro de este colegio (...). Mira, el colegio es un como un barco en medio de una tempestad, y mientras los niños están en el barco están a salvo, porque lo que hay en sus casas tiene que ser muy fuerte».*
>
> (Ep.Ana. 299, 887)

Todo ello nos lleva a la conclusión de que es necesario cambiar la mirada sobre la educación; cambiar el currículum escolar, que no sea única y exclusivamente el de los libros de texto, sino que sea construido y vivido por los alumnos para que les sea útil y funcional en sus contextos sociales y familiares.

Pero como hemos citado con anterioridad, nos gustaría proponer en este momento un análisis de la naturaleza de los conflictos interculturales desde la perspectiva docente y por tanto, subrayar la diferencia entre conflicto intercultural implícito y explícito a partir de la reflexión e interpretación expuesto en este trabajo. Para ello, guiaremos nuestras reflexiones a partir de la siguiente tabla.

CONFLICTOS INTERCULTURALES		CONTEXTO ESCOLAR	CONTEXTO FAMILIAR	CONTEXTO SOCIAL
Conflictos explícitos	Lingüístico-comunicativo	Desconocimiento del idioma. Metodologías en el aprendizaje del español (segregación/integración). Aulas ATAL	Desconocimiento del idioma	Problemas de comunicación
	Incorporación tardía	Retraso o desfase curricular. Dificultades en las competencias sociales de relación	Problemas económicos y de vivienda	Inestabilidad social
	Racismo	Prejuicios y actitudes negativas hacia la diversidad cultural. Lenguaje racista	Escasa interacción entre las familias de diferentes culturas	Actitudes de rechazo en la calle y en el barrio
Conflictos implícitos	Curriculares	Retraso o desfase curricular. Currículum hegemónico, poco funcional y relevante	Escaso apoyo en la realización de las tareas escolares por desconocimiento. Poco tiempo disponible para dedicarlo al aspecto formativo del hijo. Positivas o negativas expectativas hacia la educación	Condicionantes sociales y económicos. Positivas o negativas expectativas laborales
	Conductuales	Comportamiento disruptivo. Hiperactividad	Situación de desarraigo e inestabilidad social y económica de las familias inmigrantes	Integración o exclusión en la sociedad de acogida
	Metodológicos	Principios pedagógicos (Interculturalidad). Proyectos educativos (compensatoria, paz, innovación). Estrategias didácticas (asambleas, mediación, apoyos específicos)	Participación de las familias inmigrantes en las actividades educativas interculturales	Apoyo de las ONGs en el desarrollo de la interculturalidad en la escuela (mediación intercultural, actividades educativas puntuales)

Conflictos implícitos	Identitarios	Crisis de identidad cultural Desconocimiento de los códigos y referentes sociales Identidades múltiples (de defensa, de asimilación...)	Crisis de identidad (socialización divergente) Divergencia de valores educativos Abandono de los valores de la cultura de origen	Escasos lazos sociales y redes de apoyo Desconocimiento de códigos y valores Sentimientos de pertenencia grupal Religión
	Emocionales	Ansiedad Baja autoestima Falta de confianza en el aprendizaje Motivación por aprender Baja tolerancia a la frustración	Desarraigo Malestar emocional Incertidumbre ante el futuro	Proceso migratorio
	Institucionales	Modelo de integración escolar (inclusión/adaptación) Atención a la diversidad cultural (diferentes perspectivas en la práctica sobre la interculturalidad) Diversidad cultural (oportunidad o problema) Calidad educativa basada en los niveles curriculares o en el aprendizaje de valores sociales Currículum que no reconoce la diversidad cultural como motivo de aprendizaje Actitud del profesorado (receptividad o indiferencia) Formación del profesorado: escasa y centrada en la dimensión cognitiva de las culturas Apoyos y recursos (lingüístico, curricular, conductual, de mediación...)	Desconocimiento del sistema educativo La participación de las familias inmigrantes en la escuela (significativa o escasa)	Fenómeno de la inmigración Cambio social Apoyos sociales y económicos a los inmigrantes Existencia o inexistencia de actitudes racistas y xenófobas

Tabla 1: La naturaleza de los conflictos interculturales desde la perspectiva docente.

A continuación, procederemos a desarrollar las ideas fundamentales resumidas en este cuadro. Habría, a nuestro juicio, que distinguir entre dos tipos de conflictos interculturales: los conflictos explícitos, es decir, aquellos que pueden ser focalizados y explicados desde la observación de la práctica pedagógica en las escuelas interculturales; y los conflictos implícitos, esto es, aquellos que no son fácilmente observados en la práctica educativa de estas escuelas y que requieren una comprensión reflexiva y crítica de la perspectiva docente sobre la actual situación de convivencia en sus centros educativos.

Dicho esto, y partiendo del análisis interpretativo de los datos de la presente investigación, nos atrevemos a realizar una clasificación de los conflictos interculturales a partir de la distinción entre conflictos explícitos e implícitos.

Dentro de los conflictos explícitos, situaríamos los conflictos lingüístico-comunicativos, la incorporación tardía del alumnado de origen inmigrante, las actitudes racistas y xenófobas, los conflictos de índole curricular, los conflictos conductuales y metodológicos.

En verdad, los resultados de nuestra investigación nos muestran que el profesorado piensa que el principal conflicto es el lingüístico, esto es, el desconocimiento de la lengua española por parte del alumnado inmigrante es considerado una situación problemática.

Asimismo, y a pesar de la importancia que el profesorado le da al aula ATAL como medida educativa muy positiva en lo que sería el apoyo lingüístico, algunos docentes piensan que su metodología debería ser más inclusiva en sus planteamientos pedagógicos interculturales, es decir, que sus actuaciones no sólo tuvieran como foco principal la atención individualizada de los déficits lingüísticos de los alumnos inmigrantes, sino que también impulsaran acciones educativas imbricadas dentro de la comunidad educativa, y por tanto, dirigidas a todos sin ningún tipo de exclusión, para ser un instrumento intercultural de primer orden.

Igualmente, el profesorado percibe que los conflictos lingüísticos no solamente se dan con los alumnos, también tienen problemas de comunicación con las familias inmigrantes y, a su juicio, estas familias también pueden tener problemas de relación social por su desconocimiento del idioma en los primeros compases de su llegada a nuestro país.

La incorporación tardía, como hemos visto, también es considerada un conflicto de gran importancia por parte del profesorado, y es que esta situación provoca inestabilidad emocional así como retraso o desfase curricular en el alumnado inmigrante. También, el profesorado observa con inquietud que la incorporación tardía de este alumnado suponga dificultades de relación y comunicación de estos alumnos con el resto.

Las dificultades económicas y de vivienda son vistas por el profesorado como una clave de comprensión de la situación escolar de muchos de los alumnos que acuden a sus centros escolares. Estos alumnos viven, en muchas ocasiones, en situaciones de riesgo y exclusión social, y esto, qué duda cabe, es un factor que influye en el rendimiento académico según el profesorado.

Las actitudes racistas y de rechazo al alumnado inmigrante no son frecuentes en los contextos educativos que hemos estudiado, es más, el profesorado no contempla que el racismo esté presente de manera clara en la escuela. No obstante, tal y como hemos ido exponiendo a lo largo del presente trabajo, algunas docentes piensan que todavía existen prejuicios negativos hacia estos alumnos y sus familias. Ejemplo de ello puede ser la escasa interacción entre las familias de diferentes culturas, o incluso la indiferencia de algunos profesores que ven como problemáticos o conflictivos a los alumnos inmigrantes. También habría que señalar como conflictivas las situaciones sociales en las que estos alumnos perciben rechazo por su origen cultural o religioso, lo cual es percibido por los profesores comprometidos por la igualdad de oportunidades y la interculturalidad.

El retraso o desfase curricular por parte de algunos alumnos inmigrantes es considerado como un conflicto por parte del profesorado. En efecto, se considera que un aspecto fundamental de una correcta atención a la diversidad cultural debe ir encaminada a paliar las dificultades que plantean estos alumnos en su acceso al currículum ordinario en condiciones de igualdad con respecto al resto de alumnos. Sin embargo, hay profesores que apuntan que el currículum escolar que actualmente se imparte en sus escuelas es poco funcional y relevante, y lo que es más significativo, resulta hegemónico desde la perspectiva intercultural. Es decir, se considera que el currículum no atiende a la diversidad cultural desde un enfoque intercultural sino fundamentalmente asimilacionista, lo cual es visto como algo perjudicial si lo que verdaderamente se pretende es construir una escuela intercultural.

Por otro lado, el profesorado percibe que las familias inmigrantes, aunque se preocupen mucho por la educación de sus hijos y tengan buenas expectativas sobre su futuro, tienen condicionantes que les impiden facilitarles un mayor apoyo educativo. Los docentes aluden, sobre todo, al escaso apoyo familiar en la realización de las tareas escolares, por desconocimiento y el poco tiempo disponible para ayudarles en estas tareas debido a motivos laborales. Respecto a las expectativas de las familias inmigrantes sobre la educación de sus hijos, observamos una discrepancia entre aquellos docentes que opinan que estas familias sí tienen expectativas educativas y sociales positivas, y aquellos que piensan que las familias inmigrantes no tienen buenas expectativas sobre el futuro de sus hijos. No obstante, esto tenemos que enmarcarlo dentro de los condicionantes sociales y económicos que determinan el desarrollo personal y social de los alumnos inmigrantes, y es que, el profesorado es consciente de la importancia de la dimensión social en la trayectoria educativa de estos alumnos.

Al hilo de lo anteriormente planteado, tenemos que subrayar que algunos docentes constatan la existencia de conflictos conductuales por comportamiento disruptivo o hiperactivo de algunos alumnos de origen inmigrante. Esto puede deberse a la situación de desarraigo cultural, o bien a la inestabilidad social y emocional que viven estos alumnos en sus familias y entornos sociales. También hay que destacar que existen profesores que se refieren a la falta de referentes morales y de comportamiento prosocial, lo cual puede atribuirse al contexto social en el que viven las familias de origen inmigrante, generalmente en situación de precariedad económica, que les obliga a vivir en zonas con riesgo de marginación social.

Desde el punto de vista de la metodología, en las escuelas interculturales el profesorado coincide en afirmar la importancia de la interculturalidad como elemento de vital importancia en la mejora de la convivencia en sus centros educativos. De esta manera, el profesorado plantea que la interculturalidad es un principio pedagógico de extraordinario valor para sus prácticas educativas. No obstante, en la presente investigación hemos podido comprender que existen divergencias entre los principios educativos interculturales y su puesta en práctica en los contextos escolares. En efecto, algunos docentes plantean que existe cierta disonancia entre lo que se dice que es interculturalidad y lo que se hace en nombre de este principio o valor pedagógico. En este punto, no son pocas las voces que afirman la existencia de contradicciones metodológicas dentro del concepto pedagógico de la interculturalidad, lo cual es visto como un conflicto metodológico, una situación paradójica que hace reflexionar al profesorado sobre el verdadero sentido de la interculturalidad en la práctica educativa y en su propio desarrollo profesional como docentes.

También, es necesario resaltar que el profesorado concibe como conflictiva la escasa participación de las familias inmigrantes en las actividades educativas de sus respectivos centros escolares. No obstante, podemos afirmar que, en algunos centros escolares, la participación de las familias inmigrantes supera con creces a las familias autóctonas y constituyen un extraordinario capital educativo para el desarrollo del respeto a la diversidad cultural y la puesta en práctica de la interculturalidad desde el fomento de la participación comunitaria en el ámbito escolar. Además, decimos esto porque las ONGs están desarrollando tareas y acciones educativas interculturales de gran valía para los centros educativos que pretenden vertebrar sus prácticas pedagógicas desde la apertura al entorno social y la diversidad cultural. Sin lugar a dudas, las ONGs están actuando cada vez con mayor presencia en los centros escolares, y esto es visto por buena parte del profesorado como un aspecto positivo. Sin embargo, sí es preciso señalar que todavía algunos profesores niegan la necesidad de que estas organizaciones entren en los centros escolares aportando su granito de arena a la construcción de la interculturalidad en las escuelas.

Por otra parte, y ya dentro de los conflictos que hemos denominado implícitos, tenemos que citar los siguientes: los conflictos identitarios, los emocionales y los institucionales.

En primer lugar, hemos de decir que en nuestra investigación hemos observado que el profesorado es consciente de la importancia de la construcción de la identidad personal del alumnado inmigrante como clave relevante en su inclusión social y educativa. Dicho esto, habría que decir que algunos docentes valoran la existencia de conflictos identitarios que afectan, en mayor o menor medida, al propio comportamiento y rendimiento escolar de los alumnos de origen inmigrante. Los conflictos identitarios se sitúan, desde la perspectiva del profesorado, en el desconocimiento que tienen estos alumnos de los códigos y referentes sociales manejados en la sociedad de acogida. No obstante, el profesorado percibe con mayor preocupación la existencia de divergencias en lo que sería la transmisión de valores educativos por parte de sus familias. En efecto, la cuestión de la socialización divergente estaría detrás de los planteamientos de muchos docentes que perciben que estos alumnos tienen problemas de identidad personal y cultural, lo cual les influye y puede ser motivo de conflicto en el ámbito educativo, aunque sólo sea de manera implícita u oculta.

Los escasos lazos sociales son también un elemento que, a nivel familiar y social, resultan perjudiciales para la integración del alumnado inmigrante y, por tanto, se pueden traducir en conflictos que afectan a la convivencia escolar. Asimismo, tenemos que señalar que el profesorado no alude a la existencia de conflictos religiosos, más bien al contrario, se muestra partidario de que el alumnado inmigrante no pierda sus raíces culturales, y considera que el aprendizaje de la lengua materna y de su religión pueden ser positivos para la integración de estos alumnos en igualdad de condiciones con el resto de alumnos de sus centros escolares.

En segundo lugar, los conflictos emocionales son vistos por los docentes a partir de su interacción continua y comprensiva con los alumnos inmigrantes. En realidad, la ansiedad, la baja autoestima, la falta de confianza en el aprendizaje y la baja tolerancia a la frustración son factores que estarían detrás de algunos alumnos inmigrantes que tienen significativas dificultades de integración en el medio escolar. Sin embargo, en nuestro estudio hemos visto que el profesorado está satisfecho por el grado de motivación para aprender que tienen estos alumnos y, es más, valoran muy positivamente su receptividad e interés por estudiar.

Los factores familiares y sociales influyen de manera decisiva en la percepción de la existencia de estos conflictos emocionales que tienen algunos alumnos de origen inmigrante. En este punto, el profesorado apunta al malestar emocional y la incertidumbre familiar como dos variables de importancia en lo que sería la conformación de estos conflictos emocionales que pueden subyacer en la problemática escolar que presentan algunos de estos alumnos. En verdad, sin estabilidad emocional no hay aprendizaje, y el docente es cada vez más consciente de la existencia de estas incidencias emocionales que también pueden tener su raíz en el proceso migratorio que viven estos alumnos y sus familias. Sin lugar a dudas, el fenómeno de la inmigración está detrás de las valoraciones que los docentes hacen respecto a la situación emocional que viven los alumnos inmigrantes, sobre todo aquellos cuyas familias están en situación irregular o tienen problemas económicos graves.

Finalmente, tenemos que citar los conflictos de índole institucional, esto es, aquellos que según el profesorado tienen que ver con las carencias del sistema educativo para dar respuesta a la diversidad cultural, o las problemáticas de las familias inmigrantes respecto a su conocimiento sobre el sistema escolar. Ciertamente, hemos encontrado que el profesorado percibe la existencia de una dualidad en los conflictos institucionales, ya que por un lado se cuestiona el modelo educativo que se imparte en sus centros educativos pero, por otro, también plantea que el desconocimiento sobre el sistema escolar y la falta de participación por parte de las familias inmigrantes, constituye un conflicto de índole institucional muchas veces no cuestionado ni debatido en el seno de la comunidad educativa.

En efecto, ya hemos visto claramente en los estudios de casos, que el profesorado tiene diferentes perspectivas sobre la puesta en práctica de la interculturalidad, a pesar de que todo el profesorado considera que la interculturalidad es una propuesta educativa de gran calado para su desarrollo profesional y la propia mejora de la calidad educativa en sus escuelas. No obstante, subyacen diferencias significativas en cuanto al significado de calidad educativa. En este sentido, Alicia defiende la calidad educativa basada en la mejora de los niveles curriculares de los alumnos inmigrantes, mientras que Ana considera que la calidad educativa debe estar enfocada desde una educación en valores que tenga como pilar fundamental la interculturalidad y el aprendizaje de valores prosociales como la paz, la igualdad y la solidaridad.

La actitud del profesorado, a pesar de que mayoritariamente es muy positiva respecto a la percepción que tienen sobre el alumnado inmigrante, plantea ciertas ambigüedades y contradicciones en la propia práctica educativa. Por un lado, tal y como nos planteaba Loli, existen profesores poco comprometidos por la interculturalidad que incluso critican la cada vez más emergente diversidad cultural en sus centros; y por otro lado, en el caso de Elena, vemos que en su escuela el profesorado está plenamente comprometido por intentar desarrollar prácticas educativas interculturales.

La formación intercultural del docente aparece como un elemento fundamental en estas escuelas. Si bien es verdad que la formación en Educación Intercultural está generalizándose en estos contextos educativos, todavía el profesorado percibe que su formación es escasa y, sobre todo, muy centrada en la dimensión cognitiva de la interculturalidad. No obstante, *hemos de recordar que el grupo de trabajo es la modalidad formativa más relevante para el profesorado*, lo cual puede ser un motor de cambio para el desarrollo de nuevas propuestas de formación intercultural del docente.

Centrándonos en el alumnado inmigrante, podemos decir que éste se enfrenta a situaciones de ansiedad cuando acude a un centro escolar sin conocer el idioma, sin conocer las pautas de regulación de las conductas y sin tener conocimientos significativos de la cultura escolar que son necesarios para el óptimo desarrollo de su progreso escolar. Ciertamente, tal y como hemos mencionado antes, las emociones no solamente tienen que ver con las circunstancias próximas al hecho de aprender en el aula, con nuevos compañeros y nuevos profesores; también, nos estamos refiriendo a la existencia de una problemática emocional derivada precisamente de lo que el profesorado apunta cada vez más como el origen de los conflictos interculturales: la dimensión social del quehacer educativo y los problemas familiares y sociales que estos alumnos traen a las escuelas, porque les afectan y porque, como todos sabemos, ningún problema social se queda esperando al alumno -ni a ninguna otra persona- a la puerta de la escuela, entra con él y le influye en su aprendizaje.

Los alumnos inmigrantes tienen una multiplicidad de situaciones conflictivas a nivel social: problemas legales, problemas de índole económica, de vivienda y de riesgo de exclusión social. En definitiva, los aspectos sociales de la inmigración entran de lleno en la problemática escolar, tal y como venimos planteándolo en nuestro estudio.

> «Entrevistador.- Y eso, desde el punto de vista de la integración del alumno, tú lo sientes.
>
> Alicia.- Afecta muchísimo, y repercute, o sea, que los niños pasan por unas fases de rendimiento escolar muy acusadas, debido a eso, a que cuando la familia va un poquito más estabilizada económicamente y familiarmente, pues los niños, lógicamente...
>
> Entrevistador.- ... Lo sienten.
>
> Alicia.- Claro, mejoran.
>
> Entrevistador.- ¿Tú crees que es fundamental, incluso más que la Lengua...?
>
> Alicia.- Muy fundamental, la estabilidad familiar y del momento, en la que los padres están atravesando por una racha económica mala y demás, eso desestabiliza muchísimo a los niños, y los dispersa mucho».
>
> (Ep.Alicia. 18-28, 637)

Por otra parte, llegados a este punto, creemos necesario explicitar las diferentes concepciones educativas que sobre regulación de conflictos interculturales plantea el profesorado que hemos estudiado. Para ello, hemos elaborado una tabla que recoge los diferentes tipos de conflictos interculturales expuestos anteriormente, así como las respuestas educativas que proponen y proyectan las diferentes docentes de los estudios de casos: Loli, Ana, Elena y Alicia. A partir de esta tabla, vamos a orientar a continuación las conclusiones globales que hemos obtenido respecto a este núcleo temático de gran importancia en nuestro trabajo.

CONFLICTOS	PERSPECTIVA HUMANISTA	PERSPECTIVA CRÍTICA	PERSPECTIVA FOLCLÓRICA O ROMÁNTICA	PERSPECTIVA TÉCNICA O RACIONALISTA
Percepción del conflicto (tipos)	El conflicto es una situación escolar perturbadora: prevención	El conflicto es una oportunidad para el crecimiento y el aprendizaje: gestión y regulación	El conflicto es perjudicial para la convivencia: prevención	El conflicto es una situación claramente negativa: prevención
Lingüístico-comunicativos	Aula ATAL Comunicación intercultural (autenticidad y naturalidad) Mediación intercultural	Aula ATAL Aprendizaje cooperativo Tutoría entre iguales	Aula ATAL	Aula ATAL
Incorporación tardía	Acogida (actuación coordinada de recursos educativos) Atención específica	Acogida (actuación coordinada de recursos educativos)	Atención individualizada	Atención individualizada

Racismo	Habilidades sociales	Asambleas de aula Educación en valores Mediación escolar	Transversalidad	Transversalidad
Curriculares	Apoyo curricular en aula específica (profesorado de apoyo)	Apoyo curricular en aula ordinaria	Apoyo curricular en aula específica (profesorado de apoyo)	Apoyo curricular en determinados momentos (profesorado de apoyo)
Conductuales	Habilidades sociales Tutorización y acompañamiento	Competencias socioemocionales	Transversalidad	Atención individualizada al alumnado conflictivo
Metodológicos	Apoyos específicos de atención a la diversidad cultural	Apoyos dirigidos a toda la población escolar	Apoyos específicos para la atención lingüística y el conocimiento cultural	Apoyo exclusivamente lingüístico
Identitarios	Mediación intercultural Actividades educativas interculturales	Actividades educativas interculturales	Actividades educativas interculturales	No se plantea
Emocionales	Habilidades sociales (potenciación de la autoestima)	Competencias socioemocionales (potenciación de la autoestima, confianza en el otro, empatía)	No se plantea	Apoyo a las familias de una manera voluntaria
Institucionales	Proyecto de innovación educativa y plan de compensación educativa Actitud negativa por parte docente Fomento de la participación activa de las familias inmigrantes (grupos de madres) Participación y colaboración permanente de ONGs en el centro	Proyecto de innovación educativa, plan de compensación educativa y proyecto de educación para la paz Actitud racista de pocos docentes Fomento de la participación de las familias inmigrantes (grupos de madres) Participación y colaboración permanente de ONGs y otras instituciones socioeducativas en el centro	Plan de compensación educativa y proyecto de educación para la paz Actitud receptiva del profesorado Fomento de la participación de las familias a través de charlas y encuentros Participación de ONGs para la realización de actividades educativas puntuales	Plan de compensación educativa Actitud de rechazo por parte de la mayoría del profesorado

Tabla 2: Concepción educativa y estrategias de gestión de los conflictos desde la perspectiva docente.

Podemos afirmar que las concepciones educativas sobre el conflicto que tienen estas docentes no difieren tanto a nivel conceptual, pero sí a nivel de las estrategias de gestión y regulación que proponen para afrontarlo. En verdad, y si exceptuamos a Ana, el resto de las docentes coinciden en considerar que el conflicto es un elemento perjudicial y perturbador para el clima de convivencia de sus escuelas. Además, no conciben el conflicto como oportunidad de aprendizaje, sino que el principio educativo que tiene que prevalecer es el de la prevención y no la gestión educativa del conflicto tal y como lo plantea Ana[2].

Así pues, en relación a los conflictos lingüísticos, todas estas docentes se muestran de acuerdo en considerar la importancia del aula ATAL como apoyo imprescindible para promover de manera efectiva el aprendizaje de la lengua española y la comunicación en el caso de los alumnos inmigrantes no hispanoparlantes. Sin embargo, Loli y Ana entienden que el problema lingüístico hay que vincularlo al comunicativo, de ahí la necesidad de indagar en un tipo de comunicación intercultural que más que una acción concreta. Sería un talante o receptividad por parte del profesorado aproximarse emocionalmente a la situación de incomunicación que viven estos alumnos en sus primeros momentos de incorporación a la escuela. Para ello, el aprendizaje cooperativo y la mediación intercultural emergen como dos propuestas de gran interés para estas docentes, puesto que conciben la necesidad de mejorar los contextos escolares como forma de atender las problemáticas comunicativas del alumnado inmigrante.

La gran diferencia entre Loli y Ana, por un lado, y Elena y Alicia, por otro, radica, fundamentalmente, en que las primeras no centran el conflicto en la problemática del alumno inmigrante, sino en el contexto, es decir, es el contexto el que tiene que cambiar para dar una respuesta adecuada a la inclusión escolar de estos alumnos. Por su parte, Elena y Alicia sí plantean que el conflicto escolar surge como consecuencia del déficit lingüístico y curricular que traen estos alumnos a la escuela.

Esta diferenciación entre dos planteamientos claramente distintos se da también en el caso de la incorporación tardía de este alumnado. Como hemos visto, Ana y Loli plantean la necesidad de la acogida como una coordinación de recursos educativos encaminados a atender a estos alumnos con sus iguales sin ningún tipo de exclusión, mientras que Alicia y Elena optan por la atención individualizada como mejor medida para afrontar los problemas escolares derivados de la incorporación tardía del alumnado inmigrante.

Ante las actitudes de rechazo hacia estos alumnos, Elena y Alicia prefieren el refuerzo de la transversalidad como elemento necesario para la educación en valores. Loli considera que es clave el aprendizaje de habilidades sociales para corregir tales actitudes y promocionar el respeto a la diversidad cultural a través del trabajo

---

2. Más adelante relacionaremos este aspecto con la concepción educativa que tienen estas docentes sobre la interculturalidad. Cabe decir ahora que, si bien estas docentes responden a cuatro concepciones interculturales distintas, es cierto que no podemos identificar cuatro perspectivas diferenciadas sobre la gestión y regulación del conflicto intercultural. Exceptuando el caso de Ana, el resto de docentes muestran similitudes a nivel conceptual sobre lo que implica el conflicto en sus escuelas. No obstante, sí existen diferencias significativas respecto a las medidas y propuestas educativas que realizan en relación a cada uno de los tipos de conflictos interculturales que previamente hemos citado.

específico de estas habilidades. En el caso de Ana, observamos que la mediación escolar -también entre iguales- y las asambleas de aula se convierten en dos herramientas educativas para la gestión de las situaciones conflictivas de índole racista. Estas dos medidas educativas son de suma importancia en el establecimiento de un clima de convivencia de cooperación y solidaridad, y se proponen únicamente en el CEIP Estela del Carmen.

Respecto a los conflictos de tipo curricular, todas estas docentes, excepto Ana, están de acuerdo en valorar la necesidad de apoyar de manera específica e individual -o en pequeño grupo- a los alumnos inmigrantes que muestren un desfase curricular relevante. Ana, como ya mencionamos con anterioridad, prefiere la opción de atender esta problemática en el marco del aula ordinaria, es decir, sin pretender que el alumno salga de su clase ordinaria como sí lo hace para recibir el apoyo lingüístico en el aula ATAL. Loli, por su parte, subraya la necesidad de que aquellos alumnos inmigrantes con un significativo desfase curricular puedan acudir a un aula específica donde puedan mejorar las competencias instrumentales básicas (lectura, escritura y cálculo). Elena y Alicia optan por el profesorado de apoyo -y el aula de integración- para atender las dificultades de acceso al currículum que puedan presentar los alumnos inmigrantes.

Los conflictos conductuales no tienen, como hemos visto, una identificación significativa con el alumnado inmigrante, es más, en la mayoría de los casos son estos alumnos los que mejor comportamiento muestran en sus centros educativos. En este punto, existe una diversidad de respuestas para afrontar los conflictos conductuales que acontecen en las escuelas interculturales. Loli apuesta por las habilidades sociales como respuesta educativa eficaz para prevenir la aparición de conflictos conductuales disruptivos en su escuela, mientras que Ana se decanta por la promoción de competencias socioemocionales, ya que considera que los problemas de autoestima están detrás del mal comportamiento de algunos alumnos en su centro educativo. En el caso de Elena, la transversalidad se sigue considerando la única opción para afrontar los conflictos conductuales, y Alicia plantea la necesidad de trabajar específicamente y de manera individual con aquellos alumnos conflictivos. Ciertamente, vemos que en este aspecto existen unas diferencias relevantes en la concepción pedagógica que tienen cada una de estas docentes. Excepto en el caso de Alicia, que defiende una intervención centrada exclusivamente en los alumnos conflictivos, el resto de docentes valora la importancia de actividades grupales y de carácter más globalizador para atender los conflictos de índole conductual.

En el enfoque metodológico, existen claras diferencias entre estas docentes. Ana es la única que plantea que las medidas educativas de atención a la diversidad cultural tienen que ir dirigidas a toda la población escolar y no solamente al alumnado inmigrante. Qué duda cabe que detrás de este planteamiento subyace la idea de que la interculturalidad se debe plantear como una opción pedagógica inclusiva, esto es, para todo el alumnado sin ningún tipo de exclusiones. Frente a esta perspectiva, encontramos que Loli y Alicia comparten la idea de la importancia de las actividades interculturales centradas en el conocimiento de las culturas de los alumnos inmigrantes como instrumento de interés para el desarrollo de la interculturalidad en sus escuelas. Por su parte, Alicia identifica metodología intercultural con una apuesta educativa centrada, fundamentalmente, en los apoyos lingüísticos que estos alumnos precisan para mejorar su rendimiento académico en clase. En este punto encontramos más similitudes que diferencias, lo cual nos lleva a pensar que la interculturalidad está convirtiéndose en un factor clave de reflexión en el pensamiento pedagógico docente, que además tiene su reflejo en toda una serie de actividades educativas que progresivamente están teniendo un mayor peso en la dinámica escolar de cada una de las escuelas donde trabajan estas profesoras.

Por otro lado, Alicia no contempla la existencia de conflictos identitarios, más bien al contrario, obvia que la diversidad cultural contenga más diferencias que las propias derivadas de la diversidad lingüística. Ana, Elena y Loli coinciden en la importancia de las actividades educativas interculturales (unidades didácticas, semana de la diversidad, jornadas interculturales, eventos festivolúdicos, grupo de madres, actividades de acogida) como claves de respeto y aceptación de la pluralidad de identidades personales y culturales de todos los alumnos del centro. Ahora bien, Loli va más allá y plantea que la mediación intercultural es un recurso de gran ayuda para mediar en los conflictos identitarios que puedan surgir en el seno de las familias inmigrantes, e incluso para ayudar a los alumnos inmigrantes a repensar su identidad en el marco de una escuela respetuosa con los valores religiosos y culturales de su sociedad de origen. Elena no se plantea la mediación intercultural porque no considera que esta herramienta tenga unas funciones claras en el contexto escolar. Por su parte, Ana cree que el objetivo fundamental de las actividades interculturales es que los alumnos inmigrantes se sientan reconocidos y queridos en la escuela.

Los conflictos emocionales son vistos, en la mayoría de los casos, como conflictos implícitos del alumnado inmigrante. Loli considera fundamental la enseñanza de habilidades sociales en el aula, mientras que Ana valora la necesidad de que los principios educativos que rigen la vida escolar tengan en cuenta los elementos emocionales. Así pues, la confianza en el otro y la promoción de actitudes de respeto -y empatía- son aspectos muy importantes para afrontar los conflictos emocionales que muchas veces pasan desapercibidos en el escenario escolar. Realmente, exceptuando a Elena, estas docentes son conscientes de la importancia de atender el factor afectivo como clave de comprensión en el comportamiento y rendimiento escolar de estos alumnos. Dicho esto, podemos expresar que potenciar la autoestima y la confianza en el aprendizaje, así como promover el respeto a la diferencia personal y cultural como legítima, constituyen dos propuestas de gestión del conflicto emocional desde la perspectiva intercultural del docente.

Respecto a los conflictos institucionales, ya hemos mencionado su diversidad y su complejidad en el marco del pensamiento pedagógico de estas docentes. No obstante, existe un aspecto común en el que todas coinciden y que converge con los datos estadísticos anteriormente explicitados: la mejora de la colaboración entre familia y escuela y la participación activa de las familias inmigrantes, se configuran como las principales herramientas de gestión y regulación de conflictos interculturales en sus escuelas. Igualmente, menos en el caso de Alicia, todas las docentes muestran su receptividad y apoyo a la vinculación cada vez más estrecha de las ONGs y entidades sociales con sus centros educativos. Ahora bien, sí es cierto que existen matices diferentes entre el planteamiento de Elena, Loli y Ana. Elena apuesta por una intervención educativa puntual de estas organizaciones en su centro y no valora estas acciones educativas como integradoras de un currículum más funcional y diverso. Loli y Ana manifiestan su apoyo para que estas entidades socioculturales colaboren de manera permanente en las actividades educativas de sus escuelas, y es que tenemos que precisar que, desde el punto de vista institucional, entre sus dos centros existen más similitudes que diferencias. Un ejemplo de ello es que los grupos de madres marroquíes y las charlas con café son actividades que han tenido -y tienen- una continuidad que ha supuesto un cambio progresivo en la imagen social que tienen las familias respecto a las escuelas de sus hijos. Sin lugar a dudas, una idea clave sería abrir la escuela a la participación comunitaria y, a su vez, que la escuela sea un foco educativo de participación social que promueva sus valores y actuaciones en el contexto social.

En definitiva, resulta muy interesante comprender que los profesores tienen confianza en la interculturalidad como pilar que puede vertebrar la práctica educativa en sus escuelas. Esta confianza se deriva de la expresión clara y rotunda de los docentes que valoran como fundamental el hecho de que los proyectos educativos de sus escuelas estén inspirados en la interculturalidad. Asimismo, se considera que es imprescindible la planificación y desarrollo de actividades interculturales, aunque para los profesores lo más importante es disponer de los recursos lingüísticos y curriculares adecuados para afrontar la atención educativa de los alumnos inmigrantes.

> *«Hombre, estos niños, indudablemente, a parte de las ayudas (...) que también les den ayudas de tipo social, es importante; después, también, el refuerzo pedagógico, indudablemente, con las profesoras de apoyo de interculturalidad, que no solamente se limita a dos días en semana, sino que es también un poquito más, claro».*
>
> (Ep.Alicia. 166-168, 658)

> *«No hablo de niños que van atrasados, españoles, estoy hablando de niños que van atrasados, y que son extranjeros, pero no porque sean de fuera, (...) no porque sean retrasados, sino porque estas criaturas, una por la lengua, dos porque muchos tienen un desfase, tres, otros tienen unos sistemas de conocimiento diferentes...».*
>
> (Ep.Loli. 42, 340)

En efecto, son los apoyos lingüísticos y curriculares los más valorados por el profesorado para afrontar la diversidad cultural. Esto, sin lugar a dudas, se nos manifiesta como lógico y en concordancia con lo expresado por los profesores respecto a las situaciones que consideran más conflictivas o problemáticas en la integración escolar de los alumnos de origen inmigrante. Verdaderamente, si los profesores consideran que el gran problema es la comunicación y el lenguaje, no cabe duda que es lógico que piensen que la "llave" de esta dificultad radique, precisamente, en promover actuaciones dirigidas a atender esos déficits lingüísticos o incluso de competencia curricular.

EDUCACIÓN INTERCULTURAL Y CONVIVENCIA EN LA ESCUELA INCLUSIVA

>*«(...) es fundamental ponerlos al día en lo básico, en las materias instrumentales, para que el niño tenga unos instrumentos que los ponga al nivel del resto».*
>
>*(Ep.Loli. 46, 681)*

>*«Ten en cuenta que los niños, sobre todo, se tienen que integrar; entonces está lo que es la inmersión lingüística y lo que es la relación con sus compañeros, que es fundamental; al margen de que el idioma también sea muy importante, pero lo vamos combinando, es decir (...), tiene que estar con sus compañeros, sobre todo en la primera fase. Es muy importante el tema afectivo, también el aprendizaje, pero sobre todo que él se sienta acogido (...)».*
>
>*(Ep.Elena. 284, 2598)*

En consonancia con la interpretación anterior, debemos expresar que los profesores tienen en las aulas ATAL un recurso de extraordinaria importancia en el marco de los instrumentos que necesitan disponer para atender mejor a los alumnos inmigrantes, sobre todo en aquellos casos en los que desconocen el idioma y existe un grave problema comunicativo. En efecto, prácticamente todo el profesorado está de acuerdo en considerar las aulas ATAL como un recurso clave ante lo que valoran como un conflicto de primer orden, esto es, el déficit comunicativo que implica la falta de conocimiento del idioma.

>*«Cuando viene alguien de interculturalidad, nosotros le planteamos que para nosotros la interculturalidad es algo mucho más amplio que enseñar a un niño que no sabe, que sería dinamizar, como tú dices, el planteamiento de conocimiento de las diferentes culturas, de intercambio cultural, de reconocimiento de saberes y de valores de otras culturas, dinamizarlo desde un montón de actividades que se pueden hacer dentro y fuera de las aulas».*
>
>*(Ep.Ana. 172, 853)*

>*«Es que depende de las áreas. Por ejemplo, hay niños que no se pueden comunicar, pero en Matemáticas son estupendos. Entonces, en el área de Matemáticas tienen un nivel (...) Tienen, si acaso, claro, los problemas de los enunciados; en eso sí que hay que ayudarles y explicárselos, con imágenes y demás; pero eso suele ocurrir, es decir, que en Matemáticas hay muchos niños que son inteligentes, lo único que no pueden es comunicarse, pero son unos miembros que son atendidos en clase, y están en Educación Física (...) Y sacan (...) una maravilla en Educación Física. Entonces, depende de áreas: en Música también son muy buenos (...) ¿Dónde tienen la dificultad? Pues en Sociales, en Historia, donde tienen que leer... entonces, el Lenguaje sí, hay que prepararles material».*
>
>*(Ep.Elena. 66-80, 5019)*

Sin embargo, debemos expresar que nos sorprende que todavía hoy algunos docentes no consideren muy relevante la colaboración entre la escuela y las asociaciones socioculturales (sobre todo en el caso de Alicia) que pueden favorecer la realización de actividades interculturales en sus centros educativos. No obstante, la respuesta del profesorado es positiva cuando hablamos del apoyo de ONGs que vienen a realizar en la escuela actividades interculturales. Esto lo podemos interpretar en base a un pensamiento eminentemente práctico -y pragmático- del profesorado, es decir, consideran que es importante la colaboración con las organizaciones sociales en la medida en que éstas ofrezcan propuestas educativas interesantes para llevarlas a cabo en sus escuelas.

CAPÍTULO 9: ESTRATEGIAS DE GESTIÓN Y RESOLUCIÓN DE CONFLICTOS INTERCULTURALES

La comunicación y la mediación intercultural son las dos caras de una misma moneda en la intervención educativa intercultural, ya que constituyen determinantes estrategias de gestión y regulación de los conflictos interculturales. Son los instrumentos del "puente de convivencia" necesario para mejorar las relaciones entre los diferentes grupos culturales que hoy conviven en los centros educativos.

En nuestro estudio, hemos observado la importancia del diálogo y el respeto como fundamentos básicos de cualquier propuesta educativa que vaya en el camino de mejorar la convivencia escolar. Así pues, lograr este objetivo implica tener en cuenta las diferencias culturales propias de la población escolar a la que se educa y la distancia entre la cultura escolar y la de las familias y alumnos procedentes de ámbitos socioculturales diversos. En este punto, la comunicación intercultural es una dimensión inherente a toda propuesta de Educación Intercultural, que coloca la cultura como foco prioritario de toda reflexión pedagógica, y considera la diferencia cultural como norma al describir situaciones y poblaciones educativas.

La comunicación intercultural se basa en el respeto y la valoración de la diversidad cultural desde el punto de vista comunicativo. Los problemas que surgen en la realidad multicultural, esto es, los conflictos interculturales, pueden nacer de problemas de comunicación no sólo lingüísticos, de la dificultad de conocer el idioma vehicular de la realidad escolar o de la situación de incomunicación derivada de la escasa interacción comunicativa, sino que también estos conflictos interculturales pueden deberse a la deficiente funcionalidad comunicativa, a las dificultades de manejar códigos comunicativos diversos en contextos comunicativos diversos (familia, escuela, grupo de pares...).

Además, la comunicación intercultural conlleva todo un conjunto de variables básicas necesarias para facilitar la mejora de la convivencia escolar. Por ejemplo, se trata de fomentar en el contexto escolar una serie de habilidades para la escucha, la comprensión y la potenciación de la comunicación interpersonal.

También la comunicación intercultural debe facilitar la interacción entre las partes, comprender cómo las diferentes posiciones se construyen basándose en diferentes elementos culturales y traducir los contenidos en términos de un código común aceptado y consensuado en el contexto educativo. En realidad, estamos haciendo referencia a la necesidad de comprender los posicionamientos culturales cuando existan conflictos interculturales en el seno escolar.

Un elemento básico que proponemos para el desarrollo efectivo de la comunicación intercultural en la escuela sería la identificación y valoración crítica de la eficacia intercultural. Planteamos los siguientes indicadores para la adquisición del logro de la eficacia intercultural para el conjunto de miembros de la comunidad educativa:

- El incremento de la comprensión crítica de la propia cultura y la de los demás.
- La conciencia de la validez y coherencia de culturas diferentes a la propia, y su desarrollo en contextos sociales diversos.
- La adquisición de habilidades comunicativas para mantener y consolidar relaciones interculturales eficaces y positivas.
- La identificación de pautas conductuales y de comunicación que susciten o puedan provocar situaciones de discriminación o prejuicios culturales.
- La demostración de conocimientos de características y códigos básicos empleados en diversas culturas relevantes en el contexto educativo.
- La manifestación de habilidades de adaptación y de confianza al abordar cuestiones escolares de desigualdad, prejuicio, desencuentros y conflictos.

La comunicación intercultural se puede entender como una competencia intercultural más, aunque en nuestro estudio hemos observado que tiene un papel muy relevante, de ahí su tratamiento específico. Es más, podría decirse que constituye el núcleo duro de la competencia intercultural global necesaria para afrontar los conflictos y mejorar la convivencia en los contextos escolares de diversidad cultural. Realmente, la comunicación intercultural puede ayudar a crear una atmósfera que promueva la cooperación y el entendimiento entre las diferentes culturas, y posee características especiales o singulares que le pueden permitir realizar tal función.

Estas características son la sensibilidad a las diferencias culturales y una apreciación de la singularidad cultural, la tolerancia, para las conductas de comunicación ambiguas, el deseo de aceptar lo inesperado, flexibilidad para cambiar o adoptar alternativas, y expectativas reducidas respecto a una comunicación efectiva, esto es, estar satisfecho si se ha logrado la comunicación al menos a cierto nivel de entendimiento.

Ciertamente, todas estas características conforman un conjunto de cualidades que muchos de los profesores participantes en nuestro proyecto de investigación, están intentando llevar a cabo, están aprendiéndolo o, sencillamente, son metas básicas en su desarrollo profesional en los contextos de Educación Intercultural.

ESTRATEGIAS DE GESTIÓN Y RESOLUCIÓN DE CONFLICTOS INTERCULTURALES

Desde nuestro punto de vista, la existencia de una comunicación intercultural óptima requiere predisposición por el acercamiento entre "el otro" -diferente- y "el nosotros" -semejante-. En este plano se encierran no solamente las actitudes, como es obvio, de las familias autóctonas ante la diversidad cultural, sino que también se incluye la actitud o actitudes que muestran los colectivos inmigrantes.

Por su parte, la mediación intercultural supone un paso más especializado y singular en la comunicación intercultural. Tal y como hemos puesto de manifiesto a lo largo del presente estudio, los profesores consideran que es necesaria la mediación intercultural pero piensan que no son ellos los más indicados o preparados para afrontarla de manera óptima en el contexto educativo.

Así pues, emerge con fuerza la necesidad explicitada por un número importante de docentes de que la mediación intercultural sea un apoyo, un asesoramiento externo al centro escolar y realizado por educadores sociales o personas del mundo asociativo que tengan unos conocimientos específicos y profesionalizados sobre mediación intercultural. De hecho, son ya algunos centros los que cuentan con el apoyo de entidades sociales y ONGs de ayuda y promoción social del colectivo inmigrante, que ponen al servicio de los colegios e institutos a personas preparadas para afrontar conflictos interculturales en los escenarios escolares. Dichas personas, generalmente también inmigrantes, tienen un conocimiento y una experiencia que aporta una gran ayuda a los profesores y los equipos directivos de estos centros educativos.

La mediación intercultural se entiende como un puente de convivencia, un tipo de enfoque neutro en la puesta en práctica de decisiones dirigidas a consensuar soluciones y a mediar en conflictos entre familias, alumnado o profesorado, cuando exista algún atisbo de significado cultural en las relaciones escolares. Es decir, que la mediación intercultural tiene pleno sentido en las escuelas que acogen cada año a un mayor número de alumnos inmigrantes, pero también tiene sentido en todos aquellos centros interesados en potenciar el valor de la interculturalidad y la promoción positiva de las relaciones interculturales.

Desarrollar una convivencia intercultural en los centros educativos requiere de todos los apoyos y ayudas educativas posibles. En esta línea, hemos encontrado en nuestro estudio ejemplos de docentes que mencionan la importancia de la ayuda que reciben de todas las organizaciones no gubernamentales que pretenden trabajar la diversidad cultural mediante actuaciones y proyectos educativos destinados a los alumnos y a sus familias. Uno de esos apoyos es la mediación intercultural, entendida como una estrategia educativa encaminada a favorecer el diálogo y la comunicación intercultural. Una herramienta muy interesante en el establecimiento de "puentes de convivencia" entre escuela y familia que, en determinados casos, tiene una enorme importancia como impulso para favorecer la integración activa de las familias de origen inmigrante en la comunidad educativa.

> «(...) aquí, la mediación intercultural es uno de los trabajos fundamentales, pero lo que pasa es que la respuesta de las madres es durísima y sobre todo de los padres (...), porque yo llevo muchos años detrás de una escuela de padres, por lo menos quince años (...), y lo que hay, ya ves lo que hay, ¿no?. Es muy difícil, el AMPA, por ejemplo, funciona con cuatro madres con buena

voluntad (...), las pobres han hecho lo que no está escrito (...), ni pagan, y participan pocas (...), y mucho menos llámalas para una charla (...), son cosas que pasan, pero claro nosotros nos valemos de las meriendas, de muchas cosas para que ellas participen (...)».

(Ep.Loli. 31, 620)

A partir de lo anteriormente expuesto, nos parece necesario explicitar lo que, a nuestro juicio, constituyen objetivos fundamentales de la mediación intercultural en la escuela (Serrat, 2002):

- Promover la gestión positiva de los conflictos escolares mediante la puesta en práctica del diálogo intercultural.
- Facilitar el aprendizaje compartido y reflexivo a partir de las propias situaciones conflictivas.
- Fomentar la comprensión de las diferencias culturales como claves de riqueza escolar y de enriquecimiento mutuo.
- Colaborar con los distintos agentes educativos para que se incluyan elementos relevantes de las diferentes culturas presentes en los centros educativos en todos sus ámbitos (plan de centro, proyecto educativo de centro, programaciones didácticas, proyectos de innovación, materiales didácticos, libros de texto, actividades extraescolares...).

¿Cuáles son las funciones de la mediación intercultural desde la perspectiva docente? Pues bien, la mediación intercultural se observa como un instrumento reciente en lo que sería la atención a la diversidad cultural en los centros educativos. No obstante, es necesario explicitar que cada vez existen más docentes que son conscientes del necesario apoyo que ofrece esta nueva figura profesional tal y como hemos puesto de manifiesto a lo largo del presente estudio. En este sentido, apuntamos las siguientes funciones de la mediación intercultural en la práctica escolar:

- Asesoramiento y tramitación de matrículas, becas y ayudas sociales y educativas (comedor, libros de texto, actividades extraescolares, refuerzo escolar...).
- Proporcionar información sobre el sistema educativo y los recursos educativos de la zona (ONGs, entidades socioeducativas, servicios sociales...).
- Mediar en casos de conflictos e intervención específica en casos de absentismo (en el caso de alumnos de origen inmigrante).
- Conocer la situación familiar del alumnado inmigrante, recabar datos sobre la misma y facilitarla al centro, fundamentalmente al equipo directivo del mismo.

Sin embargo, tal y como hemos puesto de relieve en la presente investigación, la labor de la mediación en contextos escolares se ve influida, como cualquier profesión, por diversas limitaciones cuyo conocimiento nos puede ayudar a comprender y reflexionar sobre las implicaciones que este recurso está teniendo en la escuela y la comunidad educativa en general.

ESTRATEGIAS DE GESTIÓN Y RESOLUCIÓN DE CONFLICTOS INTERCULTURALES

> *«(...) me parece muy bien que los mediadores entren en la regulación de los conflictos con las familias, lo que pasa es que las familias no reconocen esa autoridad, no es porque yo no quiera darles ese protagonismo(...)».*
>
> *(Ep.Loli. 175, 210)*

Hay que señalar la existencia de cierto desconocimiento entre el profesorado respecto a la figura del mediador intercultural y sus funciones en el ámbito escolar. Lo que ocurre es que también existe la percepción docente de que los propios mediadores interculturales no tienen clara su propia labor en los contextos educativos.

> *«No, sí hace falta, lo que pasa es que la figura no está creada; pero falta sí (...). En vez de buscarte un voluntario (...). Porque ahora, lo que está, es voluntariado, personas de ONGs, que son de diferentes nacionalidades, que yo sólo conozco a Samir, que iba al Adela López, a dar unas charlas (...) O como ese hombre que vino el otro día y dio la charla del Ramadán; lo podemos considerar de mediador. Pero, ¿hasta qué punto, no? Porque él es profesor de Árabe, y le deben poner otro tipo de cometidos (...). Te lo digo porque el año pasado Málaga Acoge nos pasó un cuestionario donde nos decía: queremos crear la figura de mediador».*
>
> *(Ep.Elena. 164-2602)*

Esta situación se justifica, tal y como planteaba Elena, por los siguientes motivos:

- La escasa presencia física del mediador en los centros escolares.
- La dificultad de los centros en el acceso a este recurso o su desconocimiento por las funciones que éstos pueden realizar en los centros educativos.
- La incipiente difusión que se le da a la mediación intercultural en los centros escolares y la comunidad educativa general.

Por otro lado, hemos visto que los mediadores reconocen la influencia negativa que supone la idea prefijada y simplificada de lo que debe ser un mediador. En efecto, algunos docentes piensan que los mediadores son, ante todo, profesionales de la traducción para las familias de origen inmigrante. En relación a esto, los mediadores interculturales son conscientes de la existencia de cierta confusión con respecto a cuál debe ser su función real en los centros educativos. En este sentido, la resolución de conflictos y la promoción de la comunicación intercultural entre familia y profesorado, serían dos focos de desarrollo educativo de gran interés para la mediación intercultural en la escuela.

> *«(...) en teoría trabajamos con todo el mundo, en teoría, con profesores, con familias y con los niños (...), y no solamente trabajar dentro del colegio, sino también dentro y fuera del trabajo, sobre todo con las familias (...), y claro, nuestra labor es facilitar la comunicación entre los padres de los niños y el profesorado del centro, es decir, se trata de acercar las posturas de la gente (...)».*
>
> *(Em.Salma. 16, 512)*

Igualmente, la consideración reduccionista sobre la función de traductor e intérprete de esta figura profesional ha supuesto en la práctica obviar la importancia de la mediación intercultural como una herramienta de dinamización de la participación comunitaria en la escuela.

> «Mi trabajo era facilitar (...), pero sobre todo de dinamizador, más que traductor, que como sabes no es mi labor fundamental (...), es decir, animar a la gente que participe en la vida del colegio (...), realmente, que las madres marroquíes e inmigrantes que querían hacer cosas, no solamente los profesores u otras familias autóctonas (...), me refiero a que participen en las reuniones del APA y tal, es lo mismo (...), que las madres de otras culturas que participen con las madres de aquí (...), hombre, también es importante trabajar con todas las madres del colegio».
>
> (Em.Samir. 33, 555)

En definitiva, la mediación intercultural, a pesar de ser una herramienta educativa de regulación de conflictos interculturales de gran valía, sigue entendiéndose como un apoyo lingüístico más en lo que sería la atención educativa de las familias de origen inmigrante. A pesar de ello, hemos encontrado en nuestro estudio centros educativos (p.e. el CEIP Adela López) donde la mediación intercultural es contemplada como una necesidad cada vez más emergente para promover la comunicación intercultural entre familia y escuela, así como para dinamizar actividades educativas interculturales donde la diversidad cultural es un valor educativo sumamente enriquecedor para el clima de convivencia y aprendizaje en estos centros.

CAPÍTULO 10: LA PARTICIPACIÓN COMUNITARIA EN LA ESCUELA INTERCULTURAL E INCLUSIVA

El fin de la Educación Intercultural es lograr la convivencia, el respeto y la valoración mutua entre los alumnos para que ese clima de entendimiento y de tolerancia se traslade a la sociedad en la que vivimos. A pesar de ello, sabemos que uno de los problemas que repetidamente se ha manifestado a la hora de establecer relaciones y vínculos interculturales ha sido la relevancia que hemos otorgado a las diferencias en detrimento de los aspectos que nos unen, que nos igualan, y en la base de dichos aspectos hay uno fundamental: todos somos personas. Precisamente ese debe ser el fundamento de la Educación Intercultural, es decir, para que ese deseo de respeto y de entendimiento pueda transformarse en una realidad será necesario que todos los alumnos, que todas las personas se sientan valorados, apreciados y aceptados por quienes son y no únicamente por su procedencia y cultura.

Por todo ello, el centro educativo intercultural, la escuela intercultural, debe ser un espacio privilegiado de vida cultural de la comunidad. Los colegios e institutos de un barrio deben constituirse en centros generadores de participación comunitaria. La escuela intercultural e inclusiva debe apostar claramente por la transformación crítica de la realidad que le ha tocado vivir, y debe servir como canal de diversas expresiones éticas y culturales. En este punto, podemos afirmar sin miedo a equivocarnos que el siguiente paso de la interculturalidad debe ser la generación en la escuela de un debate en torno a la cultura de la diversidad. Es decir, se debe pasar de los procesos de enfatización positiva de la diferencia cultural a la valoración global de una cultura de la diversidad que, en sí misma, sea posibilitadora de una escuela más democrática, equitativa, solidaria y crítica. La escuela no sólo debe generar conocimiento significativo, también ciudadanía crítica e intercultural, de ahí la importancia de que los centros educativos superen reduccionismos y se abran sin temor a su apertura a la comunidad (Leistyna, 2002; Ghosh, 2002 y Gorki, 2010).

EDUCACIÓN INTERCULTURAL Y CONVIVENCIA EN LA ESCUELA INCLUSIVA

Los centros escolares deben superar la celebración de las festividades extraacadémicas desde posiciones exclusivistas y de puertas para adentro. Más bien al contrario, las instituciones educativas deben implicarse en la generación de comisiones y diversas instancias participativas ampliamente representativas de la comunidad educativa, donde participen madres y padres, inmigrantes y autóctonos, asociaciones, entidades sociales y clubes juveniles, etc. El objetivo debe plantearse en términos de comunidad, de una Educación Intercultural dirigida a promover la participación comunitaria en la escuela, de tal manera que se negocien, se reconstruyan y se gestionen eficazmente las diversas actuaciones escolares (formales y no formales) para que la escuela sea un espacio de encuentro en torno a las acciones educativas interculturales compartidas y comunitarias de todos y para todos.

En este marco de reflexión pedagógica, inscribimos algunas reflexiones de docentes que tienen una visión crítica de la interculturalidad. Una visión que va más allá de la educación compensatoria y de la educación para la paz. En efecto, la Educación Intercultural se postula como un enfoque pedagógico transformador al considerar la educación como una construcción eminentemente social y comunitaria. Por esta razón, este posicionamiento crítico es el que apuesta para que el docente participe activamente no solamente en el plano meramente escolar, sino también en el plano de la participación y la vida política local. En verdad, no es descabellado plantear que el profesorado, como primer agente social que recibe el impacto de la inmigración en la escuela, tenga una voz privilegiada que deba ser oída en el diseño de políticas públicas (socioeducativas) sobre cómo afrontar la inclusión social y educativa de los alumnos y las familias inmigrantes en la comunidad.

Por otro lado, ya hemos visto que la participación de las organizaciones y entidades sociales juegan un papel cada día más relevante, sobre todo en los contextos escolares de diversidad cultural que, en términos generales, son más susceptibles de recibir apoyos y ayudas de diversa índole por parte de estas instituciones (ONGs, AA.VV.s...). El problema es que el profesorado se mueve a menudo en un sistema de comunicación cerrado debido, en ocasiones, a la inseguridad que le suscita la falta de dominio de algunos temas de actualización. Asimismo, es cierto que hemos constatado que hay algunos profesores que no aprovechan el potencial didáctico que le ofrecen muchas ONGs y grupos sociales que podrían colaborar en la transformación intercultural del currículum escolar. En efecto, a pesar de que es cierto que cada día acuden con más frecuencia estas entidades a trabajar a la escuela, todavía persiste la idea de que la institución escolar no es el espacio natural para estas entidades sociales, las cuales acostumbran a basar su estrategia de acceso al centro escolar mediante la elaboración de materiales didácticos externos o bien la realización de algún tipo de actividad puntual -generalmente lúdica- en el contexto educativo formal. En todo caso, sí tenemos que confirmar que estas entidades no sólo trabajan en horario extraescolar, sino que ya actúan en el horario escolar, dotando de una gran vitalidad y participación a la institución educativa.

LA PARTICIPACIÓN COMUNITARIA EN LA ESCUELA INTERCULTURAL E INCLUSIVA

Nuestra propuesta va en la línea de construir un código abierto curricular, es decir, que el proyecto curricular de centro se haga no desde una perspectiva técnica o administrativa, sino fundamentalmente crítica y transformadora, con la participación e implicación de alumnos, familias y entidades sociales en el marco de la comunidad educativa. Se trataría de naturalizar la presencia y la relación educativa del profesorado con el resto de agentes de la comunidad educativa desde un enfoque de simetría participativa, es decir, que estas entidades y organizaciones sociales del barrio puedan concretar su representación y acción en la escuela a través de una comisión o un consejo que permita la actualización curricular permanente. En definitiva, estamos planteando que, a partir de este proyecto de investigación, es posible y sobre todo necesaria la transformación del currículum escolar introduciendo nuevas opciones de participación comunitaria en la escuela. El empleo de las nuevas tecnologías y las comunidades virtuales son dos caminos novedosos para iniciar y consolidar este tipo de participación escolar.

Además, consideramos absolutamente necesario que la escuela planifique acciones de aprendizaje-servicio para la comunidad donde esté enclavada. Se trataría de generar actuaciones que, desde la escuela, tuvieran una repercusión fuera de ella, en pleno barrio, a través de diversos medios (de comunicación, de expresión artística...). En verdad, los centros escolares siempre están vinculados a un territorio concreto que tiene unas características singulares. Algunas de ellas son problemáticas sociales y culturales que pueden tener respuesta desde la escuela. Un factor de dinamización comunitaria puede ser la vinculación de la institución escolar a una problemática concreta del entorno social (medioambiental, de dinamización cultural, de educación para la paz, deporte...), generando acciones de servicio sobre dicho tema.

Volviendo a la cuestión curricular, es necesario que la participación comunitaria utilice los nuevos canales de comunicación e interacción virtual. Tradicionalmente, el proyecto curricular de centro se ha entendido como un instrumento del profesorado y para el profesorado, sin ningún tipo de debate público en la comunidad. Nuestro estudio deja al descubierto la necesidad de generar un debate en torno a las posibilidades de las escuelas interculturales que permitan a través de diversos canales de comunicación la incorporación de nuevas propuestas curriculares, organizativas y didácticas. Los proyectos curriculares *on line*, con la participación de las entidades sociales y de los distintos miembros de la comunidad educativa, son un ejercicio de pedagogía crítica y democrática, de transparencia y de atención a la diversidad de concepciones curriculares.

Tal y como ponen de manifiesto diferentes estudios realizados al respecto (Rascón, 2006; Ruiz Román, 2005), las familias inmigrantes tienen depositada una gran confianza en la escuela como vehículo de integración, tanto individual como familiar, en la sociedad de acogida. Esto lo hemos podido confirmar en nuestro estudio: las familias inmigrantes tienen expectativas positivas de la educación que reciben sus hijos en la escuela pública. Además, participan cada vez más en la vida educativa de las escuelas a las que acuden sus hijos, a pesar de los condicionantes laborales y sociales que puedan determinar su participación en el escenario escolar.

> «(...) (hay que) hacer e intentar acercar a estas madres al colegio, (...), que participen más en el colegio, que vean cuáles son las actividades que sus hijos necesitan, cuál es la necesidad de sus hijos dentro del colegio, (...), hay que aprovechar esa riqueza cultural de cada una de las nacionalidades (...)».
>
> (Mediadora Intercultural)

Si partimos de la idea de que los ambientes familiares y escolares son los que más influyen en el desarrollo de la persona y su proceso educativo, no cabe duda de que entre escuela y familia debe existir una estrecha comunicación, a fin de lograr una visión globalizada y completa del alumno, reduciendo en la medida de lo posible discrepancias en favor de la convergencia de criterios de actuación, apoyo mutuo y valores educativos.

La participación de las familias inmigrantes es vista por los docentes como un instrumento fundamental para la construcción de la interculturalidad. Para promover una educación verdaderamente intercultural es necesario generar un nuevo espacio social de respeto a las diferencias humanas y sociales desde una perspectiva de igualdad y de inclusión para todas las personas y culturas; y esa construcción debe partir desde la participación de las familias en las escuelas, por lo cual resulta decisivo facilitar y promover las condiciones óptimas para su participación efectiva. Ciertamente, podemos afirmar que las familias inmigrantes muestran un interés y preocupación relevantes por la educación que reciben sus hijos, por lo que su relación con el profesorado es cada vez más estrecha.

> «(...) sabes que la familia inmigrante lo que quieren es mejorar (...), ellos vienen huyendo de (...), o buscando una mejor vida (...), entonces cuando es una familia, cuando tienen hijos, pues ellos quieren unas expectativas, y unas aspiraciones de sus hijo de que estudien, de que estudien lo máximo (...), y es verdad que las familias inmigrantes se preocupan mucho de que estudien, están muy pendientes, y van a hablar mucho con los profesores (...), porque claro, ya que están en España, porque saben que es un país es avanzado donde la educación es importante, y les interesa (...)».
>
> (Directora de CEIP)

Compleja es siempre la tarea de llevar a la práctica estas ideas de mejora de la participación activa de las familias inmigrantes en la escuela, pues no en vano, una de las dificultades que manifiestan los profesores de los centros educativos que escolarizan a alumnos, hijos de familias inmigrantes es encontrar los instrumentos de comunicación adecuados para estas familias, atendiendo a diferentes variables como incompatibilidad de horarios y de índole laboral, incomunicación por desconocimiento del idioma, incertidumbre social en el entorno familiar, problemas económicos, falta de información u otros aspectos. Sin embargo, hemos descubierto la importancia de la empatía y la confianza mutua como herramientas clave en la relación que se puede establecer entre el profesorado y las familias inmigrantes. Escuchar al otro, comprenderlo y sentir que existe en la escuela un apoyo emocional además del educativo, resulta de gran trascendencia para el fomento de una actitud positiva en las familias respecto a la escuela.

> *«Profesora.- Las familias normalmente acuden a ti y te cuentan sus problemas y vienen pidiendo una especie como de ayuda y de apoyo, indudablemente; sobre todo las personas que están más necesitadas; y claro, lógicamente, si eres una persona humana, te implica un poquito, e intentas ayudar en la medida de lo que puedes; pero también un poco consciente, y también ayudar a los alumnos de forma especial, conociendo... Un poco de ONGs...*
>
> *Entrevistador.- ¿Y tu relación es afectiva, se mantiene...? ¿Tiene un grado de afectividad importante?*
>
> *Profesora.- Claro, porque eso es fundamental, porque ellos, por lo menos, con que tú los escuches, es que esta gente muchas veces no tienen ni gente con quien hablar.*
>
> *Entrevistador.- Muy solas, ¿no?*
>
> *Profesora.- Te dicen: "Menos mal que he venido a hablar contigo y me escuchas"; es que ellos necesitan hasta que los escuchen, y que se sientan escuchados».*
>
> (Profesora de Primaria)

A fin de superar obstáculos y dificultades como los que acabamos de exponer, podemos decir que la planificación y desarrollo de un plan de acogida -o proyecto educativo intercultural- facilitaría la creación de espacios formativos alternativos y flexibles. En este punto, debemos afirmar que ya hoy tenemos claros ejemplos de escuelas en las que se están llevando a cabo acciones educativas interculturales tendentes a promover la participación activa de las familias inmigrantes como un eje fundamental en la mejora de la convivencia en estos centros escolares.

Cuando hablamos de espacios formativos flexibles, nos estamos refiriendo a la cada vez más necesaria implantación de acciones educativas creativas donde la interculturalidad sea vivida y construida por todos los agentes de la comunidad educativa. Propuestas de este tipo son visibles en algunos centros que hemos estudiado. ¿Cuáles son estas propuestas? Los grupos de madres marroquíes, las charlas con café, los encuentros educativos interculturales, los talleres extraescolares para alumnos y familias. En definitiva, nos estamos refiriendo a todas aquellas propuestas que dan cobertura a una estrategia consciente de reconocer la importancia de la participación de todas las familias (inmigrantes y autóctonas) para ir construyendo una escuela viva y optimista: la escuela de la diversidad.

Además, tenemos que señalar que las AMPAs tienen que jugar un papel clave en la gestión educativa de la diversidad cultural, y ahí es necesario que los equipos directivos apuesten decididamente por la dinamización de estos organismos como canalizadores de actividades educativas interculturales. Las escuelas de padres y madres, los encuentros informales, los espacios formativos de apoyo sobre el aprendizaje de la lengua materna, los talleres (de temáticas interesantes y atractivas para las familias) o jornadas culturales diversas, pueden constituirse en nuevas herramientas educativas interculturales si el objetivo es lograr la inclusión educativa de todos sin excepciones y la mejora de la convivencia en las escuelas interculturales.

De nuestro estudio podemos extraer la idea de que las familias necesitan crear nuevos espacios de relación y un clima de diálogo activo con el apoyo de los docentes. No se trata sólo de poner a disposición los espacios y los tiempos -generalmente extraescolares-, sino, sobre todo, de promover una participación activa que movilice todos los recursos educativos disponibles y enfoque globalmente a la escuela como un escenario formativo comunitario, de servicio e interés público para toda la comunidad. Por esta razón, el profesorado de estas escuelas debe estar formado y sensibilizado en una Educación Intercultural democrática y participativa, y es que la escuela «*es un lugar donde padres y profesores tienen que trabajar educación en valores, porque se pretende formar a niños con valores, no solamente a leer y a escribir[1]*».

Es necesaria la participación docente en los grupos de madres de origen inmigrante y en las actividades dirigidas a las familias que existen en los centros educativos. De hecho, hemos observado que estas plataformas educativas son muy importantes para avanzar en un diálogo enriquecedor e intercultural entre las propias familias inmigrantes y las autóctonas, ya que crean redes de apoyo por ese sentimiento de desarraigo que algunas madres traen, y como ven a otras en características similares, pues se relacionan. En este sentido, consideramos que estas actividades dirigidas a madres inmigrantes son fundamentales para «*fomentar los lazos sociales e incluso para que hagan amistades entre ellas mismas, ya que muchas madres necesitan mucho afecto y apoyo[2]*».

Desde nuestro punto de vista, la participación de las familias tiene un doble valor. No sólo es una acción educativa que promueve la mejora de las relaciones entre los alumnos de las diferentes culturas y, por tanto, la mejora de la convivencia en la escuela; también sirve como elemento de apoyo emocional para muchas personas y familias que viven momentos vitales complejos y difíciles.

En el caso de las familias de origen inmigrante, hemos descubierto que muchas madres inmigrantes participan en estos grupos como espacio de apoyo mutuo -sobre todo emocional-, para poder hablar y compartir con otras madres sus pensamientos y su vida diaria, sus dificultades e inquietudes. Y es que la mejora de la autoestima constituye un pilar fundamental en los grupos de madres, así como un espacio de intercambio y conocimiento cultural para las familias inmigrantes y autóctonas. En efecto, la autoestima es un valor «*(...) que ayuda mucho a todos los niños y a todas las familias, porque en verdad son personas que tienen unas carencias sociales y también económicas (importantes), porque vienen de fuera y se sienten diferentes, entonces, ese valorarlos y*

---

1. Fragmento de entrevista a una profesora de Educación Primaria.
2. Fragmento de entrevista a un director de centro de Educación Infantil y Primaria.

ese trabajo cercano, para ellos, es (muy) bueno» (directora de IES). Sin lugar a dudas, la cooperación debe fomentar la autoestima activa tanto en los alumnos como en las familias inmigrantes. El aprendizaje cooperativo que se desarrolla en los grupos de madres constituye una valiosa herramienta que sirve de imagen educativa donde sus hijos pueden proyectar nuevos referentes sociales donde la diversidad cultural y el apoyo mutuo son piezas claves para su óptimo desarrollo escolar.

La participación es una característica fundamental de las escuelas interculturales, ya que indaga precisamente en el hecho de compartir cultura, de buscar un enriquecimiento cultural que se considera imprescindible. En este sentido, hemos descubierto que las familias inmigrantes son las más activas y participativas en los diferentes eventos educativos que se desarrollan en estas escuelas. Esta positiva participación se da en los ámbitos participativos formales y no formales de la escuela, ya que *«ante una llamada o una petición que se haga de una reunión, la verdad es que acuden más los padres inmigrantes que los españoles»* (Jefa de Estudios de CEIP). Esto supone un elemento de gran interés que abre la posibilidad de establecer programas formativos para la mejora de la convivencia escolar donde el papel de las familias sea un eje fundamental de sus diseños y aplicaciones prácticas en los centros educativos.

Ya vimos cómo una docente subrayaba la importancia de las reuniones y de las meriendas que se han realizado en su colegio con el ánimo de que participen cada vez más madres -y padres-, algo que, a pesar de su dificultad, está calando de manera progresiva en las familias del centro.

> *«(...) empezamos a invitar a madres, empezamos a hacer cosas con ellas, con las meriendas, de tomar contacto (...), pero no es fácil, porque muchas tienen un nivel sociocultural bajo, y además no tienen tiempo, tienen que trabajar (...), tienen mucho trabajo, y claro, cuesta muchísimo trabajo convocarlas a una reunión, que vengan (...)».*
>
> *(Profesora de ATAL)*

Para esta docente, el hecho de organizar estas actividades ya supone un paso hacia la interculturalidad, puesto que no sólo es positivo el encuentro entre familias de procedencias culturales diversas, sino que, además, estos foros de participación promueven lazos de amistad y ofrecen un apoyo social y comunitario que muchas madres inmigrantes no encuentran en ningún otro lugar excepto en la escuela.

Sin embargo, es cierto que todavía existen escasas relaciones entre las familias de los alumnos de estas escuelas; y esto es un aspecto que preocupa a algunos docentes. En este punto, una madre de origen inmigrante está convencida de que para mejorar la convivencia intercultural en el centro es necesario que los alumnos tengan referentes familiares donde la diversidad sea vista como algo positivo y enriquecedor.

> *«Entrevistador.- Aquí también hay actividades un poco puntuales, pero...*

> Marga.- *Aquí sí las hay, pero las madres no participan todas, como debería de ser. Y debería ser muy bueno, porque éste es un colegio donde hay muchos niños de otras naciones.*
>
> Entrevistador.- *Hay mucha diversidad.*
>
> Marga.- *Eso. Entonces, deberíamos todas las madres aprovecharlo. Porque no se ven todas juntas».*
>
> (Madre de origen inmigrante)

En efecto, las relaciones entre familias inmigrantes y autóctonas son todavía escasas, y solamente aquellas familias que tienen algún grado de amistad se relacionan de alguna manera. Las relaciones positivas entre familias de diferentes culturas deben ser un instrumento fundamental de interacción cultural de gran valor para los alumnos, pues supone un modelo de relaciones que favorece comportamientos prosociales y actitudes de apertura a la diversidad cultural. El problema es que todavía persiste cierto grado de rechazo de las familias autóctonas hacia la población escolar inmigrante, lo que tiene una implicación -emocional y social- directa en el sentido de excluir a estos alumnos y a sus familias, y por tanto, no favorecer las potencialidades de la diversidad cultural como factor de promoción de una convivencia educativa solidaria y tolerante.

> "*Yo creo que no hay relaciones entre las familias.., a no ser que sean amigos, yo creo que no hay. De todas maneras, te digo una cosa.., aquí hay unos niveles de agresividad muy altos entre ellos mismos, es decir, no es porque particularmente..., vamos a ver, puede ser un factor asociado, pero no es el factor determinante, porque como te digo, también depende de los niños, hay niños,..., mira, dentro de los niños también hay unos niveles de agresividad muy altos, es decir, son niños, en el caso particular de los de etnia gitana, que además de problemas socioeconómicos, que además tienen problemas familiares y que provienen de familias desestructuradas, que además tienen problemas culturales también serios, porque además viven en una zona que es una especie de gueto...Es decir, que están todos en el mismo sitio, claro, viven en la huerta, vienen de la playa de San Francisco, es decir, que viven en zonas marginales, entonces eso conlleva una situación donde los niveles de agresividad son muy altos por las características que viven ellos todos los días, y evidentemente, hay un tema que antes hemos hablado, que está asociado a todo lo anterior, y es que....Para mí, mi percepción es que hay una opinión generalizada de prejuicios y de rechazo hacia el marroquí, pero no solamente aquí (...). A mí me parece que esto es algo que se está impulsando a nivel social de no se qué intereses que hay detrás, y eso entra en la escuela evidentemente, porque también habría que trabajarlo con las familias, ¿sabes qué te digo?».*
>
> (Profesora de Apoyo a la Integración)

Por tanto, el profesorado no puede permanecer al margen de la participación comunitaria en la escuela, y existen escuelas que se constituyen en auténticas plataformas de generación de participación crítica, las cuales son relevantes para avanzar en un diálogo enriquecedor e intercultural entre las propias familias inmigrantes y las autóctonas. En este sentido, su importancia subyace no solamente en la aplicación práctica de la interculturalidad con el colectivo de alumnos, sino también con las familias y con toda la comunidad educativa del entorno social. Esa es la idea clave de la participación comunitaria como elemento generador de convivencia intercultural, el hecho de ser conscientes de que "somos lo que hacemos" para poder cambiar a través de prácticas y acciones educativas interculturales "lo que somos". Y en este punto, compartimos con López Melero (2003) la idea clave de ir construyendo una escuela intercultural e inclusiva en la medida en que cambiamos el paradigma de acción educativa, es decir, en el camino de posibilitar una cultura de la diversidad que cambie el foco de la mira pedagógica intercultural del "mestizaje cultural" a la "cultura del mestizaje". Este es el objetivo principal de la participación comunitaria en la escuela, constituirse en una herramienta de aprendizaje e interacción permanente entre los distintos miembros de la comunidad educativa, eliminado cualquier rasgo de etnocentrismo cultural y fomentando en los centros escolares posibilidades e iniciativas de participación y democratización cultural.

CAPÍTULO 11: LA FORMACIÓN DEL PROFESORADO EN COMPETENCIAS INTERCULTURALES

La presencia creciente en los centros escolares de alumnos procedentes de diversos países ha supuesto que las administraciones educativas adopten medidas dirigidas a la formación del profesorado para facilitar su tarea docente ante esta nueva situación. La normalización en la atención educativa al alumnado inmigrante hace imprescindible una formación específica, destinada a que los profesores cuenten con competencias adecuadas para dar una respuesta educativa satisfactoria a este tipo de alumnado. En esta línea, actuaciones tales como las desarrolladas en el presente estudio de investigación pueden contribuir a generar diseños y estrategias formativas mejores para la formación intercultural del profesorado (Gundara, 2000; Lacomba, 2011).

Las escuelas han cambiado y los profesores deben cambiar para ajustarse permanentemente a las nuevas demandas sociales que tienen su repercusión más inmediata en los centros escolares. Este es un aspecto clave de nuestro análisis general del estado de la formación intercultural del docente, y desde nuestro punto de vista es fundamental defender la necesidad de promover una formación docente reflexiva y activa en Educación Intercultural que contemple de manera holística los diferentes ámbitos de aprendizaje intercultural.

El profesorado de la escuela de hoy contempla la diversidad cultural como un factor muy significativo para sus prácticas pedagógicas. El reto de la interculturalidad en la escuela implica atender a todos los alumnos desde el reconocimiento de su legitimidad personal y cultural, y, por supuesto, aplicar en la vida escolar los principios de cooperación, solidaridad y confianza en el aprendizaje. En nuestro estudio, hemos descubierto que la formación intercultural del profesorado de Educación Primaria en la provincia de Málaga es todavía escasa, aunque en las centros educativos donde existe una mayoría -o una presencia muy numerosa- de alumnado de origen inmigrante es común una incipiente formación en Educación Intercultural, sobre todo en la dimensión más conceptual y teórica de la misma. De hecho, a la vista de los datos obtenidos en este estudio, podemos decir que existe una gran diversidad de opciones formativas por parte del profesorado. No obstante, podemos indicar como aspecto muy significativo que son muy pocos los profesores que no han realizado ninguna actividad formativa sobre interculturalidad en los últimos años de su carrera profesional docente. Por su parte, los grupos de trabajo se configuran como la primera opción del profesorado que realiza actividades formativas en Educación Intercultural, seguido de la asistencia a cursos del Centro de Profesorado (CEP). En tercer lugar, nos encontramos con profesores que han participado en investigaciones educativas sobre su propia práctica escolar. Otros han intercambiado experiencias de Educación Intercultural en diversos foros de debate, mientras que son pocos los docentes que asisten a congresos y seminarios sobre esta temática.

En el ámbito que nos ocupa, el de la formación de profesores, la interculturalidad tiene que superar la tendencia excesivamente teórica y cognitivista que supone que el profesorado estará mejor preparado para su práctica docente en la medida en que conozca las culturas de los alumnos inmigrantes. Es decir, es un posicionamiento que defiende el conocimiento cultural como garantía de un intercambio social y educativo de carácter intercultural.

En el contexto de una escuela que expresa públicamente la necesidad de promover la diversidad cultural como un valor y como una pauta fundamental de inclusión social, consideramos que la formación intercultural del profesorado se verá activado y reconocido como un impulso para la mejora de la convivencia intercultural, siempre que se generalice de manera transversal esta formación a todo el profesorado de los diferentes niveles educativos. En este sentido, proponemos una formación intercultural de carácter inclusivo que responda a las diferentes dimensiones (cognitiva, emocional, ética, actitudinal, mediadora, procedimental y metodológica) presentes en las concepciones pedagógicas de los docentes.

Los docentes son conscientes de la necesidad de seguir avanzando hacia propuestas formativas interculturales más prácticas y realistas, acordes con sus propias realidades profesionales. De la misma manera, podemos afirmar que en la realidad cada vez más multicultural de los centros educativos, se nos antoja fundamental el desarrollo de diseños formativos en los propios centros educativos, es decir, la formación en centros como una propuesta reflexiva y de gran potencial para la cooperación y aprendizaje entre los profesores (Olmedo y Harbon, 2011; Portera, 2008). No obstante, esta formación en centros se debe plantear de manera autorizada, es decir, tiene que contar con una formación previa o un tipo de asesoramiento que permita que los docentes tengan las herramientas conceptuales claras para poder indagar en una mayor reflexión pedagógica sobre la regulación de los conflictos interculturales.

Es ineludible afirmar que la formación del profesorado en Educación Intercultural es básica para llevar a buen término los objetivos propuestos por la misma. No obstante, defendemos que esta formación no sólo puede ir exclusivamente dirigida al colectivo docente, sino que, tal y como hemos puesto de manifiesto en el estudio de formación de profesores, todos los miembros de la comunidad educativa son piezas clave y singulares para avanzar hacia una adecuada atención a la diversidad cultural. Asimismo, tenemos que poner de manifiesto la buena disposición y voluntad que muestran los docentes al considerar la necesidad de formarse en las competencias interculturales necesarias para afrontar la convivencia intercultural y el desarrollo práctico de la Educación Intercultural.

La formación del profesorado en materia de Educación Intercultural tiene que estar ajustada y contextualizada a la realidad profesional que los docentes viven cada día en sus aulas y escuelas. Es decir, que el objetivo principal de toda formación intercultural debe ser dar respuesta a las demandas e inquietudes eminentemente prácticas y realistas que nos plantean los docentes en relación a las dificultades o situaciones de conflicto que encuentran en el desarrollo práctico de la interculturalidad y la propia convivencia escolar en contextos de diversidad cultural. En este sentido, hemos descubierto que el profesorado no valora positivamente los conocimientos teóricos aislados, sino que estos conocimientos de formación deben estar vinculados y relacionados dentro de una metodología participativa donde juegue un papel clave la simulación y la formación práctica con el estudio de casos particulares de conflictos o de situaciones de interculturalidad en la convivencia.

Por otra parte, otra clave básica en la formación intercultural del docente radica en la necesidad de que esta formación esté vinculada con la actual preocupación que tienen los docentes con el desarrollo de las competencias básicas en el aula y, sobre todo, con su propio desarrollo profesional en materia de acción tutorial. En verdad, esto tiene que ver con la necesidad de aplicar eficazmente sus programaciones didácticas en la nueva línea educativa (LOE), que tiene como eje básico en la acción educativa el trabajo por competencias básicas. Además, y en clara vinculación con la necesidad de aprender a enseñar en torno a las competencias básicas, el profesorado de nuestro estudio señala la importancia que tiene la vinculación entre Educación Intercultural con el plurilingüismo y el desarrollo pedagógico de las nuevas tecnologías aplicadas a la educación.

En la actualidad el profesorado comienza a vislumbrar la necesidad de construir la interculturalidad a través de acciones prácticas y coherentes, y éstas pueden encontrar un sentido muy tangible en la puesta en práctica de comunidades virtuales de aprendizaje, esto es, profesorado conectado, trabajando juntos a través de centros escolares que empleen la red para intercambiar experiencias, recursos, metodologías, etc. Y, dentro de estos posibles instrumentos para trabajar interculturalidad en la escuela, las webquest, los blogs, así como las plataformas virtuales, son elementos vertebradores de la aplicación real de las TICs en la escuela y el sistema educativo. Así pues, las TICs son un foco nuevo de integración formativa de la interculturalidad dentro de las temáticas emergentes de interés en la planificación que tienen las distintas administraciones educativas (Essomba, 2006; Grant y Sleeter, 2007).

Por otra parte, podemos afirmar que la valoración que hace el profesorado respecto al conflicto como oportunidad de aprendizaje es claramente positiva. De hecho, una gran mayoría de profesores (Leiva, 2007), el 75%, valora los conflictos como herramientas potencialmente significativas para el aprendizaje en su aula y en su escuela. Esta es una de las principales conclusiones a las que hemos llegado en nuestro estudio, descubrir que los docentes son conscientes de la importancia de aprovechar las situaciones conflictivas para educar en valores y en la interculturalidad. Además, hay que expresar que existe una mayoría de profesores que consideran que la educación en valores es el instrumento clave en la concepción educativa del conflicto, es decir, es necesario educar desde y en el conflicto intercultural para poder profundizar en la interculturalidad como promotora de desarrollo de los valores de solidaridad, democracia, tolerancia y paz.

En segundo lugar, podemos subrayar que los docentes consideran que la mejor opción para afrontar situaciones conflictivas o problemáticas en sus escuelas es aprovechar dichas situaciones para educar en valores. No obstante, es cierto que, si bien a nivel de pensamiento teórico, el profesorado se muestra partidario de que el conflicto sea oportunidad de aprendizaje, sólo un 8,46% valora decididamente el conflicto como un instrumento eficaz de aprendizaje en su práctica docente.

En este sentido, hay docentes comprometidos en la gestión y regulación positiva de los conflictos interculturales que consideran que el conflicto es una oportunidad para aprender, para desarrollarse profesionalmente y para generar situaciones favorecedoras de una educación en valores desde una perspectiva pedagógica crítica. En efecto, se valora el conflicto como una herramienta de aprendizaje donde el alumno debe ser el actor protagonista del escenario escolar. Ahora bien, tal y como hemos visto, los conflictos interculturales requieren de diferentes propuestas y acciones educativas debido a su multiplicidad de significados. En realidad, a partir del presente estudio hemos logrado comprender que el conflicto intercultural es cualquier situación educativa problemática que implica una respuesta diversa en las posibilidades de acción educativa intercultural del docente.

> «Sí, un conflicto general en la escuela, un conflicto general del sistema educativo. Yo ese conflicto, no lo cambia ninguna ley que venga desde arriba pensando que tenemos que aprender de memoria, como hemos aprendido nosotros, miles y miles de cosas que no te sirven para nada. O sea que yo creo que la educación tiene que ser diferente, y que tiene que dar un giro hacia aprender a ser, hacia aprender a convivir, aprender a compartir (...), hacia los valores, hacia el aprender a ser».
>
> (Ep.Ana. 106-108, 1513)

En tercer lugar, otra conclusión que revela nuestro estudio es que la importancia de las acciones educativas interculturales radica no tanto en el significado práctico de dichas acciones, sino en el valor conceptual y reflexivo de dichas actuaciones para llevar a cabo una Educación Intercultural generadora de respuestas eficaces y creativas ante los conflictos interculturales. Un elemento fundamental en relación a la gestión del conflicto es el desafío que para los docentes supone desarrollar su función pedagógica en contextos educativos interculturales. El docente tiene que estar cuestionándose permanentemente su función en la escuela y en la sociedad, una constante reflexión en lo que sería un cuestionamiento profundo acerca de su labor como educador en una escuela cada vez más compleja y dinámica. En este sentido, consideramos que la clave de la concepción educativa de los docentes respecto a las estrategias de regulación de conflictos[1] en su contexto escolar es precisamente "ver más allá de la mirada"; esto es, visibilizar, sentir, pensar y actuar en cada conflicto intercultural desde el conocimiento y comprensión de su complejidad en el escenario social y educativo.

> *«Siempre, porque yo pienso que el desafío es fundamental de ser docente. Si lo vives así, claro, porque lo puedes vivir como algo muerto. Es algo vivo, y como es algo vivo, te estás cuestionando permanentemente y te está permanentemente llevando a mirarte, a auto-mirarte, a reflexionar, a crecer (...). Ahora mismo, ¿cuál es mi cuestionamiento profundo? Mi cuestionamiento profundo es: tengo que ser capaz, quiero mirar más allá de la mirada. Tengo que ser capaz de mirar lo que me estás diciendo detrás de la expresión, detrás del insulto que me estás propinando en este momento».*
>
> (Ep. Ana. 434-436, 1629)

En cuarto lugar, hemos podido comprobar la importancia de que los proyectos educativos interculturales estén sustentados en equipos de docentes comprometidos con el desarrollo práctico y reflexivo de la interculturalidad. El problema que hemos observado es que todavía existen muy pocos equipos docentes, porque además no son equipos, es decir, tú coincides en un colegio por casualidad, con una gente que puede tener o no tener nada que ver. Resulta necesario que los docentes de las escuelas interculturales tengan unos referentes formativos y pedagógicos similares para poder optimizar todos los esfuerzos encaminados a la mejora de la convivencia y el reconocimiento de la diversidad cultural como una herramienta educativa de calidad.

En quinto lugar, debemos subrayar la importancia de la dimensión afectiva en la concepción educativa del conflicto intercultural y también en el propio planteamiento y desarrollo de acciones educativas interculturales. En nuestro estudio, hemos puesto de manifiesto que los docentes están cada vez más convencidos de la importancia de la autoestima como clave necesaria para que las acciones educativas interculturales puedan ser herramientas efectivas de mejora de la convivencia escolar. En efecto, la autoestima es un eje en torno al cual deben girar las propuestas educativas que se lleven a cabo en materia de gestión de regulación de los conflictos interculturales.

---

1. Sin ánimo de ser exhaustivos, creemos interesante mencionar algunas propuestas o estrategias para la regulación de conflictos interculturales desde la perspectiva docente, que están emergiendo con fuerza en la teoría y en la práctica de la Educación Intercultural (Vinyamata, 2003; Gómez, 2004; Montón, 2004; Viñas 2004). En realidad, estas estrategias han surgido de manera explícita en el análisis de los estudios de casos, son las siguientes: el aprendizaje en la resolución positiva de los conflictos, el aprendizaje cooperativo, el enfoque socioafectivo, la mediación intercultural y la participación comunitaria.

Son ya muchos los docentes que apuestan por trabajar educativamente la autoestima como factor clave, no sólo para el alumnado de origen inmigrante sino también para todos los alumnos y sus familias. En el caso de los contextos educativos de diversidad cultural, la recuperación de la autoestima no sólo tiene implicaciones emocionales y afectivas, también de carácter social y cultural. Podemos afirmar que en la actualidad para muchos docentes la estabilidad emocional es un elemento de gran importancia para el aprendizaje y la convivencia, y es que, como hemos analizado con anterioridad, muchos de los alumnos de las escuelas interculturales -no sólo los de origen inmigrante- plantean problemáticas que trascienden el ámbito puramente escolar, pero necesitan competencias y valores educativos que les ayuden a progresar en todos los ámbitos de sus vidas (educativo, familiar, social...).

> «Entrevistador.- En el caso de los alumnos inmigrantes, yo he leído que la autoestima es un factor a tener en cuenta, pero también a parte de esa desventaja sociocultural,...
>
> Ana.- Nosotros trabajamos la autoestima para todo, porque además creemos que la autoestima es el eje y el centro de cualquier proyecto educativo, ya que en la autoestima está centrado y basado.. o sea, si alguien cree en ti, si alguien te quiere, si alguien te valora, tú funcionas, es como la profecía autocumplida, y entonces...claro, esto es lo mismo para todos alumnos, y yo creo que es el giro de la pedagogía tiene que ser el giro de la pedagogía del amor, de la pedagogía centrada en la persona, de la pedagogía en el elemento personal, en los valores, en como aprendo a quererte y a respetarte, y esto sirve exactamente igual para niños de una cultura diferente que para un niño de aquí..., de cualquier cultura. Entonces, es el giro que te decía, y que me parece fundamental..., que debería tomar la educación, eso yo lo veo fundamental».
>
> (Ep.Ana. 66-68, 1006)

En sexto lugar, hemos llegado a la conclusión de que la puesta en práctica de acciones educativas interculturales será una invención poco fructífera y relativamente intercultural, si no se producen cambios en diversas dimensiones del profesorado (cognitiva, emocional, procedimental y ética), de la estructura institucional de los centros educativos (concepción educativa de los equipos directivos de las escuelas interculturales, la participación de las familias, los tiempos y los espacios para realizar actividades educativas relevantes y creativas) y, desde luego, de la participación de la sociedad en su conjunto (entidades y asociaciones socioculturales, medios de comunicación...) en las instituciones educativas como escenarios vivos y en permanente cambio.

En resumen, la gestión del conflicto intercultural no depende sólo de recursos específicos o de conocimientos necesarios para su atención comprensiva, sino que, paralelamente, demanda la mejora de las actitudes y la clarificación de los valores emergentes en los contextos socioculturales de nuestro tiempo. En este sentido, un elemento fundamental para que el conflicto intercultural pueda gestionarse positivamente radica en los propios planteamientos pedagógicos que sobre el currículum escolar tiene el profesorado, esto es, optar por un currículum reproductivo y transmisivo o por un currículum transformador y crítico de la realidad educativa.

> «Ana.- Exactamente. Entonces, ¿por dónde voy yo? Yo voy (por) una pedagogía crítica, que se centre en educar. Ése es el currículum: educar. Educar para que yo me quiera a mí mismo, para que te quiera a ti, y para que yo pueda transformar mi realidad, en donde estoy. Pero ésa es una educación crítica que no interesa.
>
> Entrevistador.- Que no interesa, lógicamente. Interesa más la reproductiva, la producción de parámetros, de cargos...
>
> Ana.- Claro, porque evidentemente nosotros somos productos de una escuela represiva, pero también nos hemos escapado por otras vías».

La escuela tiene que avanzar más en su necesaria reformulación de fines y metas de corte intercultural, con afán integrador e inclusivo para todos y no sólo para el alumnado inmigrante o para el que requiere atención específica a su diversidad (personal, social, lingüística). En la sociedad postmoderna y del conocimiento, la diversidad no sólo la aportan los alumnos inmigrantes, la aportamos todos; no les afecta únicamente a ellos, nos afecta a todos; no sólo ellos son los que tienen que "normalizarse" en el sistema educativo, todos tenemos que aprender nuevas formas de vivir y convivir en una nueva realidad educativa más compleja, más plural y más viva.

Por todo ello, nos parece necesario indagar en un modelo intercultural inclusivo que englobe los aspectos positivos de los distintos enfoques que hemos estudiado en el presente trabajo. En este sentido, estamos de acuerdo con Aguado (1997, 2003) y Viñas (2004) en la necesidad de ir construyendo un modelo holístico de acción educativa para las escuelas interculturales. Entre las principales características que pueden definir este modelo, proponemos las siguientes[2]:

- El currículum y los materiales didácticos deben presentarse desde diferentes perspectivas culturales, sobre conceptos, procedimientos y valores.
- Tanto el profesorado como el alumnado necesitan adquirir competencias interculturales para la mejora de la convivencia y la gestión positiva de los conflictos interculturales.
- Los equipos directivos pueden y deben impulsar la participación activa de todas las familias y agentes educativos del contexto escolar.
- El docente debe convertirse en creador y recreador de materiales curriculares interculturales, formándose en estrategias educativas interculturales inclusivas y creativas, así como en destrezas socioemocionales de afrontamiento de los conflictos interculturales.

---

2. Sin lugar a dudas, consideramos que estas características deben impregnar la planificación y desarrollo de todas aquellas acciones educativas interculturales. Y, dentro de éstas, es fundamental que el docente emplee las posibilidades que ofrece la Web 2.0, así como las herramientas de Software libre existentes para no sólo ser consumidor de materiales didácticos, sino creador y difusor de estos materiales. Ese es el reto de la interculturalidad desde la perspectiva creativa del compartir recursos didácticos y enfoques pedagógicos, estableciendo vínculos profesionales y comunidades de aprendizaje con centros e instituciones escolares de otras comunidades autónomas o países.

En verdad, si pretendemos construir aulas y escuelas interculturales, porque creemos que es en sí mismo un propósito ineludible al que debe responder hoy en día la vida de todos los centros educativos, es imprescindible atender a una serie de premisas, a modo de competencias interculturales, para que la formación de los docentes esté realmente en el camino de construir y generar una ciudadanía intercultural que asuma la diversidad como algo positivo y enriquecedor para la propia convivencia social y educativa. Por esta razón, enumeramos a continuación una serie de objetivos de formación del profesorado que, desde nuestro punto de vista, pueden responder a la necesidad de desarrollar la Educación Intercultural en la práctica educativa gracias a la mejora formativa de los docentes (Esteve, 2004; Aguado, Besalú, Jordán y otros, 2004[3]):

- Es fundamental fomentar el respeto a las diferencias culturales, así como el conocimiento de lo que nos separa y también en la búsqueda de todo aquello que nos une.
- Entendemos que la Educación Intercultural debe partir desde un enfoque formativo que integre las tres dimensiones básicas del aprendizaje, esto es: pensar; sentir y hacer, y esto también aplicado a la propia formación del profesorado en su inmersión práctica diaria en las escuelas.
- Desarrollar diseños de actividades educativas que promuevan la solidaridad, la tolerancia y el compromiso en pos de la igualdad. Esto debe ser una parte significativa de la formación intercultural del docente para su aplicación práctica en su centro educativo.
- Resulta necesario acceder al conocimiento intercultural a través de la indagación y el aprendizaje compartido entre los diferentes miembros de la comunidad educativa, lo que hace imprescindible fomentar el empleo de herramientas comunitarias de carácter formativo del profesorado en sus propios contextos escolares (grupos de trabajo, formación en centros, participación en proyectos de innovación pedagógica, investigación en Educación Intercultural...).
- Promover y estimular la creación de materiales de investigación sobre las diferentes culturas representativas que existen en nuestros contextos educativos. Ello servirá al docente para proyectar y construir sus propios materiales didácticos de carácter intercultural, propicios para el aprendizaje cooperativo de todos los alumnos, tanto los de origen inmigrante como los autóctonos.
- Crear una verdadera conciencia intercultural a través del trabajo interdisciplinar del profesorado conjuntamente con otros miembros o agentes participantes de la vida escolar y comunitaria de las escuelas (mediadores interculturales, animadores socioculturales, investigadores universitarios, etc. En efecto, la interdisciplinariedad es un objetivo claro en la formación intercultural del docente, pues hace referencia a la necesaria cooperación entre los diferentes agentes educativos, tanto

---

3.   AA. VV. (2004). **La formación del profesorado en Educación Intercultural**. Madrid. MEC-Libros de la Catarata.

de la propia escuela como fuera de ella, pues podemos considerar que la Educación Intercultural implica una apertura hacia todo lo diferente que enriquece la labor del docente.

Es primordial fomentar la formación intercultural del profesorado, a fin de que pueda tener herramientas y recursos teórico-prácticos adecuados para que pueda desarrollar una acción educativa de carácter intercultural. Además, esto requiere incrementar su competencia para indagar en estrategias de participación de toda la comunidad educativa en la convivencia intercultural. Asimismo, creemos que es inexcusable propiciar la colaboración entre las familias y el profesorado, así como de los propios centros escolares con colectivos sociales e instituciones públicas interesadas en ir haciendo de los contextos educativos, verdaderos espacios de encuentro, de enriquecimiento cultural y vivencial desde una perspectiva intercultural.

La gestión positiva de los conflictos interculturales depende más de un adecuado grado de adquisición y desarrollo de competencias y valores interculturales que de conocimientos específicos sobre diversidad cultural. Así pues, podemos afirmar que los componentes o elementos básicos de la competencia intercultural, coincidiendo en parte con la definición común y general de competencia, son los conocimientos, las habilidades o destrezas y las actitudes que debe tener un agente educativo (mediador, profesor, alumno, familiar...), sustentados críticamente en los valores que forman parte de una determinada sociedad y de los numerosos grupos sociales a los que pertenecemos.

El profesorado competente desde el punto de vista intercultural es aquel que es capaz de tener una disposición positiva y una voluntad para relativizar sus propios valores, creencias y comportamientos como docentes. Es decir, sus planteamientos pedagógicos son firmes y estables, pero no inalterables ni inamovibles. No sólo se nutren de la práctica escolar diaria, sino de la crítica y la reflexión personal, compartida con el resto de docentes y otros agentes de la comunidad educativa. Esta es una de las conclusiones más relevantes de nuestro estudio, el hecho de conocer la existencia de docentes que son capaces de reconocer la interculturalidad como un camino pedagógico válido y relevante para mejorar la convivencia escolar, haciendo autocrítica del sistema educativo y reflexionando sobre sus propias funciones y estrategias docentes. Todas estas consideraciones suponen un "ponerse en el lugar del otro", lo que implica que el profesorado debe tener una inequívoca voluntad para la aceptación de la diversidad cultural y su aprovechamiento educativo desde el respeto y el diálogo con todas las familias inmigrantes y autóctonas.

Por otra parte, hemos dicho anteriormente que son más importantes las actitudes y los valores que los conocimientos para el desarrollo de la interculturalidad y la mejora de la convivencia escolar. Eso ha quedado confirmado en nuestro trabajo. Ahora bien, también es cierto que los conocimientos acerca de los grupos culturales diversos que conviven en los centros escolares son relevantes para la formación docente. Los conocimientos acerca de los grupos sociales y culturales diversos, sus producciones y sus costumbres tanto en el propio país de acogida como en el del país emisor, incluye el conocimiento acerca de otras personas, de cómo se ven a sí mismas y de los procesos generales de interacción social. Que el profesorado conozca los elementos relevantes de las nacionalidades o culturas representativas del alumnado inmigrante de su centro escolar es importante, pero en ningún caso debe implicar el conocimiento exhaustivo de una cultura específica.

En nuestro estudio hemos comprobado que los docentes consideran muy relevante que, más que conocer las culturas de sus alumnos, es más significativo aprender el conocimiento general sobre cómo funcionan y cómo se forman los grupos sociales y sus identidades. Sobre todo, los docentes nos mencionan la cuestión de la identidad cultural como un elemento de análisis e interés para sus prácticas docentes, es decir, conocer cómo pueden influir en la configuración o reconstrucción de las identidades culturales de los chicos y jóvenes inmigrantes en el marco del ámbito escolar.

En este sentido, cabe citar aquí algunas de las habilidades o destrezas que también subyacen dentro de las competencias interculturales que han sido explicitadas como necesarias e importantes en nuestro estudio de investigación. Se trata de las habilidades de interpretación y de comparación, por un lado, y de aprendizaje e interacción. La habilidad para interpretar, desde diversas perspectivas, hechos, ideas o documentos de otras culturas, explicarlos y relacionarlos o compararlos con la propia para comprender cómo puede malinterpretarse fácilmente lo que alguien de otra cultura dice, escribe o hace. Por su parte, la habilidad de aprendizaje e interacción se trata de una destreza para adquirir nuevos conocimientos acerca de otra cultura y la habilidad de poner en práctica estos conocimientos en situaciones reales de comunicación e interacción intercultural. Es fundamental en este punto saber cómo preguntarle a personas (alumnos y familias) de otras culturas sobre sus creencias, valores y comportamientos, que en la mayoría de los casos son inconscientes y francamente difíciles de explicar, al estar imbuidos en una compleja red de significados socioculturales.

Por todo ello, dentro de las competencias interculturales de los profesores, hemos indagado en el estudio de dos dimensiones que son paralelas en su desarrollo. Por un lado, la competencia cognitiva y, por otro, la competencia afectiva o emotiva.

El profesorado de nuestro estudio muestra un desarrollo más pronunciado de la competencia cognitiva que de la competencia afectiva o emotiva. Y esto lo podemos afirmar en la medida en que los profesores son personas con un alto grado de autoconciencia y conciencia culturales, es decir, tienen conciencia de sus propias características culturales y de sus procesos comunicativos como profesionales de la educación e igualmente, vienen realizando en sus aulas un esfuerzo para reconocer al nuevo alumnado y también para auto-reconocerse. En definitiva, son conscientes de que tienen que hacer un esfuerzo para valorar la imagen cultural no sólo del alumnado inmigrante, sino también del autóctono, sus familias, la institución escolar y el contexto social en general. Esta es una conclusión básica de nuestro proyecto de investigación.

LA FORMACIÓN DEL PROFESORADO EN COMPETENCIAS INTERCULTURALES

Asimismo, la mayoría de los profesores entrevistados intentan evitar una visión superficial o frívola de la cultura de los alumnos inmigrantes de sus centros escolares. Se plantea que los rasgos culturales de un grupo cultural no se etiqueten o adscriban de manera inmediata y automática -de manera acrítica- a todos los alumnos inmigrantes de determinado origen o procedencia cultural. También es importante explicitar que el profesorado cada vez vislumbra con una mayor claridad que la diversidad cultural en la escuela es muy importante, pero que esta diversidad no puede considerarse de manera aislada o estanca en el conjunto de factores y variables sociales y personales que también suscitan una mayor diversidad en la propia escuela. Dicho de otro modo, que la diversidad cultural no puede "tapar" la existencia de otras diversidades personales y sociales, y que todas ellas conforman hoy día el desafío principal de los docentes.

Por tanto, la práctica de las competencias interculturales se constituye como un nuevo elemento de análisis que surge en nuestro estudio a través de la necesidad de formarse en esas dos dimensiones básicas en las competencias interculturales: la competencia cognitiva y la competencia emocional o afectiva. En este sentido, se torna en fundamental la comprensión y el respeto por las diferencias culturales como eje básico a partir del cual se puede desarrollar en la práctica la Educación Intercultural para la gestión positiva de la convivencia escolar. Estaríamos hablando, por tanto, de otra competencia que tiene como factores de análisis y reflexión los siguientes:

- Tomar conciencia de la diversidad que caracteriza a todos los agentes de la comunidad educativa (profesorado, familias, alumnado, educadores sociales, personal de administración y servicios).
- Analizar los valores personales y socioculturales respeto a la xenofobia, el racismo, los prejuicios y cualquier tipo de discriminación personal y social (género, orientación sexual, discapacidad, etc.).
- Desarrollar e incorporar el análisis y la comprensión crítica de los estereotipos culturales y su impacto en la propia cultura escolar, así como en la conducta de los miembros de la comunidad educativa.

Las competencias interculturales se componen de conocimientos, habilidades y actitudes de respeto y aceptación de la diversidad cultural como un valor educativo de primer orden en el quehacer pedagógico. Las actitudes (de apertura, voluntad de relativizar las propias creencias y comportamientos, de empatía...) constituyen la base de la competencia intercultural del profesorado.

> «(...) hay algunos que se dan cuenta y cambian un poquito el chip, otros se acoplan sin estar convencidos, hay de todo..., y verdaderamente todas las estrategias pasan por todo un proceso de comprensión, de trabajo de competencias, de habilidades para que esos conflictos realmente se solucionen..., y claro, todo esto que te estoy hablando de comprender, de saber, de que tú no puedes tratar a un niño de mala manera..., tienes que tener un trabajo previo, tú cuando a un alumno lo coges ya en el conflicto, ya has perdido la pelea, tu tienes que detectar antes que van a surgir conflicto, entonces, poner antes el parche antes de que salga el grano..., ir evitando, ir previniendo, ir haciendo trabajo sobre eso (...)».

(Ep.Loli. 177, 708)

Aunque es cierto que no todo el profesorado de las escuelas interculturales está verdaderamente implicado en el reconocimiento de la diversidad cultural como un capital educativo de primer orden en su práctica educativa, es cierto que a nivel conceptual y de pensamiento pedagógico del profesorado, la diversidad cultural es progresivamente considerada como un factor positivo para promover una educación de calidad en sus centros educativos.

> «Entrevistador.- ¿Ellos han tenido algún problema para aceptar esa diversidad? Es decir, ¿ha habido conflictos, desde el punto de vista del profesorado...?
>
> Elena.- No, al revés; yo, cada vez que he hablado con ellos, los he visto muy receptivos, y en ningún momento. Vamos, yo siempre lo pongo como ejemplo, porque no es muy normal, que todo el mundo sea receptivo».
>
> *(Ep.Elena. 86-88, 2533)*

Dicho esto, nos gustaría apuntar ahora algunos objetivos derivados precisamente de la necesidad de mejorar la comunicación y la competencia intercultural del profesorado:

- Potenciar la autoestima de los alumnos inmigrantes, ayudándoles a desarrollar la confianza en su habilidad para progresar en sus relaciones sociales y emocionales con sus compañeros de clase y el profesorado.
- Facilitar a todo el alumnado de las escuelas interculturales el desarrollo y puesta en práctica de habilidades de conocimiento y respeto a la diversidad cultural existente en sus centros educativos.
- Favorecer la interacción y la comprensión cultural y social de todos los alumnos y sus familias, a través del desarrollo de una perspectiva amplia de educación en valores democráticos en el marco de la sociedad en la que viven.
- Proporcionar al alumnado inmigrante ayuda y comprensión para desarrollar el conocimiento, las actitudes y las habilidades necesarias para mantener, siendo conscientes críticamente de su identidad individual y cultural, sus raíces culturales sin perder de vista la importancia de su integración plena en la sociedad de acogida, a través del aprendizaje crítico de referentes éticos, sociales y emocionales que le permitan mejorar sus expectativas educativas y sociales.

CAPÍTULO 12: EL DESARROLLO PRÁCTICO DE LA INTERCULTURALIDAD "ENTRE DESEO Y REALIDAD"

Hay que señalar que el profesorado que ha participado en esta investigación tiene un gran interés en traducir de manera coherente y realista los principios y objetivos de la Educación Intercultural. En este sentido, ya son muchos los que son conscientes de que la interculturalidad no es una moda pedagógica pasajera ni un mero proceso de folclorización de la diversidad cultural presente en los centros educativos. Más bien al contrario, parten de una serie de objetivos prácticos que en sí mismos son los pilares básicos de la interculturalidad en la práctica docente. De hecho, en los planes y proyectos de interculturalidad de muchos de estos centros se recoge la idea de que el profesorado, y el propio centro escolar, tiene que asumir los cambios producidos con la llegada de alumnos de otros países y culturas para favorecer su inclusión en su entorno social y escolar inmediato. En esta línea, se deriva el objetivo de la escuela como organización escolar de facilitar la escolarización del alumnado inmigrante garantizando la igualdad de oportunidades.

Además, los docentes están cada día más comprometidos con la idea de la interculturalidad como planteamiento o enfoque pedagógico global. Es decir, es una perspectiva educativa que implica que debe ir dirigida a todo el alumnado y debe ser asumida por toda la comunidad educativa. Sí es cierto que algunos docentes son reticentes a incorporar plenamente a la cuestión educativa intercultural a las familias, o mejor dicho, que su participación como docentes debe centrarse más en los alumnos que en las familias. Lógicamente, esto es un planteamiento comprensible por una parte, pero es obvio que la Educación Intercultural debe considerarse en términos comunitarios, no solamente en los tiempos escolares sino también en los extraescolares, y no exclusivamente a cargo de docentes, sino también con la participación activa de educadores sociales, mediadores interculturales, voluntariado cultural, investigadores y otros agentes sociales.

EDUCACIÓN INTERCULTURAL Y CONVIVENCIA EN LA ESCUELA INCLUSIVA

Asimismo, y en otro orden de cosas, es necesario destacar que el profesorado tiene como un reto muy importante la elaboración de materiales didácticos interculturales. En verdad, es fundamental que el profesorado pueda aportar al alumnado materiales didácticos que faciliten la atención a la diversidad y la convivencia entre personas de diferentes culturas, promoviendo actitudes y comportamientos positivos que eviten la discriminación por razón de la cultura de procedencia, nivel cultural o económico, sexo, religión, etc. Estos aspectos son fundamentales para el profesorado, de ahí la necesidad de trabajar y formarse de manera especializada en el diseño y puesta en práctica de dichas unidades didácticas o proyectos educativos prácticos que puedan desarrollar de manera cooperativa en equipos docentes.

Otro aspecto de gran interés y que resulta de importancia para el debate educativo tiene que ver con la posibilidad de que los docentes interactúen con otros docentes de otros centros escolares para aprender Educación Intercultural desde los verdaderos espacios de conocimiento pedagógico que son las escuelas. Ciertamente, hay docentes que piensan que tienen que ser ellos mismos los que aporten nuevas luces al debate pedagógico intercultural y que, por tanto, tiene que ser la escuela el motor generador de nuevas ideas, experiencias e innovaciones educativas en materia de interculturalidad.

No obstante, y al hilo de la idea anteriormente expuesta, hay que decir que el profesorado en ningún caso se muestra contrario a que las instituciones universitarias, los grupos de investigación u otras entidades sociales y educativas, participen, asesoren y ayuden a sus centros y a ellos mismos a desarrollar mejor la Educación Intercultural. Ahora bien, el profesorado es también consciente de que tienen que ser los docentes quienes sepan analizar cómo traducir en la práctica los principios y objetivos de la Educación Intercultural. En este sentido, son ellos los agentes fundamentales para propiciar actitudes positivas de acogida por parte de toda la comunidad escolar hacia el alumnado inmigrante y sus familias. Igualmente, son los que muestran a la comunidad la diversidad cultural que la escuela acoge, de forma integradora y enriquecedora, apostando por el encuentro frente a la mutua ignorancia, por la diversidad frente a la uniformidad.

¿Cuáles son los ámbitos didácticos docentes en materia de interculturalidad? Podemos resumirlos en cuatro grandes ámbitos:

- En primer lugar, el debate, diseño y elaboración de los planes de acogida al alumnado inmigrante. Eso implica formación intercultural y también recogida de información y procesos de acogida al alumnado inmigrante y a sus familias.
- En segundo lugar, la creación de materiales didácticos para la atención a la diversidad cultural, lo que implica la puesta en práctica de competencias interculturales, así como un conocimiento básico de las culturas de los países de origen del alumnado inmigrante del centro escolar, al igual que el desarrollo de habilidades de interacción social e intercultural.

EL DESARROLLO PRÁCTICO DE LA INTERCULTURALIDAD "ENTRE DESEO Y REALIDAD"

- En tercer lugar, la realización de medidas educativas de apoyo lingüístico y curricular a aquellos alumnos inmigrantes que muestren una mayor dificultad en su inclusión escolar, o que necesiten un mayor apoyo en su rendimiento académico.
- Finalmente, y cómo ámbito más visible del conjunto de acciones educativas interculturales posibles, tenemos que citar la puesta en práctica de medidas puntuales de valoración positiva de la diversidad cultural en el centro escolar, en forma de fiestas y otros eventos lúdico-festivos (música, danza, teatro, gastronomía, historia...) que tengan el fin de promocionar positivamente la convivencia y la interacción intercultural. En este punto, insistimos que no sólo se trata de trabajar la interculturalidad como el alumnado del centro, sino que el centro debe abrirse a su comunidad y al entorno social comunitario.

Igualmente, resulta fundamental que toda la comunidad educativa vaya percibiendo la llegada de alumnado de origen inmigrante como un hecho enriquecedor y no como un problema para el que no hay una estrategia o una solución educativa planificada. En este punto, es imprescindible que todos los centros incluyan en sus respectivos planes y proyectos educativos protocolos y estrategias pedagógicas de acogida, no sólo para el alumnado inmigrante, sino también para todos aquellos alumnos que se incorporan al centro escolar de forma tardía.

Los objetivos que se plantean en todo plan o proyecto de acogida suponen un impulso y un proceso de dinamización en la propia planificación escolar. Resulta clave como elemento iniciador de estos proyectos la creación de un ambiente escolar en el que el nuevo alumnado y sus familias se sientan bien acogidos, facilitando los trámites de matriculación del nuevo alumnado y contribuyendo a un rápido conocimiento de las instalaciones del centro que permita que el alumnado se desplace por el mismo con facilidad.

También es importante destacar como principal guía del desarrollo intercultural en la práctica escolar el hecho de contribuir a que las familias inmigrantes se sientan a gusto y a que perciban la escuela como un lugar donde se facilita su integración, se les valora, se da importancia y protagonismo a su cultura y se les ofrecen cauces efectivos para su participación. Ahora bien, este proceso de visibilización cultural se debe realizar en la medida en que las familias inmigrantes sientan esa necesidad de expresar su diversidad, de lo contrario es posible caer en errores de procesos de folclorización cultural que, lejos de ayudar a la inclusión escolar, sólo legitimen etiquetas culturales infundadas o estereotipos sociales.

En la práctica educativa, el profesorado de estas escuelas interculturales se plantea estrategias pedagógicas eminentemente cooperativas para establecer en la clase un clima que haga más agradables los primeros momentos de escolarización de este nuevo alumnado, favoreciendo así sus relaciones e interrelaciones entre el alumnado inmigrante y sus compañeros de clase. En verdad, es necesario evitar la tendencia explicitada por algunos docentes que consideran que, en ocasiones, los alumnos inmigrantes tienen una tendencia al autoaislamiento, lo que implica una urgencia de la intervención educativa para prevenir y paliar esta situación escolar.

Ciertamente, hemos llegado a la conclusión de que la Educación Intercultural se encuentra entre el deseo y la realidad, entre el deseo de ser y su puesta en práctica en la realidad escolar. En efecto, tal y como hemos puesto de manifiesto en páginas anteriores, la interculturalidad es concebida como una propuesta educativa reflexiva de enorme interés y potencialidad para los docentes, pero su traducción en la práctica escolar está llena de contradicciones y ambigüedades que nos hacen repensar la interculturalidad desde diferentes enfoques -y significados- para comprender el pensamiento pedagógico que el profesorado tiene acerca de esta propuesta de acción educativa.

No obstante, de la presente investigación podemos extraer la siguiente conclusión: el profesorado se encuentra comprometido con que los principios de la interculturalidad impregnen y formen parte necesariamente de los principios educativos de sus escuelas, y que las actividades interculturales son fundamentales para favorecer la integración efectiva del alumnado inmigrante.

«(...) pero sí es verdad que hay que seguir avanzando, precisamente en el objeto de la interculturalidad..., en el Inter, porque yo quiero que las madres marroquíes participen en la vida del colegio, es fundamental para el colegio..., y creo que hay que aceptar lo bueno de todas las culturas, quiero que seamos capaces de integrarlos sin perder su identidad, que no hay que perderla, de ninguna de las maneras..., así, todas las culturas, y esto claro, esto puede producir en un colegio como el nuestro, una riqueza inmensa, es riquísima (...)».

(Ep.Loli. 217, 1147)

En segundo lugar, podemos apreciar un cambio muy significativo e interesante en relación al concepto de interculturalidad, y es que el profesorado se expresa positivamente al entender que las actividades interculturales tienen que dirigirse a toda la población escolar, esto es, no solamente al alumnado inmigrante sino a todo el alumnado sin ningún tipo de exclusión. Esto, sin lugar a dudas, es una idea clave que podemos extraer de los datos (tanto cualitativos como cuantitativos) en nuestro estudio, y que nos ofrece una orientación manifiestamente favorable a considerar la interculturalidad desde una dimensión más abierta, optimista y comprometida con toda la comunidad educativa.

Tal y como hemos puesto de manifiesto con anterioridad, existe un alto grado de compromiso por parte de los docentes en desarrollar acciones educativas interculturales. De hecho, el perfil del profesorado que trabaja en las escuelas interculturales es cada vez más el de un profesorado implicado y concienciado en desarrollar ideas pedagógicas innovadoras y transformadoras. En este sentido, estos docentes consideran que los alumnos inmigrantes necesitan sentir «(...) valorada su cultura (...), que el currículum que se diseñe en cualquier tipo de centro tiene que responder a la diversidad cultural, y la diversidad cultural significa responder a los valores culturales y a las características de cada uno de ellos (...)» (Ep.Ana. 32, 1751).

En tercer lugar, otra conclusión que se desprende de nuestro estudio es que el profesorado concibe la Educación Intercultural en términos de reflexión profunda sobre la educación actual, es decir, es una opción pedagógica que emerge

EL DESARROLLO PRÁCTICO DE LA INTERCULTURALIDAD "ENTRE DESEO Y REALIDAD"

con fuerza a partir de la reflexión sobre la actual situación de creciente diversidad cultural en las escuelas. Sin embargo, hay que decir que son muchos los profesores que opinan que la interculturalidad no solamente puede quedarse en el aspecto reflexivo, sino que también tiene que dar una respuesta práctica y ajustada a la realidad educativa compleja que se vive en las escuelas de diversidad. Ahora bien, es cierto que todavía son pocos los docentes que contemplan la interculturalidad como una propuesta crítica y transformadora en educación. Sin embargo, existe una creciente tendencia a concebir la interculturalidad no solo en términos de conocimiento cultural (dimensión cognitiva), sino que los aspectos afectivos (dimensión emocional) también sean considerados como claves fundamentales para llevar a la práctica una auténtica Educación Intercultural.

> «(...) es empatía, ponerme en la piel (...), acercarme a ellos (...), y ellos te ven que les entiendes (...), pero sobre todo es fundamental respetarles, quererles (...) nunca nadie puedes a un niño humillarlo, pero nunca (...), tú tienes que acercarte a ellos, darles afecto (...), además tú tienes relación con su casa, conoces a sus padres (...)».
>
> (Ep.Loli. 209, 493)

En cuarto lugar, hay que señalar que el profesorado valora muy positivamente la diversidad cultural que implica la acogida de alumnado inmigrante en sus centros educativos, y es que *«(...) los niños de otras culturas son una gran riqueza (...) y son buenos alumnos, la mayoría son niños más centrados (y) no tienen ningún tipo de conflictos violentos»*. Sin lugar a dudas, esta es una conclusión muy significativa en nuestro estudio, ya que se confirma la aceptación y valoración positiva de las diferencias culturales por parte de los docentes de las escuelas interculturales. Además, nos indica una tendencia que hemos podido confirmar en la parte cualitativa de la investigación: el alumnado inmigrante es considerado un buen alumno, con predisposición al estudio y a un comportamiento correcto y respetuoso con las normas de convivencia escolar.

En verdad, tenemos que decir que en nuestra investigación hemos descubierto la existencia de cuatro concepciones interculturales desde la perspectiva docente; nos referimos a que cada una de las docentes[1] de los estudios de casos responden o representan de manera significativa a cuatro modelos pedagógicos de entender la interculturalidad. En este sentido, pretendemos indagar en cada uno de los cuatro modelos pedagógico-interculturales descubiertos en nuestro estudio (humanista-reflexivo, crítico-emocional, folclórico-romántico y técnico-reduccionista), a partir de las distintas dimensiones estudiadas (cognitiva,

---

1. Tenemos que señalar que, si bien hemos considerado que cada una de estas docentes representa o encarna un modo distinto de comprender la interculturalidad, es también cierto que somos conscientes de que las "fronteras" no son del todo infranqueables ni fácilmente identificables, es decir, existen ideas y planteamientos que pueden ser considerados de un modelo o de otro. Ciertamente, existen matices que perfectamente serían discutibles si son de un tipo o de otro, o si responden a un modelo o a otro. No obstante, creemos que esos matices han sido ya suficientemente tratados -y argumentados- en las conclusiones cualitativas de los estudios de casos; ahora, nuestro propósito es alumbrar nuevas luces de manera globalizada al objeto de investigación, para su debate y discusión con el profesorado y la comunidad educativa.

procedimental, ética y emocional) para comprender la visión intercultural del profesorado. Para sintetizar esto, hemos elaborado la tabla que a continuación exponemos[2].

MODELOS	HUMANISTA-REFLEXIVO	CRÍTICO EMOCIONAL	FOLCLÓRICO ROMÁNTICO	TÉCNICO REDUCCIONISTA
Dimensión cognitiva	La diversidad cultural es vista como una oportunidad para enriquecer la convivencia	La diversidad cultural es vista como una oportunidad de aprendizaje	La diversidad cultural es planteada en términos de conocimiento de las culturas de los alumnos inmigrantes	La diversidad cultural es vista como un problema
	La interculturalidad es valorada como un tipo de comunicación auténtica entre culturas	La interculturalidad se concibe como una propuesta crítica en la educación, de transformación de la realidad escolar y social	La interculturalidad es percibida como un intercambio de conocimiento cultural	La interculturalidad se contempla como una respuesta educativa a problemas fundamentalmente lingüísticos
	El conflicto es una situación escolar perturbadora: prevención	El conflicto es una oportunidad para el crecimiento y el aprendizaje: gestión y regulación	El conflicto es perjudicial para la convivencia: prevención	El conflicto es una situación claramente negativa: prevención
Dimensión procedimental	Comunicación intercultural. Apoyo lingüístico Mediación intercultural Habilidades sociales	Asambleas de aula Mediación escolar Aprendizaje cooperativo Competencias emocionales Apoyo lingüístico (como un recurso integrado en el centro)	Apoyo lingüístico	Apoyo lingüístico

---

2.   Para la elaboración de esta tabla, nos hemos basado exclusivamente en los datos cualitativos de la presente investigación. No obstante, es necesario explicitar que para la formulación de los distintos modelos de concepción intercultural del docente, hemos tenido en cuenta la literatura pedagógica especializada en Educación Intercultural, sobre todo los escritos que sobre este tema ha realizado el profesor Jordán en los siguientes trabajos: Jordán, J. A. (1996) **Propuestas de Educación Intercultural para profesores**. Barcelona. CEAC (1996); Jordán, J. A. (1999) "El profesorado ante la Educación Intercultural" en ESSOMBA, M. A. (Coord). **Construir la escuela intercultural. Reflexiones y propuestas para trabajar la diversidad étnica y cultural**. Barcelona. Grao. pp. 65-73. ; AA.VV. (2004). **La formación del profesorado en Educación Intercultural**. Madrid. MEC-Libros de la Catarata.

EL DESARROLLO PRÁCTICO DE LA INTERCULTURALIDAD "ENTRE DESEO Y REALIDAD"

Dimensión procedimental	Realización de actividades interculturales puntuales	Currículum intercultural Espacio escolar intercultural	Celebración de actividades interculturales puntuales Colaboración puntual con entidades sociales del entorno	Apoyo escolar Específico
	Colaboración permanente con entidades sociales del entorno Participación activa de las familias de origen inmigrante	Colaboración permanente con entidades sociales del entorno Participación activa de todas las familias	Participación de las familias como aspecto positivo para el conocimiento cultural	Necesidad del apoyo familiar en la tarea educativa del profesorado
Dimensión ética	Autenticidad Naturalidad Escucha activa Empatía	Confianza en el otro como legítimo otro Cultura del mestizaje	Respeto a través del conocimiento de las culturas	Diversidad cultural como un aspecto problemático en la convivencia La interculturalidad como respuesta técnica a los déficits lingüísticos y curriculares del alumnado inmigrante. Se dirige exclusivamente al alumnado de origen inmigrante
	Oportunidad para desarrollo profesional docente Respeto a la identidad cultural La interculturalidad como herramienta de compensación en las desigualdades sociales Se dirige a todo el alumnado y a sus familias	Oportunidad para crecimiento personal y colectivo del docente Respeto a la identidad cultural: cuestionamiento y cambio La interculturalidad como herramienta educativa crítica para la transformación del contexto educativo Se dirige a todo el alumnado, sus familias y la comunidad educativa en general	Oportunidad para conocer elementos culturales del alumnado inmigrante La interculturalidad como instrumento privilegiado para el conocimiento de otras culturas. Se dirige a todo el alumnado y a sus familias	
Dimensión emocional	Importancia de las emociones en el aprendizaje y la convivencia	Importancia de las emociones en el aprendizaje y la convivencia	Las emociones tienen importancia en la medida en que afectan al rendimiento escolar y las relaciones sociales.	Las emociones tienen importancia en la medida en que afectan al rendimiento escolar.
	Potenciación de la autoestima	Potenciación de la autoestima Pedagogía del amor (querer y sentirse querido en la escuela)	Mejora de la autoestima	Valor educativo de la autoestima

Tabla 3: Concepción intercultural del profesorado.

EDUCACIÓN INTERCULTURAL Y CONVIVENCIA EN LA ESCUELA INCLUSIVA

La perspectiva humanista-reflexiva la hemos asociado al caso de Loli, pues esta docente valora la importancia de la comunicación -auténtica y empática- como aspecto clave de la interculturalidad. Ana defiende una postura crítica-emocional, donde la interculturalidad sería una herramienta de transformación educativa. La postura romántica podría identificarse con el caso de Elena, que atiende a la necesidad del conocimiento de las diferentes culturas como única fuente generadora de Educación Intercultural, mientras que Alicia la situamos en un enfoque eminentemente técnico, ya que asocia interculturalidad con un apoyo exclusivamente lingüístico.

Sin ánimo de ser excesivamente exhaustivo en el análisis de estos modelos, y dado que la mayoría de las cuestiones han sido ya planteadas con anterioridad, creemos necesario hacer referencia a las diferencias más significativas de cada una de estas concepciones educativas desde las dimensiones atendidas. Y es que, si bien en nuestro estudio hemos podido observar claras diferencias en cada una de las dimensiones (cognitiva, procedimental, ética y emocional), creemos que la dimensión ética es la que plantea unas diferencias más profundas entre el pensamiento pedagógico de cada una de estas docentes.

Así pues, mientras para Loli la interculturalidad tiene un fuerte componente de acción educativa de carácter compensatorio, Ana defiende la vertiente crítica de la interculturalidad como herramienta dirigida a transformar el currículum escolar hegemónico en un currículum intercultural, que sea útil y funcional para todos los alumnos, donde la diferencia cultural sea un valor educativo de primer orden. En realidad, estas docentes muestran más similitudes que diferencias en las distintas dimensiones estudiadas aunque, como vemos, este matiz es de suma importancia. Asimismo, estas docentes y también Elena expresan que la interculturalidad es una respuesta educativa dirigida a todo el alumnado, esto es, no es una educación específica ni especial para el alumnado de origen inmigrante. En el caso de Alicia, hemos comprobado en nuestro estudio, que esta docente percibe la interculturalidad como una respuesta educativa especialmente dirigida a la población escolar de origen inmigrante, fundamentalmente porque considera que estos alumnos suponen una nueva problemática que requiere medidas específicas de apoyo educativo sin más (Arnesen, 2008; Banks y Mcgee, 2003).

En resumen, podemos afirmar que, a pesar de que existe un desfase entre la teoría y la práctica de la interculturalidad, y aunque persista cierta idea de compensación educativa en el concepto de Educación Intercultural, son cada vez más los profesores que optan por la interculturalidad como alternativa pedagógica para construir una escuela más optimista y solidaria. En verdad, la interculturalidad no tiene por qué centrarse exclusivamente en conocer al otro, sino en legitimar esa diferencia cultural y aprovecharla educativamente para enriquecer la convivencia y el aprendizaje compartido. Desde nuestro punto de vista, las actividades interculturales son realmente interculturales en la medida en que responden a un intento consciente de aprender y convivir en la diversidad como algo absolutamente ineludible.

«(...) nosotros hemos cogido una opción que es la interculturalidad, porque la multiculturalidad es solamente hacer cuentos, banderas, y teníamos

EL DESARROLLO PRÁCTICO DE LA INTERCULTURALIDAD "ENTRE DESEO Y REALIDAD"

bastante..., mira, sinceramente, nosotros queremos quedarnos ahí por opción, es decir, creemos la interculturalidad como tú me das y yo te doy..., y es mucho lo que yo puedo aprender de tu cultura, y es mucho lo que puedes aprender de la mía..., y ahí está la riqueza, porque vamos en realidad a una sociedad plural, en la cual, tenemos que ver todo lo que podemos compartir (...)».

(Ep.Loli. 222, 593)

Por tanto, es fundamental plantear la interculturalidad desde su desarrollo práctico en los tres agentes claves de la comunidad educativa, es decir, profesorado, alumnado y familias. La Educación Intercultural implica además el conocimiento de la realidad de los países de origen de este alumnado y su acercamiento a las aulas andaluzas y españolas, la apuesta por el mantenimiento de la lengua y cultura de origen del nuevo alumnado y la apertura del centro escolar a formas distintas de ver, mirar, sentir y comprender la realidad. Consideramos, atendiendo a los resultados generales obtenidos en el presente trabajo de investigación, que desde los distintos ámbitos de la educación y la acción comunitaria se requiere cambiar el significado de la educación en muchos sentidos. Es necesaria una mayor y mejor participación familiar, una formación intercultural reflexiva y crítica de los docentes, una optimización del uso de los recursos y apoyos que plantean las entidades sociales a los centros escolares y, no menos importante, un apoyo decidido y contundente por parte de las administraciones educativas en aportar más recursos didácticos, materiales y humanos para que las escuelas puedan desarrollar en la práctica los principios y objetivos de la Educación Intercultural. Principios y objetivos que deben ser construidos a partir de nuevas formas de participación escolar, con proyectos de innovación curricular y con apoyo decidido a los grupos de profesores que crean materiales educativos interculturales, así como proyectos críticos de interculturalidad en su contexto escolar (Coulby, 1997 y 2006).

La inclusión del alumnado inmigrante en los centros educativos donde hemos desarrollado el presente estudio no sólo depende de las actitudes y los comportamientos que se desarrollen en el aula y en el centro escolar en su conjunto por parte de alumnado y profesorado, sino que también el contexto familiar tiene su influencia en ello.

Si al analizar los discursos que existen entre el profesorado ante la presencia de alumnos inmigrantes en el sistema educativo y, en definitiva, ante la inmigración (hemos constatado la gran diversidad de opiniones y percepciones al respecto), no ocurre menos cuando se indaga en los discursos procedentes de las familias, tanto inmigrantes como autóctonas. Por una parte, aparecen aquellos relatos que muestran el claro respeto hacia la diversidad cultural y que además consideran que es positivo y enriquecedor para sus hijos las relaciones interculturales. Y, por otra parte, también hay familias reticentes al intercambio cultural, no tanto por las connotaciones específicas de índole cultural o identitaria, sino sobre todo por las posibles repercusiones que dichas connotaciones puedan influir en el rendimiento académico de sus hijos y el nivel educativo de los centros escolares (Sleeten, 1996 y 2005).

Tal y como hemos puesto de manifiesto con anterioridad, la educación es una construcción social y dinámica que no es responsabilidad únicamente de la escuela ni tampoco de la familia; es un proceso en el que, conjuntamente y de manera interdependiente, escuela, familia y sociedad aparecen como ejes relevantes e imprescindibles en el mismo. En torno a esta idea, que se refiere a las responsabilidades de los diferentes agentes en los procesos educativos, es necesario prestar atención a la participación de padres y madres en las escuelas interculturales.

Es cierto que la falta de participación familiar, el escaso protagonismo y compromiso de algunos padres y madres de alumnos en la educación de sus hijos se muestra como una de las principales preocupaciones por parte del colectivo de profesores en la actualidad, y es que en nuestro estudio se confirma la tendencia general y creciente de que los padres tienden a delegar exclusivamente la educación de sus hijos a la escuela, lo que constituye una dejación o desinterés de su responsabilidad familiar en la tarea educadora.

Partimos de una inmigración -la que presenta la inmensa mayoría de los contextos escolares estudiados en este proyecto de investigación- cuya iniciativa clave para venir a nuestra tierra responde sobre todo a necesidades e intereses económicos y de índole laboral. Ello implica lo siguiente en el caso de las familias inmigrantes:

- La falta de tiempo material para ocuparse eficazmente de los asuntos educativos de sus hijos e hijas.
- La falta de recursos funcionales para acercarse, al menos en un primer momento, al sistema educativo. Esto es, la falta del idioma y lengua vehicular de la escuela y desconocimiento de los patrones de funcionamiento de las escuelas andaluzas.
- La existencia de una multiplicidad de circunstancias y situaciones sociofamiliares que rodean el fenómeno de la inmigración y sus problemáticas particulares: regulación administrativa, condiciones económicas y sociales, situación de la vivienda, número de unidades familiares en la sociedad de acogida y en el país de origen, etc.

De cualquier forma, en el proceso educativo del alumnado de origen inmigrante no sólo es preciso tener en cuenta la presencia y participación de las familias de dicho alumnado en la vida del centro escolar, sino que el contexto privado familiar, la vida en los hogares, también -al igual que para la población autóctona- es fuente de educación de los escolares (la educación familiar).

Es evidente que los alumnos inmigrantes cuentan con otro referente cultural que proviene de la familia y del contexto familiar propio. La comprensión e imbricación de tales referentes en la escuela determinará también el nivel de integración escolar y social. No obstante, hemos confirmado la existencia de procesos de socialización divergente en el alumnado inmigrante entrevistado, de tal manera que existen contradicciones en algunos casos entre los valores que les trasmite el contexto familiar en comparación con los valores que aprenden en el contexto educativo formal.

EL DESARROLLO PRÁCTICO DE LA INTERCULTURALIDAD "ENTRE DESEO Y REALIDAD"

La interculturalidad es actualmente el elemento clave en la construcción de la escuela inclusiva del siglo XXI y tiene que avanzar más en su necesaria reformulación de fines y metas de corte intercultural, con afán integrador e inclusivo para todos y no sólo para el alumnado inmigrante o para el que requiera atención específica a su diversidad (personal, social, lingüística). En la sociedad postmoderna y del conocimiento, la diversidad no sólo la aportan los alumnos inmigrantes, la aportamos todos; no les afecta únicamente a ellos, nos afecta a todos; no sólo ellos son los que tienen que "normalizarse" en el sistema educativo, todos tenemos que aprender nuevas formas de vivir y convivir en una nueva realidad educativa más compleja, más plural y más viva.

Es cierto que todavía la Educación Intercultural se encuentra entre el deseo y la realidad, entre el deseo de ser y su puesta en práctica en la realidad escolar. Tal y como hemos puesto de manifiesto en páginas anteriores, la interculturalidad es concebida como una propuesta educativa reflexiva de enorme interés y potencialidad para los docentes, pero su traducción en la práctica escolar está llena de contradicciones, incoherencias y ambigüedades, que nos hacen repensar la interculturalidad desde diferentes enfoques -y significados- para comprender el pensamiento pedagógico que el profesorado tiene acerca de esta propuesta de acción educativa. Pero lo importante, más allá de las dificultades conceptuales y metodológicas existentes, es aceptar que la interculturalidad es una construcción teórica y práctica plural y diversa, por lo que consideramos ineludible apostar por una visión más centrada en las personas y menos en los métodos, más en las iniciativas globales que en las puntuales, más en la formación de equipos de profesores que en las acciones formativas específicas, más en los procesos educativos que en los resultados institucionales. Y la garantía para afrontar este reto educativo es que contamos con un profesorado que se encuentra comprometido con que los principios de la interculturalidad impregnen y formen parte necesariamente de los principios pedagógicos de sus escuelas, y que las actividades interculturales son realmente fundamentales para favorecer la inclusión efectiva de todo el alumnado y la comunidad escolar en una sociedad cultural y socialmente compleja y diversa.

BIBLIOGRAFÍA

AA.VV. (2003). *Prácticas de Educación Intercultural. Informe correspondiente a la red de centros educativos de la provincia de Almería*. Ministerio de Trabajo y Asuntos Sociales y FETE-UGT.

AA.VV. (2004). *La formación del profesorado en Educación Intercultural*. Madrid: MEC-Libros de la Catarata.

AGUADO, T. (1991). "La Educación Intercultural: concepto, paradigmas y realizaciones", en JIMÉNEZ FERNÁNDEZ, *Lecturas de Pedagogía Diferencial*. Madrid: Dykinson.

AGUADO, T. (1997). "Educación Multicultural: una propuesta". *Comunidad Educativa*, nº 247, pp. 23-26.

AGUADO, T. (2002). "Formación para la ciudadanía". *Cuadernos de Pedagogía*, nº315, pp. 16-19.

AGUADO, T. (2003). *Pedagogía intercultural*. Madrid: McGraw-Hill Interamericana de España.

AGUIRRE, A. (1997). *Cultura e identidad cultural. Introducción a la Antropología*. Barcelona: Bárdenas.

ÁLVAREZ, J. L. y BATANAZ, L. (Eds) (2007). *Educación Intercultural e Inmigración. De la teoría a la práctica*. Madrid: Biblioteca Nueva.

ANGULO, F. y VÁZQUEZ, R. (2003). *Introducción a los estudios de casos. Los primeros contactos con la investigación etnográfica*. Archidona (Málaga): Aljibe.

ARNESEN, A. (2008). *Policies and practices for teaching socio-cultural diversity: Survey´s report on initial education of teachers on socio-cultural diversity*. Paris: Council of Europe Publishing.

BANKS, J. (1999). *An introduction to multicultural education*. Boston: Allyn & Bacon.

BANKS, J. (2008). Diversity, Group Identity and Citizenship Education in a Global Age, *Educational Researcher*, 37 (3), 129-139.

BANKS, J. y MCGEE, C. (2003). *Handbook of research on multicultural education*. San Francisco: Jossey-Bass.

BARÁIBAR, J. M. (2005). *Inmigración, familias y escuela en Educación Infantil*. Madrid: MEC-Libros de la Catarata.

BÁRCENA, F.; GIL, F. y JOVER, G. (1999). *La escuela de la ciudadanía. Educación, ética y política*. Bilbao: Desclée de Brouwer.

BARTOLOMÉ, M. (1992). "Investigación cualitativa en educación: ¿comprender o transformar?". *Revista de Investigación Educativa*, nº 20, pp. 7-36.

BARTOLOMÉ, M. (1997a). *Diagnóstico a la escuela multicultural*. Barcelona: Cedecs.

BARTOLOMÉ, M. (1997b). "Panorámica general de la investigación sobre Educación Intercultural en Europa". *Revista de Investigación Educativa*, Vol.15, nº 1, pp. 7-28.

BARTOLOMÉ, M. y Otros (1999). "Diversidad y multiculturalidad". *Revista de Investigación Educativa*, Vol. 17, nº 2, pp. 277-319.

BARTOLOMÉ, M. (2002). *Identidad y ciudadanía: un reto a la Educación Intercultural*. Madrid: Narcea.

BARTOLOMÉ, M. y CABRERA, F. (2003). "Sociedad Multicultural y Ciudadanía: hacia una sociedad y ciudadanía interculturales". *Revista de Educación*, número extraordinario, pp. 33-56.

BATANAZ, L. (2007). "Perspectiva general sobre interculturalidad y educación", en ÁLVAREZ, J. L. y BATANAZ, L. (Eds). *Educación Intercultural e Inmigración, De la teoría a la práctica*. Madrid: Biblioteca Nueva, pp. 339-350.

BERNAL, A. (2002). "La construcción de la identidad personal en el currículum escolar. A propósito de la integración de las poblaciones de inmigrados, desde el enfoque del pluralismo". *Addenda presentada al XXI Seminario Interuniversitario de Teoría de la Educación*. Granada.

BUENO, J. J. (2002). "La extraña ambigüedad de la educación multicultural". *Kikiriki*, nº 65, pp. 23-33.

CAJIDE VAL, J. (1992). "La investigación cualitativa: tradiciones y perspectivas contemporáneas". *Bordón*, 44(4), pp. 357-373.

CAJIDE VAL, J. (1994). "Diseños y metodología en la Investigación Intercultural" en SANTOS REGO, M. A. *Teoría y práctica de la Educación Intercultural*. Barcelona: PPU.

CALVO, T. (2003). *La Escuela ante la Inmigración y el Racismo. Orientaciones de Educación Intercultural*. Madrid: Popular.

CAPARRÓS, R. M. (2005). *Nuestras voces y el cometa de los sueños posibles*. Morón (Sevilla): Publicaciones M.C.E.P.

CARBONELL, F. (2002). "Educación Intercultural: principales retos y requisitos indispensables". *Kikiriki*, nº 65, pp. 63-68.

BIBLIOGRAFÍA

C. E. J. A. (2001). *Plan para la Atención Educativa del Alumnado Inmigrante*. Sevilla: Junta de Andalucía.

C. E. J. A. (2006). *Estadística de la Educación en Andalucía (Curso 2004-2005, 2005-2006) y Avance Estadístico del curso 2006-2007*. Sevilla: Unidad Estadística de la Consejería de Educación de la Junta de Andalucía.

C. E. J. A. (2006). *La Educación en Andalucía, un compromiso compartido, una apuesta por el futuro: propuesta para el debate de una ley de educación para Andalucía*. Sevilla: Junta de Andalucía.

C. E. J. A. (2008). *La Educación en Andalucía, 2008-2009*. Unidad Estadística de la Consejería de Educación de la Junta de Andalucía.

C. E. J. A. (2010). *La Educación en Andalucía, 2009-2010*. Unidad Estadística de la Consejería de Educación de la Junta de Andalucía.

C. I. D. E. (2007). El alumnado extranjero en el sistema educativo español (1996-2007). *Boletín Cide de Temas Educativos*. Septiembre 2007, nº 16.

C. I. D. E. (2005). *La atención al alumnado inmigrante en el sistema educativo en España*. Madrid: MEC, Subdirección General de Información y Publicaciones.

COLÁS. P. (1997). "La investigación en la práctica". *Revista de Investigación Educativa*, Vol.15, nº 2, pp. 119-142.

COLECTIVO AMANI (1996). *Educación Intercultural. Análisis y resolución de conflictos*. Madrid: Popular (2ª edición).

COLECTIVO IOÉ (1995). "Extraños, distintos, iguales o las paradojas de la alteridad. Discursos de los españoles sobre los extranjeros". *Revista de Educación*, nº 307, pp. 17-51.

COULBY, D. (1997). Intercultural education in the United States of America and Europe: some parallels and convergences in research and policy. *European Journal of Intercultural Studies*, 8 (1), 97-104.

COULBY, D. (2006). Intercultural Education: Theory and Practice, *Internacional Education*, 17 (3), 245-257.

DEL ARCO, I. (1998). *Hacia una escuela intercultural. El profesorado: formación y expectativas*. Lleida: Universitát de Lleida.

DEL CAMPO, J. (1999). "Multiculturalidad y conflicto: percepción y actuación", en ESSOMBA, M. A. (Coord). *Construir la escuela intercultural. Reflexiones y propuestas para trabajar la diversidad étnica y cultural*. Barcelona: Grao, pp. 47-53.

DELGADO, C.; LUQUE, A. y PELEG, D. (2001). "Actitudes y preparación del profesorado de Educación Primaria en Andalucía ante la Inmigración", en *Informe de Investigación, Departamento de Psicología Evolutiva y de la Educación*. Universidad de Sevilla.

DÍAZ-AGUADO, M. J. (1997). "Educación Intercultural y desarrollo de la tolerancia. Un desafío para la investigación en los años noventa", en *Comunidad Educativa*, nº 247, pp. 6-12.

DÍAZ-AGUADO, M. J. (2002). *Educación Intercultural y aprendizaje cooperativo*. Madrid: Pirámide.

EISNER, E. (1998). *El ojo ilustrado. Indagación cualitativa y mejora de la práctica educativa*. Barcelona: Paidós.

ERIKSON, E. (1989). *Identidad: juventud y crisis*. Madrid: Taurus.

ESSOMBA, M. A. (1999). *Construir la escuela intercultural. Reflexiones y propuestas para trabajar la diversidad étnica y cultural*. Barcelona: Graó.

ESSOMBA, M. A. (2003). *Educación e inclusión social de inmigrados y minorías. Tejer redes de sentido compartido*. Barcelona: Cisspraxis.

ESSOMBA, M. A. (2006). *Liderar escuelas interculturales e inclusivas. Equipos directivos y profesorado ante la diversidad cultural y la inmigración*. Barcelona: Graó.

ESTEVE, J. M. (2003). *La tercera revolución educativa. La educación en la sociedad del conocimiento*. Barcelona: Paidós.

ESTEVE, J. M. (2004). "La formación del profesorado para una Educación Intercultural", en *Bordón*, 56 (1), pp. 95-115.

ETXEBERRÍA, F.; ESTEVE, J. M. y JORDÁN, J. A. (2001). "La escuela y la crisis social". *XX Seminario Interuniversitario de Teoría de la Educación*. Murcia.

EURYDICE (2004). *La integración escolar del alumnado inmigrante en Europa*. Bruselas: Dirección General de Educación y Cultura de la Comisión Europea.

FERNÁNDEZ, J. M. (2005). "Inmigración y educación. El contexto andaluz: un desafío educativo". *El guiniguada*, nº14, pp. 91-102.

FERNÁNDEZ CRUZ, M. (1995). *Los ciclos vitales de los profesores*. Granada: FORCE.

FERIA, A. (2002). "Mapa de la población inmigrada escolarizada". *Cuadernos de Pedagogía*, nº 315, pp. 83-87.

FRIEDMAN, G. H. et al.(1983). "The effectiveness of selfdirected and lecture/discussion stress management approaches and the locus of control of teacher". *American Educational Research Journal*, 20, 4, pp. 563-580.

FRIEDMAN, I. y LOTAN, I. (1985). *Teacher stress and Burnout in Israel*. Jerusalem: National Institute for research in the behavioral science.

FROUFE, S. (1999). "Educación Intercultural y pedagogía de la interculturalidad", en *Pedagogía Social. Revista Interuniversitaria*. Monográfico Educación Intercultural-1. Murcia: Universidad de Murcia, pp. 9-26.

GALINO, A. y ESCRIBANO, A. (1990). *La Educación Intercultural en el enfoque y desarrollo del currículum*. Madrid: Narcea.

GARCÍA CARRASCO, J. (1992). "Bases sociales y antropológicas de la Educación Intercultural", en *Bordón*, 44(1), pp. 7-21.

GAVARI, E. (2006). "La evolución de la política educativa en España ante el reto de la inmigración", en *Tendencias Pedagógicas*, 11, 223-231.

BIBLIOGRAFÍA

GHOSH, R. (2002). *Redefining multicultural education*. Toronto: Nelson Thomson Learning.

GIMENO, J. (2001). *Educar y convivir en la cultura global*. Madrid: Morata.

GIMENO, J. (2003). "Volver a leer la educación desde la ciudadanía", en MARTÍNEZ BONAFÉ, J. (Coord.), en *Ciudadanía, poder y educación*. Barcelona: Graó, pp. 11-34.

GIRARD, K. y KOCH, S. (1997). *Resolución de conflictos en las escuelas*. Barcelona: Granica.

GÓMEZ, J. (2004). *La escuela intercultural: regulación de conflictos en contextos multiculturales*. Madrid: MEC-Libros de la Catarata.

GORKI, R. (2010). *Multicultural education for equity in our schools: A working definition* (Critical Multiculturalism Pavilion: http://edchange.org/multicultural/initial.html).

GRANT, C. A. & SLEETER, C. E. (2007). *Doing multicultural education for achievement and equity*. New York : Routledge.

GUNDARA, J. (2000). *Interculturalism, Education and Inclusion*. London: Paul Chapman Publishing.

JORDÁN, J. A. (1992). "Educación multicultural. Conceptos y problemática", en FERMOSO, P. (Ed.). *Educación Intercultural: la Europa sin fronteras*. Madrid: Narcea.

JORDÁN, J. A. (1994). *La escuela multicultural: un reto para el profesorado*. Barcelona: Paidós.

JORDÁN, J. A. (1996). *Propuestas de Educación Intercultural para profesores*. Barcelona. CEAC.

JORDÁN, J. A. (1999). "El profesorado ante la Educación Intercultural" en ESSOMBA, M.A. (Coord). *Construir la escuela intercultural. Reflexiones y propuestas para trabajar la diversidad étnica y cultural*. Barcelona: Grao, pp. 65-73.

JORDAN. J. A. y CASTELLA, E. (2001). *La Educación Intercultural, una respuesta a tiempo*. Barcelona: UOC.

JORDÁN, J. A.; ORTEGA, P. y MÍNGUEZ, R. (2002). "Educación Intercultural y sociedad plural", en *Teoría de la Educación. Revista Interuniversitaria*. 14. Salamanca, Ediciones Universidad de Salamanca, pp. 93-119.

JORDÁN, J. A. (2007). "Educar en la convivencia en contextos multiculturales", en SORIANO, E. *Educación para la convivencia intercultural*. Madrid: La Muralla, pp. 59-94.

JULIANO, D. (1993). *Educación Intercultural. Escuela y minorías étnicas*. Madrid: Eudema.

KYMLICKA, W. (1996). *Ciudadanía multicultural*. Barcelona: Paidós.

LACOMBA, J. (2011). *Diversidad cultural y Escuela*. Simposio Internacional Diversidad Cultural y Escuela. El desarrollo de la Competencia Intercultural. Badajoz: Universidad de Extremadura.

LEISTYNA, P. (2002). *Defining and designing multiculturalism: One school system's efforts.* New York: State University of New York Press.

LEIVA, J. (2004). "La formación intercultural de profesores: claves y objetivos de reflexión", en *Actas del XIII Congreso Nacional y II Iberoamericano de Pedagogía*, Universität de Valencia.

LEIVA, J. (2007). "Los conflictos escolares en los escenarios educativos de diversidad cultural", en *Cooperación Educativa*, 85, pp. 7-10.

LEIVA, J. (2008a). "Fundamentos, estrategias e iniciativas de Educación Intercultural en la formación del profesorado", en SORIANO, E.; ZAPATA, R. Mª. y JIMÉNEZ, A. J. *La Formación para el desarrollo de una sociedad intercultural*. Almería: Universidad de Almería, Estudio nº 52, pp. 9-17.

LEIVA, J. (2008b). "La Educación Intercultural en la Comunidad Autónoma de Andalucía: revisión y análisis pedagógico", en *Ciencias de la Educación*, nº 216, 491-504.

LEIVA, J. y otros (2009). *Educación y conflicto en escuelas interculturales. Informe de Investigación no publicado* (Secretaría General de Política Científica y Tecnológica-MEC/SEJ2006-14157).

LLUNCH, X. (1993). "Què entenem per educació intercultural?" *Documentos*, nº 8, pp. 18-30.

LÓPEZ, M. C. (2001). *La enseñanza en las aulas multiculturales. Una aproximación a la perspectiva de los docentes*. Granada: Grupo Editorial Universitario.

LÓPEZ MELERO, M. (2003). *La investigación en educación como fundamento de nuestra práctica*. (Policopiado).

LÓPEZ MELERO, M. (2004). *Construyendo una escuela sin exclusiones. Una forma de trabajar en el aula con proyectos de investigación*. Archidona (Málaga): Aljibe.

LÓPEZ MELERO, M. (2006). "Cultura de la diversidad, cultura de la inclusión: educar para construir una escuela sin exclusiones", en *Actas de las XVI Jornadas Municipales de Psicopedagogía "L´Ecola que inclou"* Ajuntament de Torrent, Col-lecció Hort de Trenor 18, pp.11-52.

LLOPIS, C. (2003). *Recursos para una educación global, ¿es posible otro mundo?* Madrid: Narcea.

MAALOUF, A. (1999). *Identidades asesinas*. Madrid: Alianza.

MARCELO, C. (1991). *El estudio de caso en la formación del profesorado y la investigación didáctica*. Sevilla: Universidad de Sevilla.

MARCELO, C. (1995). *Desarrollo profesional e iniciación a la enseñanza*. Barcelona: PPU.

MARTÍNEZ, A. (1984). "El perfeccionamiento de la función didáctica como vía de disminución de tensiones en el docente", en ESTEVE, J. M. *Profesores en conflicto*. Madrid: Narcea.

MAYORDOMO, A. (1998). *El aprendizaje cívico*. Ariel: Barcelona.

MEC (1992). *Temas Transversales. Educación para la Paz*. Madrid: Ministerio de Educación y Ciencia.

MEC (1996). *La Práctica Intercultural en el Desarrollo Curricular de la Educación Primaria*. Madrid: Ministerio de Educación y Ciencia.

MEC (2006). *Ley Orgánica 2/2006*, de 3 de mayo, de la Educación. BOE (4 de mayo de 2006).

MEC (2008). *Informe sobre el estado y situación del Sistema Educativo*. Curso 2006/2007, Consejo Escolar del Estado.

MEC (2010). *Datos y Cifras. Curso escolar 2009/2010*. Madrid: Ministerio de Educación.

MERINO, D. (2003). *Concepciones de los profesores y autoconcepto y agresividad de los alumnos en un contexto de Educación Intercultural*. Málaga: Servicio de Publicaciones de la Universidad de Málaga.

MERINO, D. (2004). "El respeto a la identidad como fundamento de la Educación Intercultural", en *Revista Interuniversitaria de Teoría de la Educación*, Vol. 16, pp. 49-64.

MONTÓN, M. J. (2004). *La integración del alumnado inmigrante en el centro escolar. Orientaciones, propuestas y experiencias*. Barcelona: Graó.

MUÑOZ SEDANO, A. (1997). *Educación Intercultural: Teoría y práctica*. Madrid: Escuela Española.

NIETO, S. (1996). *Affirming diversity: The sociopolitical context of multicultural education*. New York: Longman.

OCDE (1983). *Compulsory Schooling in Changing Wold*. París: OCDE.

OLMEDO, I. y HARBON, L. (2011). "Internationalizing Teacher Education for a Global Arena". In Reyes Quezada (Ed.) *Internationalization of Teacher Education: Creating Globally Competent Teachers and Teacher Educators for the 21st Century*. Routledge.

OLMOS, A. (2006). "Educación Intercultural en Andalucía: normativa, discurso político y práctica", en *Actas del Congreso Internacional de Educación Intercultural*. Madrid: UNED.

ORTEGA, P. y MÍNGUEZ, R. (1997). "El reto de la Educación Intercultural". *Teoría de la Educación. Revista Interuniversitaria*. 9. Salamanca, Edicaciones Universidad de Salamanca, pp. 41-53.

ORTEGA, P.; MÍNGUEZ, R. y SAURA, P. (2003). *Conflictos en las aulas. Propuestas educativas*. Barcelona: Ariel.

ORTÍ, A. (1999). "La confrontación de modelos y niveles epistemológicos en la génesis e historia de la investigación social", en DELGADO. J.M. y GUTIÉRREZ, J. *Métodos y técnicas cualitativas de investigación en ciencias sociales*. Madrid: Síntesis, pp. 85-97.

ORTIZ, M. (2006). "La mediación intercultural en contextos escolares: reflexiones acerca de una etnografía escolar", en *Revista de Educación*, nº 339, pp. 563-594.

PÉREZ GÓMEZ, A. I. (1.998). *La cultura escolar en la sociedad neoliberal*. Madrid: Morata.

PÉREZ SERRANO, G. (1994). *Investigación cualitativa. Retos e interrogantes (II). Técnicas y análisis de datos*. Madrid: La Muralla.

PORTERA, A. (2008). Intercultural education in Europe: epistemological and semantic aspects, *Intercultural Education (formerly European Journal of Intercultural Studies)*, 481-491.

RASCÓN, T. (2006). *La construcción de la identidad cultural desde una perspectiva de género: el caso de las mujeres marroquíes*. Málaga: Spicum.

RODRÍGUEZ GÓMEZ, G. y otros (1996). *Metodología de la investigación cualitativa*. Archidona (Málaga): Aljibe.

RUIZ DE OLABUENAGA, J. (1996). *Metodología de investigación cualitativa*. Bilbao: Deusto.

RUIZ ROMÁN, C. (2005). *Identidades transculturales: los procesos de construcción de identidad de los hijos inmigrantes marroquíes en España*. Málaga: Spicum.

SABARIEGO, M. (2002). *La Educación Intercultural ante los retos del siglo XXI*. Bilbao: Desclée de Brouwer.

SANDÍN, M. P. (2000). "Criterios de validez en la investigación cualitativa: de la objetividad a la solidaridad", en *Revista de Investigación Educativa*, Vol. 18, nº 1, pp. 223-242.

SANDÍN, M. P. (2003). *Investigación cualitativa en educación. Fundamentos y tradiciones*. Madrid: McGraw-Hill Interamericana de España.

SANTOS REGO, M. A. (1994). *Teoría y práctica de la Educación Intercultural*. Santiago de Compostela: PPU.

SASTRE, G. y MORENO, M. (2002). *Resolución de conflictos y aprendizaje emocional. Una perspectiva de género*. Barcelona: Gedisa.

SERRAT, A. (2002). *Resolución de conflictos. Una perspectiva globalizadora*. Barcelona: Cisspraxis.

SLAVIN, R.E. (2003). "Cooperative learning and intergroup relations", in BANKS, J. y MCGEE, C. *Handbook of research on multicultural education* (628-634). San Francisco, Jossey-Bass.

SLEETER, C. E. (1996). *Multicultural education as social activism*. New York: State University of New York Press.

SLEETER, C.E. (2005). *Un-standardizing currículum: Multicultural teaching in the standards-based classroom*. New Cork: Teachers College Press.

SORIANO AYALA, E. (1997). "Análisis de la educación multicultural en los centros educativos de la comarca del poniente almeriense", en *Revista de Investigación Educativa*, Vol.15, nº1, pp. 43-67.

SORIANO AYALA, E. (2001). *Identidad cultural y ciudadanía intercultural: su contexto educativo*. Madrid: La Muralla.

SORIANO, E. (2004). *La práctica educativa intercultural*. Madrid: La muralla.

SORIANO, E. (2005). *La interculturalidad como factor de calidad educativa*. Madrid: La Muralla.

SORIANO, E. (2008). "Formación del profesorado para la Educación Intercultural", en VERA, J. (Coord.) *Propuestas y experiencias de Educación Intercultural*. Madrid: Fundación SM, pp. 57-84.

STAKE, R. E. (1999). *Investigación con estudio de casos*. Madrid: Morata.

TAYLOR, C. (1996). "Identidad y reconocimiento". *Revista Internacional de Filosofía Política*. 6. Barcelona: UNED-UAM, pp. 10-19.

TAYLOR, S. J. y BOGDAN, R. (1986). *Introducción a los métodos cualitativos de investigación*. Barcelona: Paidós.

VINYAMATA, E. (2003). *Aprender del conflicto. Conflictología y educación*. Barcelona: Graó.

VIÑAS, J. (2004). *Conflictos en los centros educativos. Cultura organizativa y mediación para la convivencia*. Barcelona: Graó.

WALKER, R. (1983). "La realización de estudios de casos en educación. Ética, teoría y procedimientos", en DOCKRELL, W. D. y HAMILTON, D., *Nuevas reflexiones sobre la Investigación Educativa*. Madrid: Narcea.

WITTROCK, M. C. (1989). *La investigación de la enseñanza, Vol. II: métodos cualitativos y de observación*. Barcelona: Paidós.